FASTES DE L'ALGÉRIE

—

4e SÉRIE GRAND IN-8o.

Propriété des Éditeurs,

Eugène Ardant et Cie

FASTES

DE

L'ALGÉRIE

ANCIENNE ET MODERNE

PAR L. LE SAINT

OFFICIER D'ACADÉMIE

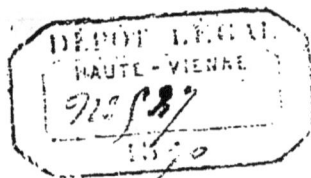

LIMOGES

EUGÈNE ARDANT ET Cie, ÉDITEURS.

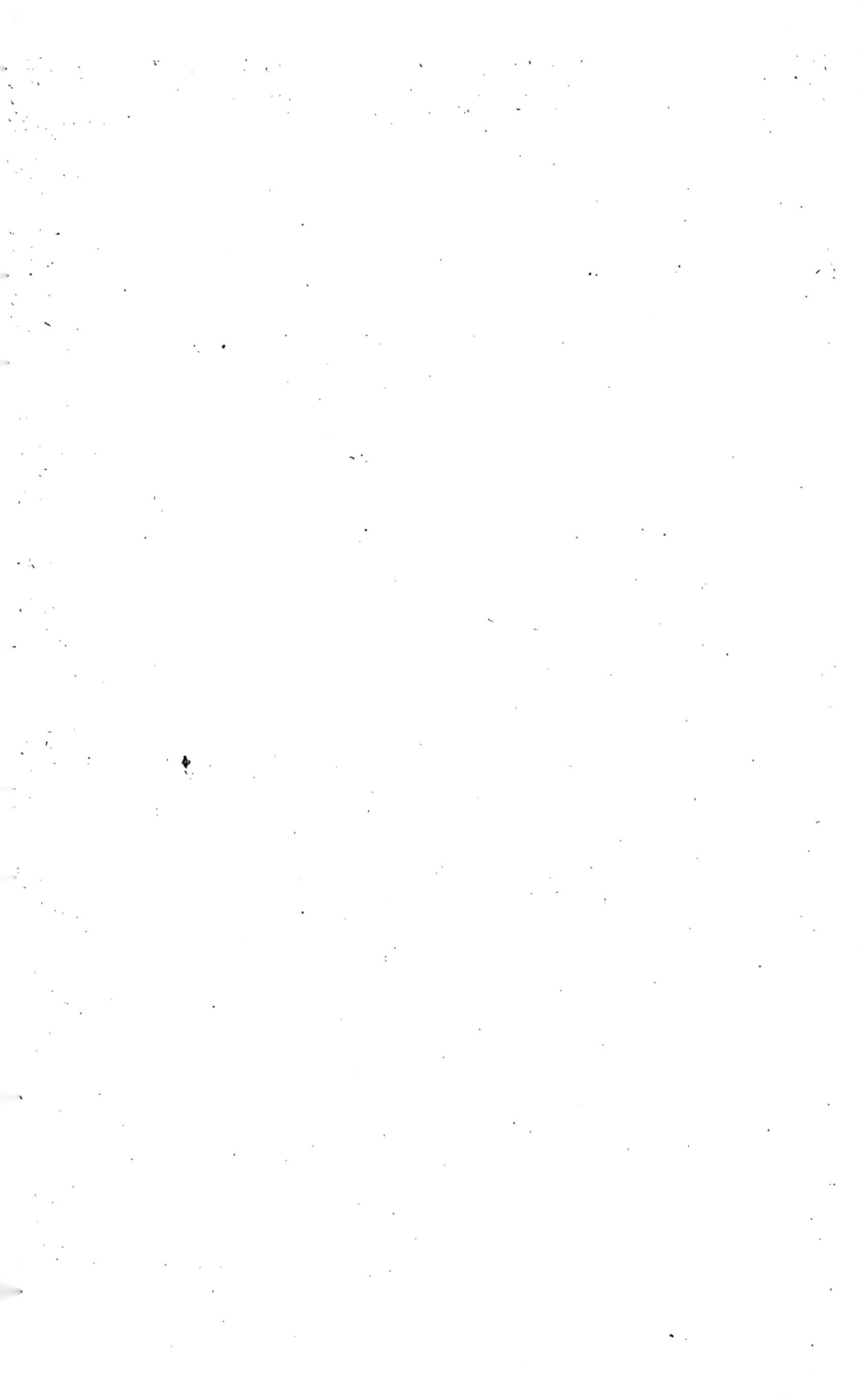

FASTES

DE L'ALGÉRIE.

CHAPITRE 1er. (1830.)

L'Algérie avant 1830. — Préparatifs de l'expédition. — Conquête d'Alger.

Un écrivain de talent, M. Morin, résume ainsi qu'il suit, dans l'excellent dictionnaire publié par MM. Dezobry et Bachelet, l'histoire de l'Algérie avant 1830 :

« Le territoire qui forme maintenaint l'Algérie comprenait sous la domination romaine les provinces de Numidie, de Mauritanie césarienne et sétifienne ; trente-trois colonies romaines y firent prospérer l'agriculture et la civilisation. Les Vandales l'occupèrent au milieu du ve siècle. L'Empire grec s'en empara en 534 ; les Arabes enfin s'y établirent dès la fin du viie siècle et se confondirent avec les anciennes populations du pays, Numides, Maures et Berbères. Ils relevèrent avec peine les débris de la culture romaine, fondèrent en 935 la ville d'*Al-Djézaïr*, c'est-à-dire des îlots, — Alger, — sur l'emplacement de l'ancien Iconium ou Iomnium. Les Arabes Zéirites y dominèrent, puis les Almohades, ensuite diverses dynasties de tribus indépendantes. Les Maures, chassés d'Espagne en 1492, refluèrent en Algérie et se jetèrent dans la vie de pirates habituelle à leur race. Alors commença le cours de ces dévastations que la piraterie algérienne portait sur toutes les côtes voisines. L'Espagne essaya de la détruire en même temps qu'elle poursuivait en Afrique les Musulmans ennemis du nom chrétien. Ferdinand-le-Catholique prit, en 1508, Oran et Bougie, Alger en 1509. Appelé par les émirs d'Afrique, Arroudj-Barberousse, pirate de Turquie, vint les secourir en 1516, et fonda en Afrique la domination ottomane en se faisant sultan d'Alger, puis de Tenès et de Tlemcen. Son frère, Khair-ad-den-Barberousse, lui succéda en 1518. En soumettant ses nouveaux Etats au sultan Selim, il obtint des secours, battit les Espagnols, et fit construire par les prisonniers chrétiens la digue qui réunit Alger à l'île située vis-à-vis. Hassan-Aga lui succéda. Charles-Quint tenta vainement, en 1541, de venir soumettre ces pirates. Oran resta seul, jusqu'en 1708, à l'Espagne, qui perdit Bougie en 1534. En 1600, la nomination d'un dey, tiré du corps des janissaires, pour partager la domination du pacha, vint apporter le germe de dissensions intérieures qui ne ralentirent cependant pas la piraterie algérienne ; saint Vincent de Paul, Regnard, furent emmenés prisonniers à Alger ; Louis XIV fit bombarder Alger le 15 juillet 1682, le 16 juin 1688 et le 26 juin 1689. Les attaques des flottes anglaise et hollandaise, en 1655, 1669 et 1670, ne réussirent pas davantage ; les Anglais conclurent même un traité avec le dey en 1662. Dès le commencement du XVIIIe siècle, le dey Baba-Ali s'était rendu indépendant de la Porte. L'Espagne reprit en 1732 Oran, qu'elle garda jusqu'en 1791. Une dernière expédition espagnole fut tentée en 1775. En 1815, la flotte des Etats-Unis força ces pirates à respecter son pavillon. Bombardé ensuite, le 9 août 1816, par les Anglais et les Hollandais, Alger continua ses pirateries jusque dans les mers du Nord. La France se chargea d'achever l'œuvre tentée pendant si longtemps par l'Espagne. »

Il était dû par la France à la maison Barri, d'Alger, une somme de sept cent mille francs pour des fournitures de grain faites pendant la république. Mais, comme cette maison avait des créanciers en France, le gouvernement attendait pour payer que les tribunaux eussent jugé l'affaire. Le dey Hussein, créancier lui-même de la maison Barri, voulait que cet argent fût remis entre ses mains, et il écrivit directement à ce sujet au roi Charles X. Le roi ne crut pas devoir lui répondre. Le 30 avril 1829, veille de la fête du Beyram, M. Deval, notre consul, alla complimenter le dey selon l'usage. Hussein lui demanda s'il avait reçu une lettre du roi pour lui, et, sur sa réponse négative, il le frappa publiquement au visage de son éventail de plumes de paon. Le consul lui fit observer que c'était à la France que s'adressait cette insulte. Mais le dey, au lieu de se calmer, et de réfléchir aux conséquences qu'aurait sa conduite, ordonna insolemment à M. Deval de quitter la salle de l'audience.

La nouvelle d'un pareil outrage produisit en France une impression profonde. Le gouvernement rappela son représentant, M. Deval, et tous les Français résidant à Alger s'embarquèrent le 15 sur la goëlette la *Torche*. Notre établissement de la Calle fut évacué, une escadre de quinze bâtiments commença le blocus de la ville et des côtes. Le vaisseau la *Provence* fut chargé d'aller porter au dey des conditions de paix ; mais Hussein les rejeta ; bien plus, il donna l'ordre au commandant des batteries du port de canonner le vaisseau au moment où il se retirait. Le cœur de nos marins fut vivement blessé de cette lâche agression. Il fallait une vengeance éclatante.

Une armée de trente-cinq mille hommes fut organisée sans retard, et placée sous les ordres du comte de Bourmont, ministre de la guerre ; le vice-amiral Duperré reçut le commandement de la flotte. Le 30 avril 1830, un an, jour pour jour, après l'insulte faite à notre consul, les troupes étaient réunies à Toulon et dans les campements voisins, et on les exerçait aux mouvements nécessaires pour une guerre dans un pays où l'on ne combattait pas à l'européenne. Le 11 mai, la flotte était mouillée dans le port, prête à appareiller. Les populations du Midi témoignaient le plus grand enthousiasme ; on allait voir refleurir dans la Méditerranée le commerce, auquel la piraterie, organisée par le dey, était si funeste depuis longtemps.

L'amiral Duperré s'attendait à rencontrer de grands obstacles pour le débarquement; il prit ses mesures en conséquence. Les navires de guerre devaient former les trois escadres de bataille, de débarquement et de réserve; on désigna sous le nom de convoi les bâtiments de commerce affectés aux vivres : la flottille effectuerait le transport des soldats.

Le 17, toutes les troupes étaient embarquées. Le lendemain, l'amiral adressa aux hommes placés sous son commandement l'ordre du jour dont voici le texte.

« Vaisseau la *Provence*, le 18 mai 1830.

ORDRE DU JOUR.

« Officiers, sous-officiers et marins,

» Appelés, avec vos frères d'armes de l'armée expédition-
» naire, à prendre part aux chances d'une entreprise que
» l'honneur et l'humanité commandent, vous devez aussi en
» partager la gloire. C'est de nos efforts réunis et de notre
» parfaite union que le roi et la France attendent la répara-
» tion de l'insulte faite au pavillon français. Recueillons les
» souvenirs qu'en pareille circonstance nous ont légués nos
» pères! Imitons-les et le succès est assuré. Partons. *Vive*
» *le roi!*

» Le vice-amiral DUPERRÉ, commandant en chef
de l'armée navale. »

Mais des vents contraires s'opposèrent pendant huit jours au départ. Enfin, le 25, dans l'après-midi, la flotte mit à la voile. Le 30 au soir, elle n'était plus qu'à quelques lieues d'Alger, quand le temps contraignit l'amiral d'aller relâcher à Palma, et il fallut y rester jusqu'au 10 juin, faute de vent. Le 14, à trois heures du matin, un bateau à vapeur reconnut la presqu'île de Sidi-Ferruch, et, à cinq heures, la première division atteignait la terre sans éprouver aucune résistance; les deux autres divisions débarquèrent successivement. Le général Berthezène ouvrit le feu contre l'ennemi; et, à onze heures, les Bédouins fuyaient de toute part. La presqu'île allait servir de place de dépôt pour nos approvisionnements; le général Valazé y traça un retranchement dont la construction fut aussitôt commencée. La baie offrait beaucoup plus d'abri à la flotte qu'on ne l'avait espéré, et déjà le drapeau français flottait sur la tour de Torre-Chica. Le 24, un certain nombre de nos bâtiments étaient de retour à Toulon pour prendre de l'infanterie et de la cavalerie. Une croisière venait d'être établie sur les côtes de la Régence; on ouvrait un chemin praticable pour les voitures entre le camp de Sidi-Ferruch et celui de Sidi-Khalef, et l'on travaillait aux retranchements qui devaient fermer la presqu'île. Une attaque était projetée dans le but de refouler l'ennemi sur la place.

Le 25, l'armée se met en marche sur Alger; à sept heures du matin, nos avant-postes ont un engagement avec ceux de l'armée turque placée sur la route du château de l'Empereur, qui bientôt se mirent en retraite. A quatre heures de l'après-midi, la première brigade d'avant-garde était en vue de la ville. Des ravins nombreux avaient rendu cette marche très difficile : il avait fallu repousser les Arabes de colline en colline, à travers des broussailles de sept à huit pieds de hauteur; mais maintenant nos soldats étaient dans un pays magnifique, qui leur paraissait une véritable terre promise.

La tranchée fut ouverte devant le fort de l'Empereur, dans la nuit du 29 au 30 juin. Depuis lors les travaux ne furent pas un moment interrompus. Pendant la nuit, et même aux heures où les travailleurs étaient ordinairement relevés, l'artillerie ennemie tirait peu. Pendant le jour, des tirailleurs turcs et arabes se glissaient, à la faveur des buissons, dans les ravins à gauche des attaques, et ils blessaient ainsi un grand nombre d'hommes; des épaulements mirent bientôt nos troupes à couvert.

On devait s'attendre à des sorties vigoureuses. L'occupa-

tion du fort de l'Empereur permettait à l'ennemi de se ras-
sembler sans danger en avant de la Casauba, mais il ne profita pas de cet avantage ; du reste, tout était disposé pour le
recevoir.

Les batteries avaient été construites avec une étonnante
rapidité. Tout fut prêt le 4, avant le jour ; à quatre heures,
une fusée donna le signal et le feu commença. L'ennemi y
répondit pendant trois heures avec beaucoup d'activité. Les
canonniers turcs, bien que l'élargissement des embrasures
les mît presque à découvert, restaient bravement à leur
poste ; mais ils ne purent lutter longtemps contre l'adresse
et l'intrépidité des nôtres, que le général Lahitte animait de
son exemple et de ses conseils. A huit heures, le feu du fort
était éteint ; celui de nos batteries continua de ruiner les
défenses. On commençait à exécuter l'ordre de battre en
brèche quand, à dix heures, une explosion épouvantable fit
disparaître une partie du château. Des jets de flamme, des
nuages de poussière et de fumée s'élevèrent à une hauteur
prodigieuse ; des pierres furent lancées dans toutes les
directions, mais sans qu'il en résultât de graves accidents. Le
général Hurel commandait la tranchée ; il ne perdit pas un
moment pour franchir l'espace qui séparait nos troupes du
château et les y établir au milieu des décombres. On prétend
qu'à neuf heures les défenseurs, découragés, étaient rentrés
dans la place, et que le dey avait ordonné de faire sauter le
magasin à poudre du château. A deux heures, un parlementaire parut sur les ruines. C'était le secrétaire du dey ; il
offrait d'indemniser la France des frais de la guerre. Le
commandant en chef répondit qu'il fallait avant tout que
la Casauba, les forts et le port fussent remis aux troupes
françaises. Le parlementaire retourna à Alger. Peu de temps
après, deux des Maures les plus riches de la ville furent envoyés vers le dey, et, après l'avoir consulté, ils demandèrent que le général français fît cesser le feu, promettant que
dès-lors l'artillerie de la place se tairait. Une suspension
d'hostilités eut lieu, et le général Valazé en profita pour
ouvrir des communications en avant du fort de l'Empereur.

Une convention fut signée ensuite, et, le 5, à onze heures du matin, le drapeau français était arboré sur les tours de la ville. Tout le monde avait montré, depuis le commencement du siége, une ardeur et un courage au-dessus de tout éloge ; la marine avait puissamment secondé les efforts de l'armée, en attaquant les batteries de mer de l'ennemi.

Le premier soin du général de Bourmont fut de réclamer les prisonniers de deux navires français, le *Silène* et l'*Aventure*. Ces malheureux avaient beaucoup souffert ; on s'empressa de les expédier à Toulon.

La prise d'Alger paraissait devoir amener la soumission de toutes les provinces de la Régence ; plus la milice turque était redoutée, plus sa prompte destruction avait élevé dans l'esprit des Africains la force de l'armée française, et les miliciens eux-mêmes avaient donné l'exemple de l'obéissance : quelques soldats avaient suffi pour les désarmer dans leurs casernes ; au premier ordre, tous avaient apporté leurs fusils et leurs yatagans dans le lieu qui leur était désigné.

Le dey alla voir le commandant en chef, le 7 juillet, dans la Casauba ; il désirait se retirer à Livourne, et il reçut la promesse qu'une frégate ne tarderait pas à l'y transporter. Le lendemain, le bey de Titery, reconnaissant l'impossibilité où il était de prolonger la lutte, envoya, de son côté, à M. de Bourmont son fils, âgé de seize ans, pour lui annoncer qu'il était prêt à se rendre ; le général le laissa à la tête de sa province. On pensait que les beys d'Oran et de Constantine accepteraient bientôt aussi les mêmes conditions. La confiance commençait à s'établir : beaucoup de boutiques étaient ouvertes, les marchés s'approvisionnaient, et l'on espérait que la concurrence allait faire cesser la cherté momentanée des vivres. On se disposait à renvoyer en France le matériel d'artillerie qui n'avait pas été mis à terre ; l'équipage de siége restait presque entier. La valeur des objets trouvés à Alger, et surtout celle du trésor, devait suffire pour couvrir les frais de l'expédition.

Cependant le dey changea d'avis sur le lieu de sa retraite, et il demanda à être transporté à Naples. Sa demande lui fut accordée. Il partit le 10 juillet, avec sa famille et sa suite. C'était un homme de plus de soixante ans, mais encore vert pour son âge, qui avait l'air assez peu distingué. Ses deux gendres s'embarquèrent avec lui.

L'armée conservait toujours ses positions. Les divisions campées sur les hauteurs qui dominent la ville commençaient à éprouver les effets des fortes chaleurs, et quelques militaires étaient atteints de la dyssenterie ; mais, grâce aux soins des officiers de santé, le mal ne pouvait faire de grands progrès. On venait de désigner les bâtiments qui devaient ramener les Turcs dans leur pays. Le sort de ces malheureux était vraiment digne de compassion : la plupart n'avaient jamais eu d'autre patrie qu'Alger ; quelques-uns y avaient fait un séjour de cinquante ans, et ne savaient où porter leurs pas. Mais c'était là une mesure utile à l'avenir de la colonie, et l'on dut ne pas reculer devant cet acte de rigueur. Deux régiments, le 6e et le 49e de ligne, avec le général Danrémont, étaient chargés d'aller prendre possession de Bone et de la Calle ; deux mille hommes se dirigeaient vers Oran pour s'en rendre également maîtres.

On travaillait à évacuer sur la place les divers approvisionnements et le matériel mis en dépôt au camp retranché de Sidi-Ferruch. La marine déployait dans cette circonstance une rare activité : l'ordre se rétablissait dans le port, et les arrivages, ainsi que les départs, ne tarderaient pas à se faire sans embarras. Une lettre d'Alger, du 19 juillet, contenait les lignes suivantes, qui présentent des détails intéressants :

« Je suis allé visiter le palais du dey, qui m'a paru bien dégarni de son riche ameublement ; je suis entré dans le fameux trésor. Ce sont quatre appartements voûtés au rez-de-chaussée ; il n'y a qu'une seule entrée fermée par une forte porte en bois, et l'on passe d'un appartement dans l'autre. Autour de chaque chambre, il y a des greniers ayant chacun douze pieds de long, six de large et quatre pieds de haut. Les uns étaient pleins de quadruples, les autres de sequins de Venise ; d'autres contenaient un mélange de pièces d'or, dont quelques-unes de Portugal, de cent soixante-huit francs; d'autres greniers étaient remplis de piastres d'Espagne, d'autres de pièces d'argent de la Régence.

» Un seul appartement n'avait pas de greniers autour. Le plancher ou le sol était couvert de piastres d'Espagne à la hauteur de trois pieds; il y avait aussi des colliers de diamant, des vases en argent, de la vaisselle plate, etc.

» Lorsque j'y suis entré, plusieurs hommes étaient occupés à ramasser l'argent et l'or avec une pelle; on en mettait dans une balance qu'on vidait dans des caisses, contenant à peu près soixante kilogrammes d'or, estimés trois mille francs le kilogramme. On en mettait aussi en baril pour être envoyé en France. On évalue l'argent monnayé trouvé à huit cents pieds cubes, plus les coffres remplis de lingots d'or et de doublons.

» Alger est maintenant dans la plus grande tranquillité. Les Arabes apportent des provisions, qui leur sont exactement payées. Les Juifs sont ceux qui témoignent le plus de joie : ils ne recevront plus de coups de bâton... »

CHAPITRE II. (1830—1834.)

Faits accomplis de 1830 à 1834. — La conquête se poursuit. — Occupation de différentes villes.

En arrivant au trône, Louis-Philippe trouva notre drapeau planté sur les murs d'Alger, mais nous ne possédions guère que cette ville, et, dans les premières années, on n'osa pas concevoir de vastes projets de conquête; on délibérait même s'il ne vaudrait pas mieux abandonner l'Afrique. Toutefois, l'avantage d'avoir un port sur la Méditerranée et d'ouvrir un nouveau champ à l'activité française détermina le gouvernement à garder la nouvelle colonie, si précieuse par son voisinage.

Le général Clausel fut nommé gouverneur de l'Algérie, et il partit, le 14 août, pour aller prendre son commande-

ment. Peu de jours après, on eut des nouvelles du corps en
voyé avec le général Danrémont pour s'emparer de Bone. La
division avait quitté Alger le 26 juillet; mais, retardée dans
le trajet par des vents contraires, elle n'avait paru que le
2 août devant la place. Les habitants virent dans nos soldats
et nos marins des protecteurs, et ils désirèrent que la ville
fût occupée sur-le-champ. Le contre-amiral de Rosamel fit ses
dispositions; le débarquement du personnel et du matériel
s'opéra avec autant d'ordre que de promptitude, et le général
Danrémont établit le 6ᵉ de ligne dans le fort de la Casauba,
à trois cents mètres de la place, sur une hauteur isolée. Le
49ᵉ prit position sur la route de Constantine. On trouva dans
le fort, dans la ville et les batteries de la côte, cent trente-
quatre pièces de canon.

L'ennemi couvrait la campagne, mais, pendant plusieurs
jours, il se borna à empêcher l'arrivée des subsistances. Le
6, les troupes françaises l'attaquèrent et le mirent en
déroute; il en fut de même le lendemain. Le général Danrémont se montrait à la hauteur de son commandement. Dans
la nuit du 11 au 12, les Arabes se précipitèrent de nouveau
contre une redoute : quelques-uns se firent tuer à coups de
baïonnette; les autres, découragés, s'enfuirent de toute part.
L'ordre de rentrer à Alger arriva au général le 18 au soir, et
le corps expéditionnaire fut embarqué. Nos soldats s'étaient
glorieusement conduits. Pendant ce temps-là, nous obtenions
à Oran un succès semblable.

Au mois de novembre, l'aspect de notre colonie avait
partout changé. L'armée, découragée et abattue, reprenait
une vie nouvelle; les officiers qui demandaient avec instance
à retourner en France ne quittaient plus l'Afrique qu'avec
regret et lorsqu'ils en recevaient l'ordre. Cela tenait à ce que
le général Clausel ne négligeait rien de ce qui pouvait
réveiller l'ardeur des troupes, et savait apprécier à leur
juste valeur les droits de chacun à l'avancement : aussi tous
n'attendaient-ils que l'occasion de donner des preuves du
courage qui les animait. Le général n'oubliait pas non plus
qu'il était venu non-seulement prendre le commandement

de l'armée, mais aussi compléter la conquête, et il faisait élaborer dans un comité toutes les questions relatives à l'administration du pays.

Des relations étaient déjà ouvertes avec les chefs de diverses tribus, et l'on espérait que ces tribus seraient avant peu soumises au gouvernement français. Des ordres sévères étaient donnés pour que les propriétés fussent respectées; une ferme-modèle allait servir à l'exploitation de mille hectares de terrain, et propager dans le pays les vrais principes d'agriculture; il y avait lieu de croire que les villes de Bone et d'Oran seraient bientôt occupées par nos troupes. Le bey de Tunis venait d'envoyer au général en chef de riches présents, et il était à désirer qu'il vécût avec nous en bonne intelligence : les deux États, sous le rapport des relations de commerce, ne pouvaient que gagner à cela.

Le bey de Titery, qui s'était d'abord soumis à nos armes, promettant de payer à la France le tribut qu'il payait précédemment au dey d'Alger, ne tarda pas à violer ses engagements. Le général Clausel résolut de le punir. Dans ce dessein, il partit d'Alger le 17 novembre, et alla camper, le 21, au pied du versant septentrional de l'Atlas. Rien ne put résister à l'impétuosité de nos soldats, et le soir les feux de nos bivouacs, établis sur les cimes des montagnes, semblaient se confondre avec les étoiles. Le lendemain, la ville de Médéah ouvrit ses portes aux Français, qui furent parfaitement reçus; le commandant y laissa une garnison, ainsi qu'à Blidah, clé de la plaine de la Métidja des deux côtés de l'Atlas. Le bey, réfugié chez un marabout, fit sa soumission, et le général Clausel retourna à Alger. L'armée française déployait maintenant son drapeau au sommet de ces monts fameux que les bannières d'aucun peuple civilisé n'avaient franchis depuis les Romains.

L'année suivante, Alger fut visité par l'un des fils du roi. Le 17 juillet 1831 au soir, le prince de Joinville arriva en rade, mais il ne put débarquer que le 19. Le général Berthezène se rendit au-devant de lui. Son Altesse monta à la Casauba, parcourut toute la partie supérieure de la ville, puis, après avoir vu la marine et les batteries, elle dîna avec le général et coucha à bord de son navire. Le lendemain, les troupes disponibles furent réunies dans la plaine à une lieue des murs, et elles défilèrent devant le prince, qui admira leur belle tenue ; un escadron de cavalerie et les bataillons parisiens, devenus l'exemple de l'armée, frappèrent particulièrement son attention. Son Altesse se transporta aux casernes en construction et au fort Bab-Azoun ; de là, elle retourna à sa frégate, qui appareilla aussitôt pour Mahon.

Quelques jours plus tard, l'ennemi fut énergiquement repoussé dans un combat engagé contre nos soldats. Le fils de l'ex-bey de Titery, renforcé de plusieurs bandes de la Zaitoun, et des tribus arabes de Bagdadi et d'Oreby, s'était mis à rôder dans les environs d'Alger. Le 20 juillet, il s'approcha d'un de nos blockhaus, et, s'en voyant vivement éloigné, il alla intercepter les communications entre la ville et la ferme, qu'il n'osait attaquer. Le lieutenant-colonel Lavogerie marcha contre lui à la tête d'un bataillon du 20° régiment, lui tua une vingtaine d'hommes et le rejeta dans les ravins d'Oued-el-Kermès. Le colonel d'Arlanger, du 30° régiment, sortant alors de la ferme, fit mitrailler et fusiller cette troupe confuse d'Arabes, pendant qu'elle cherchait à gagner un port voisin. Le général Berthezène se mit en mesure de lui couper la retraite s'il osait s'avancer sur la ville. Par son ordre, le général Feuchères alla coucher le soir à la ferme avec sa brigade, et, le 12, il l'y rejoignit avec quatre bataillons et cinq bouches à feu. En arrivant, il se porta directement vers le port. Les Arabes, craignant d'être coupés, prirent aussitôt le parti de retourner sur leurs pas ; quelques obus, que leur lançait chemin faisant l'artillerie, accélérèrent leur retraite. Obligés de défiler pendant une demi-heure sous le feu des tirailleurs du général Feuchères, blottis derrière des broussailles, à petite portée des sentiers par lesquels l'ennemi devait se retirer, ils éprouvèrent de grandes pertes. Le général Berthezène les poussa pendant plus de deux heures sur la route de Blidah, et les fit suivre jusqu'à Boufarik par sa cavalerie, qui en sabra un certain nombre. Ils se dispersèrent dans toutes les directions, et la plaine se trouva ainsi débarrassée de leur présence et de celle des Caboëles.

Il y eut, le 11 août, à Herba-Djendell, à environ une journée de marche de Melianah, une réunion de diverses tribus, pour délibérer sur la conduite qu'il leur convenait de tenir dorénavant à l'égard des Français. Le marabout et l'émir de Melianah avaient promis d'employer leur influence en notre faveur dans cette assemblée, et l'on espérait que les résolutions prises nous seraient favorables. L'envoi par le général Berthezène d'un bey maure et musulman ne contribua pas peu à la pacification de la province.

Le 29 octobre, le *Moniteur* annonça l'évacuation de Bone par les troupes françaises. Voici ce qui s'était passé. Trahi par un chef du nom d'Ibrahim et par les habitants de la ville, le corps de zouaves commandé par M. Huder, que le général Berthezène avait envoyé au secours de cette place, se vit forcé d'en sortir. La retraite fut difficile, et elle aurait été impossible si elle n'avait été protégée par les marins de deux bâtiments de l'Etat, le brick l'*Adonis* et la corvette la *Créole*, commandés par MM. Huguet et de Péronne. Ces deux officiers se trouvaient à terre lorsque, le 29 septembre, M. Heuder se décida à quitter Bone. Ils se rendirent à bord de leurs navires, d'où ils envoyèrent des compagnies de débarquement ; l'*Adonis* et la *Créole* allèrent s'embosser à trois cents toises de la ville et se préparèrent au combat.

Trois coups de canon partis de la citadelle annoncèrent bientôt le commencement de l'affaire, et l'on aperçut, fuyant de la porte dite de la Casauba, deux zouaves, suivis de beaucoup de monde, tandis que d'autres accouraient du dehors vers la ville. La fusillade se fit ensuite entendre du côté du port, et l'on ne douta plus que tous les postes ne fussent attaqués. Il était neuf heures et demie du matin. L'*Adonis* et la *Créole* se mirent alors à tirer ; les batteries de la place ripostèrent admirablement. Au bout d'une heure, le feu des bâtiments les avait réduites au silence, mais la

Casauba, garantie par son élévation, continuait à lancer des boulets sur la rade.

A onze heures et demie, un officier arriva à bord de l'*Adonis*, ramenant des marins blessés ; il demanda un renfort d'hommes pour les embarcations. M. Huguet, supposant que tout était à peu près terminé, ordonna de cesser le feu et arbora le drapeau parlementaire. A midi, la Casauba cessa aussi son feu, et les zouaves, sortant en foule de la ville, se jetèrent à l'eau ; nos marins les suivirent, sous la fusillade de l'ennemi, sans brûler une amorce. A midi un quart, les chaloupes retournèrent à bord des bâtiments, avec les hommes qu'elles avaient sauvés et les corps de ceux qui avaient péri. Les marins français avaient fait preuve d'un courage héroïque.

L'année 1832 ne vit s'accomplir rien d'extraordinaire. Au général Berthezène, gouverneur de la colonie après le général Clausel, succéda le duc de Rovigo, qui entoura de blockhaus une partie des massifs d'Alger et agrandit notre territoire. Nous commencions à nous faire des amis et des alliés. Dans le courant de mars, le cheik de la puissante tribu de Fuchat envoya de Barca une députation chargée d'offrir cinq mille cavaliers pour appuyer la France, s'il y avait lieu, dans une campagne dirigée contre Constantine. Notre cavalerie se montait, les fortifications s'élevaient rapidement ; le colonel Rey imprimait aux travaux d'artillerie une rapidité extrême, et le génie déployait beaucoup de zèle. Pendant ce temps-là, les capitaines d'Ormandy et Yousouf reprenaient un point important de la côte, en chassant de Bone Ibrahim-Bey, contraint par eux de fuir de la Casauba. Le capitaine y entra avec trente hommes de la marine. Cent Turcs se joignirent à ce détachement, et, avec cette faible troupe, le brave d'Ormandy résolut de défendre la place jusqu'à ce qu'il reçût des secours, ce qui ne tarda pas à arriver. Quand la goëlette la *Béarnaise*, dont les officiers et l'équipage avaient vaillamment concouru à ce glorieux fait d'armes, rentra dans la rade d'Alger, elle fut saluée par les batteries du port de quinze coups de canon.

Notre position devenait bonne à l'égard des Arabes; cependant ils gardaient encore une attitude hostile du côté de l'est, et ils étaient toujours assemblés à l'embouchure de l'Isser. On ne désespérait pas néanmoins de les voir bientôt venir à composition, et l'on pourrait alors mettre à exécution les projets de colonisation depuis longtemps conçus. La population européenne le désirait vivement. Déjà l'on avait fait choix de l'emplacement de trois villages, et, au fur et à mesure de l'envoi de nouveaux colons, on devait chercher d'autres emplacements propres à les établir d'une manière convenable. L'autorité, concentrée entre les mains de M. le duc de Rovigo, lui permettrait de réaliser, sous ce rapport, les intentions bienveillantes du gouvernement.

En attendant, nos soldats et les Bédouins rentrés à Bone travaillaient sans relâche à déblayer cette ville, dont les rues étroites et presque sans air avaient quelque chose de hideux. On songeait aussi à construire à Alger, sur la place du Gouvernement, une église, réclamée par les catholiques et surtout par les nombreuses populations de marins qui fréquentent le port. Ce monument, élevé au moyen de dons volontaires et de collectes recueillies dans tous les pays étrangers, devait devenir un lien puissant pour les Européens venus avec la pensée de coopérer à la colonisation de la Régence.

Un fait se passa à Oran, le 25 octobre, qui mérite d'être signalé. A trois heures du matin, cinq cents cavaliers de la tribu des Garabets se jetèrent sur les gardiens du parc; mais, grâce à la bonne contenance de ces gardiens et à la promptitude avec laquelle on leur vint en aide, le parc put rentrer dans la place sans aucune perte; cent trente hommes du 2ᵉ régiment de chasseurs d'Afrique et deux cents du 66ᵉ de ligne mirent l'ennemi en fuite. Cependant le 2ᵉ régiment de chasseurs montait à cheval et il se portait au lieu du combat. Un peloton poussa aux Arabes, afin de les attirer sur lui; ramené par suite de ce mouvement, il fut aussitôt secouru par les charges du colonel l'Etang, qui sabra tout ce qui l'entourait et dégagea un brigadier. Les Arabes n'échappèrent qu'avec peine aux coups des chasseurs. De son côté, le détachement du 66°, sous les ordres du lieutenant-colonel Barthélemy, chassa l'ennemi des hauteurs qu'il occupait, et le lieutenant Bréa enleva, avec un peloton, le poste très important d'un cimetière. Une autre tentative contre la ville fut également repoussée au commencement de novembre.

L'année 1833 ne fut pas non plus très remarquable. Dans le courant du mois de mars, le duc de Rovigo, que de vives souffrances empêchaient depuis quelque temps de sortir, s'embarqua pour la France : il put se convaincre, au moment du départ, qu'il n'y avait dans l'armée qu'un vœu, celui de le voir rendu promptement au commandement qui lui avait été confié.

Quelques jours auparavant, à cinq lieues de Bone, deux tribus s'étaient jetées, à l'instigation du bey de Constantine, sur celle des Béni-Ourgine, dévouée aux Français, et lui avaient enlevé une grande quantité de bétail. Enhardies par ce succès, deux autres tribus envahirent la plaine le 13 mars, résolues à saisir les troupeaux de la garnison et ceux des habitants. Le capitaine Yousouf, sans compter le nombre, s'élança sur eux, suivi du 3° régiment de chasseurs d'Afrique, et d'une colonne d'infanterie aux ordres du colonel Perregaux. L'ennemi fut mené battant l'espace de trois lieues, s'enfuyant dans toutes les directions et laissant plusieurs morts sur le terrain. A la suite de cette affaire, diverses tribus firent leur soumission, et l'on put croire que le bey de Constantine serait bientôt contraint lui-même de reconnaître l'autorité de la France.

Le 15 mars, le général d'Huzer, voulant explorer la campagne que borde la Seïbouze, fit partir un détachement d'environ six cents chevaux, avec le colonel Perregaux. Le célèbre peintre Horace Vernet, qui se trouvait à Bone, fut autorisé à accompagner l'expédition : il se proposait de faire des études, surtout à l'antique Hippone. La colonne, après avoir passé la Seïbouze, rencontra de vastes plaines couvertes de riches moissons en blé et en orge, et d'excellents fourrages. Parvenue à la rivière de Mafrah, elle se porta sur la droite et alla se rafraîchir sur les bords du lac des Chameaux, dont l'eau est délicieuse. Là, les cheiks des tribus alliées vinrent rendre leurs devoirs au colonel. Après une halte d'une heure, la colonne se dirigea vers la mer, à travers des champs de tabac et de pastèques ; la route était ombragée çà et là par des orangers, des grenadiers et des figuiers magnifiques ; l'eau ne manquait pas non plus ; aussi les marchés de la ville étaient-ils pourvus de toute espèce de provisions. La reconnaissance rentra à Bone après quatorze heures de marche : les soldats étaient émerveillés du pays qu'ils avaient parcouru.

Cependant un vaste projet d'agression contre la division d'Oran était préparé par les tribus les plus belliqueuses de la contrée. Le marabout Mehai-el-Dein se mit à soulever la province, appelant aux armes les Arabes et leur promettant une victoire facile. L'élite des guerriers alla, le 25 mars, asseoir deux camps à trois lieues d'Oran, sur la route de Mascara.

Le 26, à la pointe du jour, le baron Desmichels, commandant la division, établit ses troupes sur un rideau en avant de la ville, dans la plaine de Sidi-Mahattau. Quelques cavaliers, rencontrés par nos éclaireurs, disparurent, après avoir échangé des coups de fusil. Le général donna l'ordre de construire un blockhaus sur le point le plus élevé du rideau, afin d'appuyer notre aile gauche ; les travaux commencèrent à l'instant même, et quand le terrain fut préparé, les troupes rentrèrent dans la place.

Le 27, à cinq heures du matin, le 4e bataillon de la légion étrangère, deux compagnies du 66e de ligne, un escadron de chasseurs et deux pièces de montagnes furent envoyés pour protéger les travailleurs. Une vive fusillade s'engagea entre nos tirailleurs et l'ennemi. Le baron Desmichels arriva sur les lieux et prit toutes les mesures pour faire face aux Arabes. Bientôt une nuée de cavaliers, formant un demi-cercle de près d'une lieue, fondit sur nos troupes avec la rapidité de l'éclair, mais leur impétuosité fut contenue par le feu de nos tirailleurs. Ces attaques, maintes fois renouvelées, furent repoussées avec la même vigueur sur tous les points, et, à trois heures de l'après-midi, l'ennemi commença son mouvement de retraite : il avait fait des pertes énormes en hommes et en chevaux. Le combat avait duré sept heures, et les travaux du blockhaus, dirigés par le capitaine de génie Cavaignac, n'avaient pas été un instant interrompus.

Tout n'était pas fini. Le 28, les Arabes, étonnés d'avoir vu s'élever en quelques heures l'édifice complet du blockhaus, envoyèrent pendant la nuit une centaine des leurs pour le reconnaître. M. Giraudon, du 66e, qui commandait les grenadiers de garde, laissa approcher ces hommes et en tua quelques-uns; les autres prirent la fuite. Les mêmes grenadiers défendirent avec non moins de courage le blockhaus, attaqué, dans la nuit du 29 au 30, par trois ou quatre cents Arabes. Le 31, on remarqua un grand mouvement dans les camps de l'ennemi; la nuit suivante, toutes les tribus retournaient dans leurs douars, laissant sur les lieux qu'elles occupaient beaucoup d'instruments de cuisine, et un troupeau de chèvres laitières qui fut emmené par les Français.

La ville d'Arzew est, après Mers-el-Kebir, le port le meilleur de la province de l'ouest. Il est situé à douze lieues d'Oran, au fond d'une baie, et l'on comprenait qu'il serait facile, en lui donnant de l'étendue, d'y faire entrer des frégates. Le général Desmichels se mit en rapport avec le caïd, et établit des relations de commerce avec les habitants, en attendant qu'il fût possible d'occuper la place, puis il combina une expédition par terre et par mer. Il partit d'Oran le 3 juillet et se dirigea sur Arzew avec des bâtiments de transport; le lendemain, à dix heures du matin, le général était en rade, et, une heure après, une colonne de troupes de sept mille hommes, partie pour la même destination, déboucha sur le rivage, sans avoir rencontré un seul Arabe sur sa route. Le matériel fut débarqué, et l'on commença les travaux d'établissement et de défense. La ville fut occupée, et nous eûmes en notre pouvoir un des bons mouillages de la côte. Peu de semaines après, nos troupes s'emparèrent des villes de Mazagran et de Mostaganem, avec le concours de la marine. Une expédition organisée, dans les premiers jours d'août, contre une tribu qui avait marché sur Mostaganem, à la suite de l'émir Abd-el-Kader, ne fut pas moins heureuse.

Pendant ce temps-là, l'armée poursuivait avec la plus grande vigueur ses travaux. La belle route du fort de l'Empereur touchait presque à Blidah et à Coléah, et l'on pouvait parcourir en voiture un trajet de huit lieues. On rencontrait des officiers du génie dans toutes les directions, les ateliers d'artillerie étaient en pleine activité. Grâce à l'influence que le général Lamoricière avait déjà prise sur les Arabes, les cheiks consentirent à laisser les Bédouins se mêler aux soldats et s'associer à leurs efforts. La route de Douéra était terminée, et débouchait dans la plaine de la Métidja ; une expédition faite contre une tribu qui voulait inquiéter les travailleurs au défilé de Boufarik avait déjà permis d'en apprécier l'avantage.

Dans le courant de septembre, le général d'Uzer se vit obligé de marcher contre les tribus des Merdès, qui, protégées par des positions qu'elles croyaient inexpugnables, se rendaient souvent coupables de méfaits. Il sortit de Bone, le 12, à trois heures du matin, avec une colonne composée de chasseurs d'Afrique, du corps auxiliaire de Turcs et d'otages, et de cent soixante-quinze spahis ; il emmenait en outre quatre bouches à feu, et l'ambulance avec deux voitures.

Remontant la Seïbouze, sur la rive gauche, jusqu'aux gués qui se trouvent à cinq lieues de Bone, la colonne fut partagée en deux sections, la première sous les ordres du général d'Uzer, la seconde sous ceux du colonel Perregaux. Le capitaine Morris, du 3ᵉ chasseurs, força le passage de la rivière, et les positions de l'ennemi furent enlevées ; dix douars tombèrent en notre pouvoir. Les tribus de la plaine étaient désormais soumises.

Le général d'Uzer fit encore une reconnaissance, le 3 novembre, dans la direction de Constantine, à travers un pays entrecoupé de riches prairies, de bois d'oliviers et de myrtes, et des terres en culture qui produisaient des grains magnifiques ; on n'avait encore rien vu en Afrique d'aussi beau. Nos troupes reçurent des Arabes un très bon accueil ; mécontentés de la conduite du bey de Constantine à leur égard, les tribus de cette province paraissaient disposées à se soumettre à la France. Des rapports avec ces tribus ne pouvaient qu'avoir des résultats très avantageux pour le commerce.

Tout allait également bien à Bougie : les ouvrages destinés à fortifier la place étaient terminés, et l'on pouvait y défier les attaques des Bédouins. Quant à la province d'Alger, la tranquillité y régnait complètement depuis plusieurs mois, et nos relations avec les Arabes devenaient chaque jour meilleures ; un sous-officier, envoyé dans une tribu pour s'informer de ses besoins, avait été très bien accueilli sur son passage. De son côté, la ville de Blidah venait de donner une nouvelle preuve de sa soumission, en envoyant au général Voirol neuf cents boudjoux qu'elle devait. Partout la confiance s'établissait, car les Arabes avaient le droit de compter sur notre protection et sur notre justice, et l'on commençait à espérer que la puissance de la France ne tarderait pas à s'affermir en Afrique.

Au commencement de décembre, la division d'Oran obtint un succès glorieux, à dix lieues de la ville, sur six mille cavaliers arabes commandés par Abd-el-Kader, bey de Mascara. Des soldats français avaient été, à diverses reprises, lâchement assassinés ; il devenait nécessaire de venger ces crimes. Ce fut le but de l'expédition qui parut le 3 sous le commandement du général Desmichels, et se porta de nuit jusqu'au pied de l'Atlas, où se trouvaient une partie des coupables et Abd-el-Kader. L'avant-garde tomba inopinément, à la pointe du jour, sur des groupes arabes, qui furent aussitôt dispersés. Mais la fusillade donna l'éveil au camp du bey, et, à huit heures du matin, des nuées de cavaliers parurent de toute part. Les premiers qui se présentèrent devant nos lignes de tirailleurs furent refoulés sur ceux qui les suivaient, tandis que l'artillerie arrêtait les masses par la mitraille et les projectiles qu'elle leur lançait. Cependant des renforts arrivèrent, et les différentes faces du carré que nous formions ne tardèrent pas à être enveloppées par cette cavalerie, pleine de résolution et d'audace. Nos tirailleurs soutinrent vaillamment la lutte, et l'ennemi dut s'éloigner hors de la portée du canon. Il était alors dix heures; une ration d'eau-de-vie fut distribuée aux troupes, qui eurent un moment de relâche.

A midi, l'ennemi ne faisant aucune démonstration d'attaque, la division prit le chemin de Msullen, où elle devait bivouaquer. Mais les Arabes s'avancèrent bientôt, et il fallut recourir de nouveau à l'artillerie, qui leur causa des pertes énormes; nous n'atteignîmes Msullen qu'à la nuit close. Au lieu de s'y arrêter, comme à la suite d'une chaude journée le froid eût pu être nuisible, on se dirigea vers Brun, où l'on arriva à dix heures du soir, après une marche de trente heures, dont seize en combattant : pas un homme n'était resté en arrière.

CHAPITRE III. (1834—1837.)

Années 1834, 1835 et commencement de 1836. — Expéditions de Mascara et de Tlemcen. — Echec contre Constantine.

La lutte contre Abd-el-Kader était commencée, mais ce ne fut que plus tard qu'elle devint réellement sérieuse, lorsque le maréchal Trézel assura enfin le triomphe de nos armes par d'éclatantes victoires. Les années 1834 et 1835 ne virent s'accomplir encore aucun de ces faits considérables qui devaient avoir des conséquences si importantes pour la colonisation.

Un grand nombre de tribus avaient reconnu notre autorité et ne demandaient pas mieux que de vivre paisiblement sous la domination française; mais une agitation fiévreuse régnait toujours parmi les Hàdjoutes, de la province d'Alger, et le général Voirol, chargé par intérim du commandement en chef, dut fait partir une reconnaissance, vers la mi-janvier, dans la direction de Boufarik. M. Pélissier, un de ses aides-de-camp, le sergent-major Vergé et le lieutenant Allegro précédaient la colonne, résolus à se présenter au milieu des Arabes réunis pour le marché. Tous trois osèrent pénétrer parmi eux, et M. Pélissier leur lut une proclamation pacifique du général ; les plus notables promirent d'y répondre dans deux ou trois jours et parurent disposés à ne plus nous être hostiles. La colonne put revenir à Alger sans encombre. Quelques semaines après, les familles qui avaient passé chez les Hadjoutes sollicitèrent l'autorisation de rentrer dans leurs foyers, et elles l'obtinrent facilement. Le retour de ces émigrés prouvait à leurs coréligionnaires que notre protection était de beaucoup préférable à une sauvage indépendance qui mettait chaque jour en péril leur vie et leurs propriétés; elle leur prouvait encore que notre influence grandissait de plus en plus, ainsi que la confiance que nous inspirions.

Au mois de mars, le général Desmichels réussit à obtenir les avantages qu'il regardait comme la conséquence du combat du 3 décembre. Menacé dans sa résidence de Mascara, par suite de l'occupation d'Arzew et de Mostaganem, Abd-el-Kader s'était décidé à négocier, et il venait de signer un traité, d'après lequel il se soumettait au roi des Français. L'une des plus riches provinces se trouvait ainsi purifiée, et nous avions un nouveau débouché pour notre commerce. Cette purification ne devait pas être moins utile à l'occupation militaire et à l'influence que notre autorité allait prendre dans tout le pays.

De pareils résultats ne pouvaient que rassurer ceux qui craignaient que le gouvernement ne renonçât à l'idée de faire de l'Algérie une colonie française. Le mot du maréchal Soult, « la France n'abandonnera jamais sa conquête » produisit d'ailleurs sur la population d'Alger un effet magique. Les travaux de construction reprirent une activité nouvelle, des ordres d'achats arrivèrent de toute part, et l'on se mit à acquérir des propriétés au-delà des avant-postes; l'espérance revenait dans tous les cœurs. Mais, pour maintenir la tranquillité, il ne fallait pas songer à réduire l'armée ; on ne pouvait y songer, suivant le général Voirol, que lorsqu'on aurait jeté sur la Metidja un réseau de postes militaires permanents, et respectables par leur position.

Rien de saillant ne se produisit jusqu'au mois de juin. Dans la nuit du 5 au 6, des Kabyles, guidés par un déserteur, se glissèrent, à la faveur de l'obscurité, jusqu'au pied de la redoute placée en avant de Bougie, et cherchèrent à s'y introduire; les canonniers, réveillés en sursaut, leur lancèrent des obus, et l'arrivée d'un détachement du 2ᵉ bataillon d'Afrique les contraignit à se retirer. Dans la matinée du 6, ils se montrèrent au nombre de quatre mille cinq cents en vue et presque à la portée de nos postes; mais, remarquant dans nos troupes la résolution de les bien recevoir, ils n'osèrent pas attaquer, et se retirèrent lentement sans avoir fait aucune tentative. Le capitaine Laperrey s'était particulièrement distingué dans cette affaire.

A part ces agressions isolées et où l'ennemi avait toujours le dessous, le pays n'avait jamais joui d'une tranquillité plus grande; la paix et la sécurité étaient entières jusqu'à l'Atlas. Les tribus mêmes des montagnes se ressentaient de cette heureuse situation, qui calmait peu à peu les esprits et multipliait nos relations avec les indigènes.

Ce fut alors que le général Voirol apprit qu'il allait remettre aux mains du maréchal Trézel, nommé gouverneur de l'Algérie, le commandement qu'il n'exerçait que par intérim. Cette nouvelle provoqua à Alger une manifestation aussi flatteuse pour lui qu'elle était encourageante pour le pouvoir à venir. Le dimanche 31 août, les notabilités de la ville se rendirent spontanément à son hôtel, et l'un d'eux lui adressa une allocution pleine de cœur, à laquelle le général répondit en ces termes :

« Messieurs,

» Je suis touché jusqu'à l'émotion de la démarche que vous faites en ce moment près de moi. L'expression de vos sentiments s'adresse sans doute plutôt à mes intentions qu'à ce que j'ai fait en réalité; car, en raison de ce que j'aurais désiré faire, il me semble avoir fait peu de chose.

» Ouvrir des routes, multiplier les communications, pacifier le pays, établir des relations commerciales avec les indigènes, protéger les établissements agricoles, favoriser les colons de tout mon pouvoir, telle est la tâche qui m'était imposée par le gouvernement; tel est aussi le but que je me suis proposé; si je ne l'ai pas complètement atteint, c'est que ma position intérimaire offrait des difficultés que vous avez bien voulu apprécier.

» Le roi, dans sa sollicitude pour la colonie, vous a donné pour gouverneur un de nos plus illustres généraux; son intégrité, sa loyauté et son patriotisme vous sont connus, et tous les germes de prospérité se développeront sous son administration. Je m'en féliciterai, Messieurs; car, plus que jamais, je m'associe aux succès de la colonie, auxquels tant d'intérêts se rattachent.

» Le témoignage éclatant de votre estime est la plus belle récompense que je puisse ambitionner; je vous en remercie du fond du cœur. »

Au mois d'octobre, les Kabyles renouvelèrent leur tentative contre Bougie. Dès le 3, le colonel Duvivier fut averti de leurs projets, et, dans la matinée du 10, les rapports des avant-postes apprirent que six mille environs venaient de s'établir à quelque distance. La garnison fut immédiatement disposée pour le recevoir. Le soir, à huit heures, les Arabes attaquèrent; le blockhaus Salem devint surtout l'objet de leurs efforts. Les vingt hommes du 2e bataillon d'Afrique et les cinq artilleurs qui l'occupaient tinrent pendant quatre heures une conduite admirable; les plus braves d'entre les ennemis périrent sous les débris du fort, et, vers sept heures du matin, les autres disparaissaient dans les montagnes. Le rapport du général Voirol citait, parmi ceux qui s'étaient fait le plus remarquer, le sous-lieutenant Mahout, chargé du commandement du poste, le sergent Perrot et le caporal Loiseau.

Un combat non moins brillant fut livré le 20 novembre, par la garnison de Bone, aux troupes d'Achmet, bey de Constantine. Le 19 au soir, le général d'Uzer fut informé que neuf cents Arabes étaient tombés à l'improviste sur une tribu alliée, à qui ils avaient enlevé deux mille têtes de bétail, et qu'ils se disposaient à passer la nuit dans les environs. Il prit aussitôt ses mesures pour marcher contre eux, et, le lendemain, à huit heures, nos soldats abordèrent l'ennemi avec vigueur, bien qu'il fût posté derrière un ravin profond qui ne pouvait être franchi que par un seul défilé. Chassé de cette position, il chercha à s'établir dans une seconde; mais les spahis, les auxiliaires et les chasseurs d'Afrique se précipitèrent en même temps sur lui et le mirent en déroute. La cavalerie d'Achmet-Bey prit honteusement la fuite. Les Arabes laissèrent en notre pouvoir des blessés et des prisonniers, une assez grande quantité d'armes et presque tous leurs bagages; ils avaient eu cent cinquante hommes tués. Nos pertes étaient minimes. Ce nouvel acte de protection attachait à notre cause les tribus de la plaine; elle leur montrait quel intérêt nous mettions à les garantir contre tout agresseur.

Le général Voirol quitta Alger le 12 décembre, et son départ donna lieu à une véritable ovation. Les habitants européens lui firent accepter une médaille d'or avec cette inscription : « Au général Voirol, la colonie reconnaissante! » Les indigènes voulurent s'associer à leurs regrets; les Maures, au nombre de plus de deux cents, le muphti et le cadi en tête, allèrent offrir à l'ex-gouverneur un yatagan d'un riche travail, et les chefs des tribus de la plaine lui présentèrent un magnifique fusil de leur fabrique. C'était là un témoignage non équivoque de l'estime qu'avait su inspirer à tous l'homme sage et intègre dont chacun avait pu apprécier l'esprit éclairé, bienveillant et juste.

Grâce à son activité, des progrès sensibles avaient été réalisés partout dans la colonie, et si rien n'était encore achevé, il avait cependant beaucoup fait pour l'avenir. Voici ce qu'un colon écrivait d'Alger, au mois de janvier 1835, à propos du marché de Boufarik :

« On ne sait pas en France ce que c'est que le marché de Boufarik, que bien des habitants d'Alger n'ont jamais vu, et sur lequel beaucoup n'ont que des connaissances imparfaites.

» Il serait fort difficile aux bourgeois de Paris de se faire une juste idée de ce marché, qu'ils comparent peut-être aux foires de Pontoise, mais dont en réalité l'importance est immense.

» Il n'y a à Boufarik ni maisons, ni tentes, ni cabanes ; ce n'est pas un village construit où vivent des tribus avec leurs troupeaux ; rien à la vue ne rappelle l'idée d'un marché ; Boufarik est un nom donné à une vaste étendue de terrain que signalent seulement un marabout à gauche et un bouquet de gros oliviers avec un puits à droite.

» Chaque lundi, à deux ou trois cents pas de ce groupe d'arbres, les Arabes de la plaine et de la montagne viennent planter, pour quelques heures seulement, les piquets de leurs tentes et étaler les denrées de leur pays ; les troupeaux de bœufs, de moutons, de chèvres, de chevaux, des grains, des légumes, des tissus, enfin toutes les productions naturelles ou fabriquées de leurs haouchs et de leurs douars.

» La première fois que j'allai au marché, il y a quatre mois, je vis rassemblés dans cette plaine immense quatre à cinq mille Bédouins qui, depuis sept heures du matin jusqu'à deux ou trois heures après midi, vendirent et achetèrent. Les Européens qui se rendaient alors au marché n'osaient quitter l'escorte de l'état-major, qui circulait à cheval entre les tentes : jamais ils ne s'aventuraient à mettre pied à terre et à se promener seuls au milieu des Arabes. Le changement est complet aujourd'hui ; la dernière fois que j'y suis allé, et il y peu de jours, plusieurs Français venus par curiosité visitèrent en toute sûreté tous les détails du marché, à pied, loin des troupes, et pendant trois ou quatre heures ; pourtant il n'y avait que deux ou trois gendarmes pour maintenir l'ordre parmi les indigènes.

» Au centre du marché, entre les huttes où siégent le cadi et le caïd, M. le docteur Pouzin, médecin du gouverneur, avait élevé une petite tente dans laquelle les Arabes malades venaient le consulter ; un interprète traduisait leurs plaintes, et leur expliquait l'usage des remèdes que le docteur leur remettait gratuitement. La curiosité m'engagea à visiter l'intérieur de la tente ; et, pendant les deux heures que j'y restai, je vis plus de cinquante indigènes, parmi lesquels plusieurs femmes, venir tour à tour. Beaucoup d'entre eux étaient descendus des montagnes situées fort loin de là, d'autres venaient de Blidah ou de Coléah.

» C'était un des spectacles les plus intéressants que j'aie jamais vus ; plusieurs de ces Arabes n'apparaissaient que pour remercier le jeune docteur de leur parfaite guérison, puis ils faisaient place aux malades.

» M. le général Rapatel, qui commandait les troupes, accompagné de plusieurs voyageurs, au nombre desquels se trouvait le prince étranger Packler Muskau, arrivé depuis peu de temps à Alger, vint aussi visiter la tente pendant que j'y étais ; ce dernier même y passa quelques instants.

» L'influence exercée par cette médecine européenne implantée au milieu de la plaine, dans le marché le plus important, peut devenir immense et donner les plus beaux résultats par la confiance qu'elle inspire aux indigènes, qui viennent là chaque lundi chercher des conseils et des remèdes pour leurs maux..... »

Cette confiance, toutefois, ne pouvait être inspirée d'une manière sérieuse que si le gouvernement du roi s'occupait de la situation de la colonie. On le comprenait à Alger, et, le 9 janvier, la plupart de ceux qui dirigeaient des exploitations agricoles sur le massif, et un grand nombre de colons se réunirent au Cercle du commerce, et choisirent des délégués qui allèrent exposer aux chambres l'état des affaires.

En attendant qu'il fût donné suite à leur demande à Paris, l'intendant civil de nos possessions africaines prit un arrêté qui fut accueilli avec faveur. C'était un pas vers l'amélioration désirée. Considérant qu'il était urgent de distribuer en communes distinctes le territoire de l'ancienne province d'Alger soumis à notre domination, afin d'établir dans chacune une autorité municipale capable de veiller à la répression des désordres, M. Lepasquier institua une commission chargée de jeter les bases de la circonscription des nouvelles communes. Cette commission se mit aussitôt à l'œuvre. Peu de temps après, le conseil municipal de la ville votait les fonds nécessaires à l'établissement de cours supérieurs, c'est-à-dire d'un collége, destiné à recevoir une partie des enfants au sortir des écoles primaires déjà créées.

Le poste de Boufarik était des plus utiles pour nous rendre maîtres de la plaine et assurer nos communications avec Blidah. Le comte d'Erlon avait eu la pensée d'établir un camp retranché sur ce point, et ce grand travail s'exécutait par les troupes avec une admirable activité; il était très avancé au mois de mars, et bientôt il pourrait offrir une protection efficace aux colons qui iraient travailler dans la plaine.

Une attaque tentée contre Boufarik, dans la journée du 25 mars, ne tarda pas à démontrer une fois de plus la nécessité de ce camp retranché. Le général Rapatel résolut de débarrasser le pays des Hadjoutes et de leurs alliés, qui molestaient sans cesse des tribus amies. Il réunit une colonne et partit le 27, à neuf heures du soir, marchant sur la Chiffa; l'avant-garde était placée sous le commandement du chef de bataillon de Lamoricière. Les troupes passèrent la rivière au point du jour; les chasseurs d'Afrique et les spahis, soutenus par les zouaves et les voltigeurs du 13e de ligne, marchèrent à l'ennemi, qui s'enfuit en poussant des cris d'effroi, et nous prîmes position dans son camp. Il revint à la charge, mais il n'obtint aucun succès, et la colonne, repassant la Chiffa sous la protection de l'arrière-garde, rentra au camp d'Erlon à six heures. Les Arabes avaient eu trente-quatre hommes tués, plus de cent blessés, et vingt-cinq chevaux tués ou blessés. De notre côté, nous comptions seulement trente-trois blessés. L'expédition présentait près de vingt heures de combat et de marche.

Le 26 mars, le gouverneur-général visita tout le littoral de la baie d'Alger, depuis la Maison-Carrée jusqu'à l'embouchure de la Tamise, ainsi que la belle ferme de la Rassauta, qui était une propriété domaniale. Il reconnut aussi le terrain sur lequel les Arabes, repoussés de l'intérieur par les exactions du bey de Constantine, avaient planté leurs tentes; ils s'étaient beaucoup augmentés depuis un an, et possédaient maintenant de nombreux troupeaux. On pouvait compter sur leur fidélité et croire qu'ils protégeraient les entreprises agricoles dont on avait conçu le projet, quand le moment serait venu de tirer parti de ce que nous possédions de ce côté dans la Metidja. Le gouverneur n'avait pris, pour l'escorter dans son excursion, qu'un seul détachement des spahis réguliers; c'était là une preuve de la sécurité qui régnait dans tous les environs d'Alger.

D'autre part, les travaux de desséchement commencés auprès de la ferme-modèle, sous la direction des officiers du génie, marchaient à souhait. Ils éloignaient à une demi-lieue les foyers d'infection qui enveloppaient ce poste et le débouché dans la plaine traversée par la route du pont de l'Oued-el-Kerma. On avait déjà rendu ainsi à la culture quatre cents hectares de bonnes terres qui ne demandaient que des bras pour être mis en valeur.

Malheureusement, au commencement de juin, le choléra, qui venait de se déclarer à Toulon, fut apporté en Algérie, et, pendant trois mois, l'autorité eut à combattre ce terrible fléau, qui fit dans la colonie de nombreuses victimes. Aux ravages de la maladie vinrent se joindre les calamités de la guerre. Il fallut entreprendre contre un chef redoutable, devenu de jour en jour plus ambitieux, des expéditions fatigantes et aussi très périlleuses, sous un climat et dans des lieux où l'ennemi avait sur nous l'avantage. Le moment approchait où nos soldats allaient avoir l'occasion de montrer les qualités qui les distinguent et auxquelles ils doivent une réputation justement méritée.

Depuis quelque temps, Abd-el-Kader, qui s'était mis précédemment dans de bons rapports avec nous, cherchait à accroître par des négociations l'influence qu'on lui avait donnée sur divers points de la Régence. Il voulut contraindre à lui obéir des tribus soumises à notre pouvoir, et elles réclamèrent la protection du général Trézel; il était d'une sage politique de la leur accorder. De là un conflit. Mais le général attaqua l'ennemi avec des forces trop disproportionnées, et nous subîmes un échec. On se battit du 26 au 29 juin. L'armée retourna par mer à Oran.

Une première vengeance ne tarda pas à être tirée de l'émir. Le 29 août, vers neuf heures du matin, les Arabes d'Abd-el-Kader attaquèrent, à peu de distance d'Oran, les Turcs du caïd Ibrahim et deux tribus alliées. Le général d'Arlanger donna l'ordre de les charger et ils furent dispersés par l'artillerie. Le 1er septembre, le général monta à cheval avec son état-major et un escadron de chasseurs pour proclamer bey le caïd Ibrahim; le 2, le 27e rentra à Oran, et il fut bientôt suivi des autres troupes de l'expédition.

La retraite d'Abd-el-Kader après le combat eut pour résultat de détacher les Kabyles de ses intérêts, et l'on pensait qu'un grand nombre de tribus ne manqueraient pas de l'abandonner dès l'ouverture de la campagne projetée contre Mascara. Aussi le maréchal Clauzel ne doutait-il pas qu'il ne pût bientôt protéger partout les établissements des colons, et, pour décider les agriculteurs à venir s'établir en Algérie, il promettait de les aider, dans le rayon d'une lieue des points occupés militairement, en mettant à leur disposition, à des prix modérés, des soldats qui les aideraient dans leurs travaux.

Une cérémonie intéressante eut lieu le 4 octobre; le nouveau bey de Titery prêta entre les mains du maréchal le serment auquel sa qualité l'astreignait. Depuis plusieurs jours, cent cinquante chefs de tribus ou notables de cette province étaient arrivés à Alger pour former une garde d'honneur qui devait accompagner le titulaire dans la prise de possession de son autorité. A midi, les galeries du palais du Gouvernement se remplirent de fonctionnaires militaires et civils. On remarquait au milieu de la cour une table chargée de bur-

nous blancs et rouges, et sur laquelle figuraient aussi deux
yatagans, l'un à fourreau d'or, l'autre d'argent. Le bey se
plaça devant cette table, puis seize cheiks se rangèrent à
droite et à gauche et formèrent le croissant. Le maréchal
arriva bientôt, et, s'adressant au bey, il lui dit : « Au nom
du roi des Français, seul et véritable sultan de la Régence,
je vous fais bey de Titery; » ensuite il lui remit les marques
de sa dignité, c'est-à-dire le yatagan à fourreau d'or et un
cafetan, tunique en soie brochée d'or. Son lieutenant suspendit à son côté le yatagan d'argent, et chaque chef revêtit un
burnous rouge ; les notables reçurent des haïks et des
sandales. Des domestiques en livrée servirent le café aux
Arabes, pendant que la musique exécutait des morceaux
appropriés à la circonstance ; après cela, le maréchal se retira
dans son cabinet, où le nouveau bey le suivit, sans doute
pour entendre ses instructions.

Quelques semaines plus tard, un lieutenant d'Abd-el-
Kader, Nadj-el-Seghir, essaya d'empêcher l'expédition organisée contre Mascara ; une seule journée suffit pour détruire
ses espérances et, celles de son chef. Le maréchal partit le
17 octobre pour Boufarik, qui était le point menacé ; le
lendemain, nos troupes se trouvèrent en présence des Arabes,
contre lesquels les spahis et les zouaves furent déployés en
tirailleurs. L'engagement fut vif, mais enfin l'ennemi dut
céder et il se retira le long de l'Atlas. Nos soldats passèrent
la Chiffa, et, remontant les sources de l'Ouedjer, ils aperçurent les Arabes sur les cimes des mamelons. Attaquée avec
énergie, l'armée du lieutenant de l'émir fut complètement
battue ; le commandant Lamoricière et le lieutenant-général
Rapatel s'étaient particulièrement distingués. Cette victoire
était un heureux prélude de l'expédition de Mascara. D'autres faits d'armes s'accomplissaient dans le même temps,
avec un égal bonheur, non loin de Bone, d'Oran et de Mostaganem, sous les ordres des généraux Monk, d'Uzer et d'Arlanger, et du commandant Friol.

Le duc d'Orléans avait promis de se rendre en Algérie;
il réalisa cette promesse au mois de novembre, et arriva à

Alger le 10, à dix heures du matin. La réception qu'on lui fit fut des plus brillantes. Il accepta de loger dans la maison d'un seigneur indigène, ce qui flatta extrêmement la population mauresque, et, le soir, il assista à un bal offert par la municipalité. Les jours suivants, il visita les divers établissements de la ville, le camp d'Erlon et d'autres postes militaires, pendant qu'on achevait les préparatifs de la campagne à laquelle il avait l'intention de prendre part.

Le 26, le prince s'établit avec le maréchal au camp du Figuier, à peu de distance d'Oran, et, le lendemain, il en vit partir l'avant-garde sous les ordres du général Oudinot. Quelques jours plus tard, l'armée d'Afrique montrait encore une fois aux Arabes quelle supériorité nous donnaient sur eux la civilisation de la France, la tactique de ses troupes et leur courage dirigé par des chefs habiles. Abd-el-Kader s'était retiré dans les montagnes avec une partie des siens, et nous étions maîtres de Mascara.

Après ce beau succès, le maréchal pensa qu'il restait à porter le dernier coup à l'émir, en marchant sur Tlemcen, où il s'était porté pour essayer d'arrêter nos progrès dans le pays. Il résolut donc, après avoir donné du repos aux soldats, de marcher sur cette ville, afin de détruire les dernières espérances d'Abd-el-Kader.

L'armée expéditionnaire partit d'Oran le 8 janvier, vers sept heures du matin, et se dirigea sur Bridia, où le bivouac fut établi dans la soirée. De Bridia, elle atteignit successivement le Rio-Salado, Oued-Senan, Ain-el-Bridge, l'Isser et l'Amighierra, d'où elle se porta par deux routes sur Tlemcen. Abd-el-Kader, après avoir vainement tenté de gagner les Koulouglis, s'était décidé à fuir, et avait établi son camp dans une gorge de la montagne. Le 13, on aperçut la ville, au sommet d'un magnifique terrain en amphithéâtre, avec sa triple enceinte et ses nombreux cimetières. Jamais spectacle plus imposant ne s'était offert à nos soldats : après avoir fait trente-cinq lieues sans voir ni maisons ni arbres, ils se trouvaient subitement en présence d'une immense cité, de villages considérables, d'un fort, d'oliviers chargés des plus beaux fruits.

Dans l'après-midi, l'armée entière, y compris les voitures, était arrivée, sans qu'on eût eu à déplorer la perte d'un seul homme.

Deux brigades partirent le 15, sous les ordres du général Perregaux, pour aller à la rencontre d'Abd-el-Kader; elles prirent deux directions différentes. Le commandant Yousouf lui tua soixante-dix hommes et le mit complètement en déroute; le chef Ben-Nouna, l'un des fidèles de l'émir, ne fut pas plus heureux dans ses essais de résistance, et les deux brigades rentrèrent le 17 à Tlemcen.

Les troupes restèrent dans leurs cantonnements jusqu'au 23. A cette époque, le maréchal se mit lui-même à la tête de la 2e et de la 3e brigade, et se dirigea vers l'Isser; les succès qu'il obtint dans les journées des 26, 27 et 28, eurent des résultats importants; un grand nombre de tribus envoyèrent aussitôt à son camp des députations chargées de négocier la paix. Afin de s'assurer la possession de Tlemcen, et d'empêcher ainsi l'ennemi d'organiser un nouveau centre d'action, il nomma bey de cette ville Mustapha-ben-el-Mkallèche, puis, confiant le commandement de Méchouar au capitaine Cavaignac, il reprit le chemin d'Oran, le 5 février. L'armée le suivit à quelques journées de marche, et ce ne fut pas sans avoir à lutter encore contre l'ennemi qu'elle atteignit elle-même Oran, où elle rentra le 12. Ses pertes avaient été insignifiantes.

Mais le maréchal tenait à ne pas laisser en repos les tribus qui donnèrent asile à l'émir, et, dès le 23, le général Perregaux marcha contre les Gharabas, sur lesquels il tomba le lendemain à l'improviste. L'ennemi prit la fuite, dix villages furent pris et incendiés par les Arabes auxiliaires, et nos soldats s'emparèrent d'un certain nombre de chevaux et de mulets, ainsi que de deux mille trente-neuf bœufs. Le général Perregaux se porta ensuite en avant dans une autre division. Pendant ce temps-là, le commandant Cavaignac repoussait vigoureusement une attaque des Béni-Ouruid, contre les travailleurs occupés à construire deux nouveaux postes retranchés à Tlemcen.

Le maréchal Clausel, que les travaux de la chambre appelaient à Paris, voulut s'assurer, avant de quitter l'Afrique, que la tranquillité, rétablie par la disparition d'Abd-el-Kader, ne serait pas troublée en son absence, et il entreprit dans ce but une longue tournée. La seule tribu des Mouzaïa montrait encore des dispositions hostiles. Le 30 mars, elle attaqua notre armée au pied de ses montagnes; le 1er avril, elle perdit le col de Teniah; les 2 et 3, on lui enleva les positions qui commandent la plaine de Médéah, et, dans ces divers engagements, on lui tua ou prit sept cents hommes. Le 4, le général Desmichels se dirigea sur Medéah et remit au bey cinq cents fusils. Pendant ce temps-là, le génie ouvrait de la Métidja à cette ville une belle communication, qui est restée un objet d'admiration pour les Arabes. Le 13, les tribus de Mouzaïa, effrayées, demandèrent la paix; le maréchal la leur accorda à la condition de fournir des otages qui serviraient dans les zouaves et les spahis.

Il serait difficile de signaler les nombreuses expéditions qui furent faites sur divers points de la colonie durant les mois suivants. Il suffit de dire que partout où les Arabes tentèrent quelques mouvements, ils furent promptement contraints de se disperser et amenés à se soumettre. Le maréchal Clausel, à son retour de France, jugea si peu qu'il devait se préoccuper de ces démonstrations partielles, que voyant Abd-el-Kader réduit par une série de défaites à l'impuissance de nous nuire, il résolut de profiter de ce répit pour étendre nos possessions d'un autre côté. La province de Constantine lui semblait d'une conquête facile; on lui disait que la capitale ne résisterait pas longtemps, malgré la force de sa position naturelle : il se décida à aller l'attaquer.

La nouvelle d'une marche prochaine sur Constantine fut accueillie des soldats avec un vif plaisir; ils attendaient avec impatience l'ordre de partir et craignirent qu'une décision ne vînt l'ajourner indéfiniment. Enfin le moment arriva, et le maréchal se mit le 1er novembre à la tête du corps expéditionnaire. S. A. R. le duc de Nemours faisait partie de l'expédition.

Ce n'était qu'avec beaucoup de peine qu'on était parvenu à réunir à Bone les troupes et le matériel que les vents contraires et les tempêtes avaient dispersés dans toutes les directions. Tandis que les soldats embarqués ainsi pendant longtemps souffraient beaucoup à bord, des pluies abondantes tombèrent à Bone, et les différents corps ne pouvaient, à leur arrivée, se refaire des fatigues de la mer. Il fallut laisser dans les hôpitaux près de deux cents hommes. Le temps étant redevenu beau le 12 novembre, le maréchal se mit en marche sur Constantine avec sept mille hommes de toutes armes.

Après avoir bivouaqué à Bou-Afra et à Mouhelfa, l'armée franchit le col de Mouara ; elle campa ensuite sur les bords de la Seïbouze, dont elle effectua le passage le 17. A partir du 19, la route présenta de grandes difficultés, et alors commencèrent pour les soldats des souffrances inouïes et de cruels mécomptes, exposés qu'ils étaient, dans ces régions élevées, à toutes les rigueurs d'un hiver de Saint-Pétersbourg ; telle était l'intensité du froid que beaucoup eurent les pieds gelés. Les bagages n'avançaient que très lentement. On traversa enfin le 21 le Bon-Mezroug, que les torrents avaient grossi et rendu très dangereux, et l'on se trouva devant Constantine.

Le maréchal comprit qu'il n'aurait pas aisément raison de cette ville perchée sur un rocher que protège encore un torrent et que défendaient toute une armée d'Arabes, sous le commandement de Ben-Haïssa, lieutenant du bey Achmet. Les hostilités commencèrent le 22. La brigade d'avant-garde s'établit sur les hauteurs, sous le canon de l'ennemi, et l'artillerie dirigea toute la journée son feu contre la porte d'El-Cantara. La neige tombait toujours, et le froid était excessif. Il fallait à tout prix enlever la place de vive force, et si l'on ne réussissait pas, ramener sans plus de retard l'armée.

Le génie arriva à huit heures du soir, et reçut l'ordre aussitôt de reconnaître la porte d'El-Cantara. Cette reconnaissance n'eut lieu que peu de temps avant le jour, et le génie déclara que la journée du lendemain lui était nécessaire pour faire ses préparatifs et frayer un passage à l'infanterie.

Le 23, tandis que l'artillerie continuait de battre la ville, la brigade d'avant-garde fut vivement attaquée; mais elle culbuta l'ennemi sur tous les points, et la cavalerie tua et sabra une grande partie de l'infanterie turque du bey. Le chef d'escadron de Torigny dirigea cette charge de la manière la plus brillante. D'un autre côté, le 59ᵉ de ligne repoussa vigoureusement les Arabes, qui se précipitèrent sur le quartier général.

Deux attaques furent ordonnées pour la nuit, l'une contre la porte d'El-Cantara, l'autre du côté de Koudiat-Ali. Elles nous coûtèrent l'une et l'autre beaucoup de monde et ne réussirent pas. Le maréchal se décida à réunir l'armée, et, avant le jour, on avait levé le camp. Alors commença cette retraite difficile qui fut conduite avec une si profonde habileté, et que protégea de son solide courage le chef de bataillon Changarnier, commandant l'arrière-garde. Pressé par une nuée d'Arabes, Changarnier forme ses hommes en carré : « Voyons ces gens-là en face, leur dit-il; ils sont six mille, vous êtes trois cents, la partie est égale. »

Les malades furent laissés à Guelma, où ils pourraient se rétablir plus facilement qu'à Bone; et le maréchal prit avec l'intendant et le génie les dispositions voulues pour faire de ce poste un point militaire important.

Au milieu de tant de souffrances, de tant de fatigues et de dangers, tout le monde avait montré un courage, une patience, et parfois une résignation admirables. Les 63ᵉ et 59ᵉ de ligne, le 17ᵉ léger, les bataillons d'Afrique, la compagnie franche de Bougie, le bataillon du 2ᵉ léger, et l'artillerie, dirigée par le colonel de Tournemine, avaient rivalisé de zèle et de bravoure. Si l'on avait échoué, c'est qu'on était parti avec un corps de troupes insuffisant.

CHAPITRE IV. (1837—1841.)

Traité de la Tafna. — Prise de Constantine. — Passage des Portes de Fer. — Défense de Mazagran. — Occupation du col de Teniah.

Il fallait que l'échec subi devant Constantine fût réparé. Une nouvelle expédition fut résolue dans les premiers jours de janvier 1837, et elle allait être organisée avec tous les éléments qui assurent le succès d'une entreprise. Des renforts partirent bientôt de France pour l'Afrique, l'activité redoubla dans les magasins d'approvisionnements pour la guerre et la marine, et l'on se mit à confectionner des munitions; à la fin du mois, le mouvement des troupes aurait pu commencer. Le maréchal Clausel fut rappelé à cette époque et remplacé provisoirement par le lieutenant-général Rapatel, en attendant l'arrivée du comte Danrémont, désigné comme successeur au maréchal. Le général Rapatel reçut du lieutenant d'Abd-el-Kader tous les prisonniers européens qu'il avait en son pouvoir, sur la simple promesse que l'on renverrait quelques prisonniers arabes qui se trouvaient encore en France, et il s'empressa de les expédier sur Toulon.

Le noyau de l'expédition se concentra peu à peu à Guelma. On reconnaissait que c'était là le véritable point de départ des troupes qui devaient marcher sur Constantine : on pouvait en trois jours arriver devant cette ville, sans fatiguer les hommes, et puis les vivres y étaient très abondants. Le nouveau gouverneur-général, débarqué à Alger le 3 avril, ne put qu'approuver les dispositions prises pour réunir sur ce point les éléments du corps expéditionnaire. Le 5, le général Bugeaud, chargé du commandement en chef, reçut à Oran les principaux chefs arabes amis et les officiers de la garnison, et aussitôt l'on procéda à l'organisation de l'armée d'opération, déjà prête à entrer en campagne.

Pendant ce temps-là, Abd-el-Kader appelait de Medéah les tribus aux armes et menaçait nos alliés. Le gouverneur général donna l'ordre que les troupes se concentrassent autour de Boufarik, afin de recevoir l'émir, s'il tentait de descendre dans la plaine, et lui-même se rendit sur les lieux pour diriger ces mouvements : Abd-el-Kader évacua la province de Titery. Des colonnes reconnurent les environs de Blidah, et toutes les mesures furent prises en vue d'assurer la tranquillité de la contrée. Le 2 mai, le comte Danrémont était rentré à Alger.

Il s'en fallait, toutefois, que les populations fussent aussi disposées qu'on pouvait l'espérer à vivre en paix avec nous, et bientôt le général Bugeaud partit d'Oran pour les soumettre : il avait, de plus, mission de traiter avec l'émir, si l'occasion s'en présentait. Le corps d'armée placé sous son commandement se mit en route le 14 mai; le convoi portait pour quarante jours de vivres. Le 19, quatre émissaires d'Abd-el-Kader vinrent le trouver et eurent avec lui une conférence de deux heures, à la suite de laquelle le maure Allegro, officier d'ordonnance du général, se rendit à Mascara avec deux des envoyés; l'émir était décidé à entrer en négociations. Allegro revint quelques jours après, sans que rien eût été conclu : les troupes se portèrent en avant.

A l'approche de nos colonnes, Abd-el-Kader se ravisa, et, le 28, il renvoya le traité proposé par le général revêtu non de sa signature, mais de son cachet, car les Arabes ne signent jamais. Le général lui fit alors accepter pour le lendemain une conférence sur les bords de la Tafna, à trois lieues du camp français et à six ou sept de celui des Arabes. Les deux petites troupes ne se rencontrèrent qu'à cinq heures de l'après-midi. L'escorte d'Abd-el-Kader avait quelque chose d'imposant; on y comptait jusqu'à cent cinquante ou deux cents chefs marabouts, d'un physique vraiment remarquable, que relevaient encore de magnifiques costumes. Tous montaient des chevaux superbes, qu'ils enlevaient avec une adresse merveilleuse. Abd-el-Kader était à quelques pas en avant, monté sur un cheval noir, qu'il maniait avec une prodigieuse habileté : tantôt il l'enlevait des quatre pieds à la fois, et tantôt il le faisait marcher sur les deux pieds de derrière. Des Arabes de sa maison tenaient ses étriers et les pans de son burnous.

Désireux d'abréger des préliminaires ordinairement fort longs chez les Arabes, le général invita l'émir à mettre pied à terre, et, quand ils se furent assis à côté l'un de l'autre, il lui dit :

« Sais-tu qu'il y a peu de généraux français qui eussent osé faire le traité que j'ai conclu avec toi? Je n'ai pas craint de l'agrandir et d'ajouter à ta puissance, parce que je suis assuré que tu ne feras usage de la grande existence que nous te donnons que pour améliorer le sort de la nation arabe, et la maintenir en paix et en bonne intelligence avec la France. — Je te remercie de tes bons sentiments pour moi, répondit Abd-el-Kader; si Dieu le veut, je ferai le bonheur des Arabes, et, si la paix est jamais rompue, ce ne sera jamais de ma faute. — Sur ce point, je me suis porté ta caution auprès du roi des Français. — Tu ne risques rien de le faire; nous avons une religion et des mœurs qui nous obligent à tenir notre parole; je n'y ai jamais manqué. — Je compte là-dessus, et c'est à ce titre que je t'offre mon amitié particulière. — J'accepte ton amitié : mais que les Français prennent garde de ne pas écouter les intrigants! — Les Français ne se laissent conduire par personne, et ce ne sont pas quelques faits particuliers commis par des individus qui pourront rompre la paix : ce serait l'inexécution du traité ou un grand acte d'hostilité. Quant aux faits coupables des particuliers, nous nous en préviendrons, et nous les punirons réciproquement. — C'est très bien, tu n'as qu'à me prévenir, et les coupables seront punis. Je te recommande les Koulouglis qui demeurent à Tlemcen. — Tu peux être tranquille, ils seront traités comme les Hadars. Mais tu m'as promis de mettre les Douers dans le pays de Hafra. — Le pays de Hafra ne serait peut-être pas suffisant, mais ils seront placés de manière à ne pouvoir nuire au maintien de la paix.

‣ As-tu ordonné, reprit le général Bugeaud après un mo-

ment de silence, de rétablir les relations commerciales à
Algèr et autour de toutes nos villes? — Non, mais je le ferai
dès que tu m'auras rendu Tlemcen. — Tu sais bien que je ne
puis le rendre que quand le traité aura été approuvé par
mon roi. — Tu n'as donc pas le pouvoir de traiter? — Si,
mais il faut que le traité soit approuvé : c'est nécessaire
pour ta garantie, car s'il était fait par moi tout seul, un autre
général qui me remplacerait pourrait le défaire; au lieu
qu'étant approuvé par le roi, mon successeur sera obligé de
le maintenir. — Si tu ne me rends pas Tlemcen, comme tu
le promets dans le traité, je ne vois pas la nécessité de faire
la paix; ce ne sera qu'une trève. — Cela est vrai; ceci peut
n'être qu'une trève, mais c'est toi qui gagnes à cette trève,
car, pendant le temps qu'elle durera, je ne détruirai pas les
moissons. — Tu peux les détruire, cela nous est égal; et à
présent que nous avons fait la paix, je te donnerai par écrit
l'autorisation de détruire tout ce que tu pourras; tu ne peux
en détruire qu'une bien faible partie, et les Arabes ne man-
quent pas de grain. — Je crois que les Arabes ne pensent
pas comme toi, car je vois qu'ils désirent bien la paix, et
quelques-uns m'ont remercié d'avoir ménagé les moissons
depuis la Schika jusqu'ici, comme je l'avais promis à Amady-
Sakal. » Abd-el-Kader sourit d'un air dédaigneux, et demanda ensuite combien il fallait de temps pour avoir l'approbation du roi des Français. « — Il faut trois semaines. —
C'est bien long! — Tu ne risques rien, moi seul pourrais y
perdre. » Le calife de l'émir, Ben-Harach, qui venait de sé
rapprocher, dit alors au général : C'est trop long, trois
semaines; il ne faut pas attendre cela plus de dix à quinze
jours. — « Est-ce que tu commandes à la mer? répliqua le
général Bugeaud. — Eh bien! en ce cas, reprit Abd-el-
Kader, nous ne rétablirons les relations commerciales
qu'après que l'approbation du roi sera arrivée, et quand la
paix sera définitive. — C'est à tes coréligionnaires que tu fais
le plus de tort, car tu les prives de commerce, dont ils ont
besoin, et nous, nous pouvons nous en passer, puisque nous
recevons par la mer tout ce qui nous est nécessaire. »

Il était tard ; Abd-el-Kader et le général Bugeaud se dirent adieu et se quittèrent. On évaluait à près de dix mille chevaux l'armée des Arabes, massée en grande profondeur de la base au sommet des mamelons épars dans la vallée, sur une ligne de plus d'une demi-lieue ; aussi la petite troupe laissée par le général plus d'une lieue en arrière commençait-elle à s'inquiéter de son aventureuse expédition, et quand il parut, on examinait s'il ne serait pas à propos d'avancer pour le soutenir à tout hasard. Les chances, du reste, n'eussent peut-être pas été trop inégales. « Cette multitude, disait le général à son retour, ne fait rien à l'affaire ; il n'y a là que des éventualités et pas de force d'ensemble. Nous en aurions bien vite raison avec nos six bataillons d'infanterie de ligne et notre artillerie. »

Le traité fut signé le 30 mai. Il réglait les rapports entre l'émir et la France, dont la souveraineté était reconnue par lui, et déterminait les possessions de l'un et de l'autre. Les avantages faits à Abd-el-Kader provoquèrent des critiques : on voyait qu'il acquérait de jour en jour, par l'influence religieuse, un empire plus grand sur les Arabes, et l'on était persuadé que, songeant à devenir le maître de cette nation, il cherchait l'occasion de tourner contre nous la puissance qu'il nous devait en partie.

En attendant, le gouvernement français reprit, sur un plus vaste plan, l'expédition de Constantine, et, durant plusieurs mois, on ne cessa de pousser avec activité les armements et d'envoyer des troupes en Algérie. Le gouverneur-général s'occupa avec soin des moindres détails qui pouvaient contribuer au succès de l'expédition ; il établit le camp de Medjez-Hammar sur la rive gauche de la Seïbouze, pour servir de base aux opérations, et le matériel, les magasins et les approvisionnements y furent réunis. Un superbe parc d'artillerie fut assemblé à Bone ; on continua de fortifier le camp de Guelma, et l'on se mit à exécuter de grandes manœuvres à celui de Mizerghin. A la fin de septembre, tous les corps destinés à l'expédition étaient à peu près arrivés à Bone ; une réserve de quinze jours de vivres avait été

assurée au camp de Medjez-Hammar, et l'on devait emporter
en portant un approvisionnement de vingt jours. L'artillerie
avait terminé ses préparatifs. Le bey de Tunis, encouragé
par la présence d'une de nos escadres, paraissait disposé à
protéger nos efforts dans cette partie du nord de l'Afrique.
Le duc de Nemours venait d'arriver au camp.

L'armée se mit en marche le 1er octobre. Au moment du
départ, le général Danrémont publie l'ordre du jour
suivant :

« ORDRE DU 1er OCTOBRE 1837.

» Soldats !

» L'expédition contre Constantine va commencer. Vous
êtes appelés à l'honneur de venger vos frères d'armes qui,
trahis par les éléments, ont vu leur courage et leurs efforts
échouer l'année dernière sous les murs de cette ville. L'ardeur et la confiance qui vous animent sont des gages du
succès qui vous attend. La France a les yeux sur vous ; elle
vous accompagne de ses vœux et de sa sollicitude. Montrez-
vous dignes d'elle, du roi, qui vous a confié ses fils, du
prince qui est venu partager vos travaux, et que la patrie
soit glorieuse de vous compter au nombre de ses enfants !

» Le pair de France, gouverneur-général,

» COMTE DE DANRÉMONT. »

Les troupes expéditionnaires bivouaquèrent le même jour
sur le sommet de Raz-el-Akba, et elles ne rencontrèrent aucun obstacle sérieux : nos éclaireurs eurent seulement à refouler des partis arabes envoyés pour suivre nos mouvements. Le gros de l'armée du bey Achmet était concentré
sous les murs de Constantine ; c'était là qu'on nous attendait.
Le passage du *Pont de Fer* ne nous opposa que peu de résistance. Nos soldats l'abordèrent avec résolution, et l'ennemi
se retira, après avoir déchargé quelques coups de fusil : nous
n'étions plus qu'à deux petites journées de la place. Le 5,

l'armée prit position sur les bords du Bou-Merzoug, et le lendemain elle couronnait les hauteurs de Sata-Mansourah et de
Koudiat-Ati.

Le duc de Nemours fut chargé du commandement du
siége ; le général Trézel, avec les deux premières brigades,
de l'attaque de Sata-Mansourah, et le général Rulhières, avec
les deux autres, de celle de Koudiat-Ati. Le général Valée
reconnut, avec M. le lieutenant-général Fleury, l'emplacement des batteries à établir sur l'un et l'autre point, et on
se mit à l'ouvrage ; mais, à peine l'armée s'établissait-elle,
que le temps devint affreux, et il en fut ainsi jusqu'au 10.
Cependant, après des efforts admirables, l'artillerie réussit à
armer trois batteries à Sata-Mansourah et une à Koudiat-
Ati. Le feu contre la place commença le 9, et dura une
partie du 10. Les défenses de l'ennemi étant alors presque
entièrement détruites, la batterie de brèche put ouvrir son
feu, le 11, à quatre cents mètres de la place, sur le front de
Koudiat-Ati. Dans la nuit, les pièces furent transportées à
cent cinquante mètres, et le 12 la brèche était terminée.
L'ennemi avait opposé partout une vive résistance : le
général Danrémont était tombé glorieusement, emporté par
un boulet. Cette mort ranima nos soldats au lieu de les dé-
courager, et le lendemain, 13, l'assaut fut livré avec une
vigueur qui décida du succès. Un combat acharné s'engagea
dans les rues, mais nos troupes restèrent maîtresses de la
ville et ne tardèrent pas à l'être de la plus grande partie de
la province. Le lieutenant-général Valée, qui avait commandé l'assaut, reçut le bâton de maréchal et le gouvernement de l'Algérie.

Une anecdote intéressante se rattache au siége de Constantine ; c'est un épisode peu connu de la carrière militaire d'un
les ministres actuels. M. Henri Nicole la raconte ainsi :

Les troupes lancées attaquaient déjà les points indiqués,
mais la résistance sous le feu de l'ennemi se dénonce plus
grande qu'on ne l'avait prévue ; les efforts redoublent, ils
menacent d'être vains. Le général Rouhault de Fleury, qui
commande le génie, suit anxieusement les mouvements avec

sa lorgnette. Qu'est-ce donc? Une compagnie de sapeurs se détache. Que va faire le capitaine à qui elle obéit? Le capitaine la guide sur un autre point, qui fut l'endroit par où la brèche fut ouverte, et que son coup d'œil militaire lui avait, au milieu de l'action, révélé comme le côté vulnérable de la ville. Le général écrit le nom de cet officier et le fait venir le lendemain.

— Capitaine, dit-il, c'est vous qui avez pris Constantine hier; je demande pour vous le grade de chef de bataillon.

Mais l'officier modeste :

— Mon général, je suis, dans le corps, le plus jeune de mon grade; cet avancement pourra faire de la peine à quelque ancien bien méritant. Je n'ai pas la croix; votre bonté m'encourage à vous avouer que je préférerais le ruban à la grosse épaulette.

— Il n'importe, répondit le général un peu brusquement; la croix, vous l'aurez tôt ou tard; ce qu'il nous faut, ce sont de bons officiers supérieurs.

Aujourd'hui, le capitaine s'appelle le maréchal Niel, ministre de la guerre (1).

A la fin d'octobre, le général Trézel arriva à Bone avec les blessés, escortés de divers détachements; un autre convoi amena le corps du général Danrémont. On plaça les restes mortels du gouverneur-général dans l'église, en attendant qu'ils fussent expédiés à Alger. Le général Valée, après avoir laissé dans Constantine une garnison suffisante pour la défense, ramena l'armée au camp de Medjez-Hammar, et rentra à Bone avec le duc de Nemours et le duc de Joinville, venu de France sur l'une des escadres. On ne savait pas précisément ce qu'était devenu le bey Achmet. Les princes partirent presque aussitôt pour Alger, où ils furent reçus, le 11, par M. le général Négrier, gouverneur-général par intérim, et le contre-amiral Manouvrier-Defresne; le 8 décembre, le duc de Nemours débarqua au Hâvre; il avait eu le bras gauche cassé dans la traversée.

_____

(1) Mort en 1869.   (*Note des Editeurs*).

Il ne se passa aucun fait remarquable durant l'année 1838 ; les tribus se soumettaient partout à notre autorité, et rien n'annonçait que ce calme, résultat de la prise de Constantine, dût être prochainement troublé. Les troupes traçaient, d'Oran à Mers-el-Kébir, une route qui devait être d'un grand intérêt pour la province ; seulement, comme on était obligé d'user presque constamment de la mine, le travail marchait avec lenteur. Il n'était presque plus question d'Abd-el-Kader ; on apprit cependant bientôt le départ pour la France d'un de ses lieutenants, chargé de porter au roi des tapis, des burnous, des peaux de lions, de tigres et de panthères, ainsi que des ouvrages du pays destinés à la famille royale ; il emmenait aussi des gazelles, de belles autruches et un faucon dressé à la chasse. Pendant ce temps-là, la province de Constantine se pacifiait, et déjà nous pouvions disposer d'une nombreuse cavalerie. Ben-Amelaoui, ex-aga d'Achmet, avait fait sa soumission ; on l'avait autorisé à rentrer dans la ville avec sa famille, et il fallait savoir gré au gouverneur de lui avoir accordé l'aman : il jouissait, en effet, d'une grande influence sur les tribus et paraissait disposé à nous être utile.

A la fin de mars, nos soldats prirent possession de Coléah, la ville sainte, située à trois lieues de la mer et à dix lieues d'Alger, entre la plaine de la Métidja et le rivage. Le gouverneur-général s'y porta le 26 de sa personne, et fit camper ses troupes sur un plateau qui la domine et la défend, afin de ne gêner en rien la population, satisfaite de notre arrivée. Un pont de bateaux fut jeté sur le Massafran pour la facilité des communications, interrompues quelquefois par les crues subites de la rivière. L'établissement d'autres camps et de diverses redoutes acheva de nous rendre maîtres des débouchés de l'est. Ainsi commençaient, avec le printemps, les opérations qui devaient nous donner, dans la province d'Alger, une base large et solide que les circonstances nous avaient jusque-là empêchés d'avoir. Les positions de l'ouest étaient occupées par les zouaves et le 63e de ligne, celles de l'est par le 2e léger et la légion étrangère ; appuyée sur ces deux points, notre domination ne pouvait que se consolider partout.

Au commencement de mai, ce fut Blidah qui tomba en notre pouvoir, ainsi que tout le pays qui s'étend entre l'Oued-Kaddars et la Chiffa. Le maréchal Valée se rendit le 3 aux avant-postes et se présenta devant la place à la tête de plusieurs régiments, qui débouchèrent simultanément de divers côtés. Les caïds allèrent aussitôt le trouver et l'accompagnèrent dans une reconnaissance pour déterminer l'emplacement d'un double camp destiné à dominer les principales communications qui aboutissaient à la ville. Le lendemain, il voulut examiner les fortifications; au moment où il arriva devant la porte ouest, un grand nombre d'Arabes formèrent la haie sur son passage, l'arme au pied, en témoignage de leur soumission. Nos troupes étaient maintenant établies, à l'est et à l'ouest, sur les limites du territoire qui appartenait à la France, la tranquillité régnait sur tous les points de la plaine de la Métidja.

De son côté, Abd-el-Kader ne restait pas inactif : son intention était d'envoyer une expédition dans le désert, afin de rétablir l'ordre parmi les populations, et d'assurer la sécurité des routes. Résolu à ne pas compromettre la position que nous lui avions reconnue, il se montrait désireux de maintenir avec nous ses relations pacifiques. Au mois de juin, il reçut à Tekedempt, sa nouvelle ville, dont la construction avançait rapidement, la soumission des principaux cheiks des tribus du désert; celle de ces tribus qui passait pour la plus puissante avait consenti à ne pas repousser ses troupes.

Les aumôniers partis en 1830 avec l'expédition étaient restés à Alger quand l'institution avait été supprimée. Une population civile se forma bientôt, composée de Français, d'Italiens et d'Espagnols, et ils durent à la fois exercer leur ministère auprès de nos soldats et pourvoir aux besoins spirituels de cette population. Plus tard le nombre des ecclésiastiques devint insuffisant, bien qu'il en arrivât de temps à autre; mais, privés de chefs spirituels, n'ayant aucune situation définie, inspirés seulement par le zèle apostolique qui porte les prêtres chrétiens à s'en aller en mission dans les pays étrangers, il leur fut impossible de faire tout le bien désirable, parce que leurs pouvoirs pouvaient être mis en doute. Ces motifs engagèrent le gouvernement à s'entendre avec le souverain Pontife, et, dans le courant de 1838, un évêché fut créé à Alger.

La fin de l'année fut marquée par l'occupation de Sétif, où la division de Constantine s'établit, sans coup férir, le 15 décembre. Voici ce qui avait motivé cette expédition. La France ayant nommé un khalifa pour administrer la Mejana, il importait de faire reconnaître immédiatement le chef par les tribus soumises à son autorité, et de profiter de cette occasion pour montrer le drapeau tricolore dans le centre de l'Algérie. D'un autre côté, l'intention du gouvernement du roi étant de tracer la route de Constantine à Alger par Biban, une position intermédiaire entre ce passage et la ville de Milah devait être occupée pour protéger les travailleurs, et devenir le point d'appui des opérations qui pouvaient être plus tard ordonnées. Afin d'obtenir ces résultats, la division Galbois quitta Constantine dans les premiers jours de décembre ; elle se concentra autour de la Mejana, devenue sa base d'opérations, et, dès que le temps le lui permit, elle se mit en mouvement et prit position. Le 14, Sidi-Ahmed-ben-Mohamed, khalifa de la ville, fut reconnu par toutes les tribus. Le commandant en chef occupa Sétif, puis, après avoir établi à Djemmilah un camp retranché, qui formait la quatrième étape de Constantine à Alger, il rentra à son quartier-général.

Les premiers mois de 1839 ne furent signalés que par des expéditions de peu d'importance contre des tribus qui avaient donné lieu à quelques plaintes, et que la présence de nos troupes fit promptement rentrer dans l'ordre. Au commencement d'avril, le gouverneur-général, voyant qu'Abd-el-Kader se refusait à tracer, ainsi qu'il était convenu, la route d'Alger à Constantine, mit embargo sur les munitions qui lui étaient destinées, bien que, par le traité de la Tafna, nous fussions tenus de les lui fournir ou de laisser passer celles qu'il achetait. L'émir, à cette nouvelle, enjoignit aux Arabes de son territoire qui se trouvaient à Alger de quitter la ville sans délai ; de son côté, le gouverneur donna l'ordre aux employés de l'octroi d'empêcher les Arabes de sortir avec des marchandises ou des denrées. La lutte ne pouvait tarder à recommencer entre nous et notre allié de la veille.

Quelques jours après, une cérémonie touchante eut lieu à Constantine. Le général Galbois, en revenant de reconnaître la route de l'Arrouch à Bone, ramena de Philippeville monseigneur Dupuch. L'un des grands vicaires, M. Suchet, neveu du maréchal, arrivé depuis un mois, avait préparé, pour célébrer les saints mystères, une ancienne mosquée, à laquelle il n'avait voulu rien changer de sa forme originale. Il reçut le prélat à l'entrée de l'église, et dans une allocution très simple, il lui rappela que, depuis quatorze siècles, le christianisme était banni de ces contrées, mais qu'il allait de nouveau y fleurir. Monseigneur répondit en peu de mots, et, après le chant du *Te Deum* en souvenir de la prise de Constantine, il dit la messe ; puis, esquissant rapidement les fatigues des deux expéditions qui nous avaient enfin livré la ville, il remercia l'armée d'avoir ouvert la voie à la religion chrétienne, dont la devise devait être dans ces contrées : Lumière et charité !

Le lendemain, il y eut un service funèbre pour ceux qui avaient péri sur la brèche ; le général y assista avec un brillant cortége. Monseigneur Dupuch prononça l'éloge funèbre des morts, et rappela avec beaucoup d'à-propos la sublime idée qui avait fait signer à Napoléon le décret, daté d'Austerlitz, par lequel l'Empereur ordonnait la construction du temple de la Gloire. « Et nous aussi, s'écria-t-il, nous prierons pour nos frères tombés sur le champ d'honneur ! Et tous les ans, à pareille époque, deux messes seront célébrées dans cette église, l'une le 15 avril, en l'honneur de la prise de Constantine, l'autre le 17, en l'honneur de ceux qui ont succombé avec gloire. »

Dans le courant de mai, nos troupes s'emparèrent de Jigelli, qui offre un bon port et qui nous mettait en communication avec les tribus chez lesquelles nous trouverions du liége et du bois de construction pour la construction des navires. On pensait que l'on occuperait ainsi tous les points du littoral qui présentaient quelque importance, tels que Collo dans la province de Constantine, Dellys et Cherchel dans celle d'Alger, les bouches du Chelif dans les environs d'Oran.

Peu de jours après la prise de Jigelli, nous étions maîtres de Djemilah, et nous établissions un camp où une poignée d'hommes, avec deux pièces d'artillerie, pouvait aisément se défendre contre les Kabyles. Tout, du reste, portait à croire que la garnison ne serait pas attaquée après le départ du corps expéditionnaire : les indigènes se montraient bien disposés envers nous. Pendant ce temps-là, nos relations commerciales à l'intérieur continuaient à s'étendre, grâce aux intentions pacifiques dont Abd-el-Kader paraissait être animé.

Vers la fin de septembre, le bruit se répandit que le duc d'Orléans était prochainement attendu, et bientôt le maréchal Valée prit des dispositions pour le recevoir. Le prince débarqua à Oran le 24; il était le 29 à Alger. Après avoir vu tout ce qui était de nature à fixer son attention, il visita successivement, avec le maréchal, Bougie, Jigelli, le port de Stora, et Philippeville, et arriva le 12 à Constantine, sous l'escorte de trois escadrons de chasseurs d'Afrique. La colonne s'arrêta avec respect devant la brèche fameuse encore teinte du sang des Français. Il y a là un petit minaret blanc qui servit comme d'observatoire entre les assiégeants et les assiégés; on y lit, sur une simple table de marbre, ces mots touchants : « *Aux braves morts devant Constantine en 1836 et en 1837.* » Ici ce sont les restes de nos épaulements, derrière lesquels on attendait avec une cruelle anxiété l'ouverture de la brèche; là le tombeau du valeureux colonel Combes, élevé par ses propres soldats; plus loin est le sentier où fut renversé le général Danrémont. Le duc d'Orléans ne voulut pas entrer dans la ville sans avoir salué ces lieux témoins de tant de courage et de tant de souffrances. Le lendemain, second anniversaire du jour où la place avait été emportée, il assista à un *Te Deum* dans l'église catholique.

Une expédition avait été projetée par le gouverneur dans le but de placer sous l'autorité de la France tout le territoire soumis précédemment à Achmet-Bey. Le prince avait accepté de commander une division sous les ordres du maréchal Valée, et il partit de Constantine le 16, à neuf heures du matin, avec le maréchal et le général Galbois; il arriva le 21 à Sétif. Le 28, un ordre du jour fit connaître que la division du duc d'Orléans passerait les Portes-de-Fer et se dirigerait sur Alger par les vallées de l'Ouad-Beni-Mansourah et de l'Ouad-Hamza, tandis que la division Galbois rentrerait dans la Mejana et continuerait les travaux entrepris pour assurer la position du Sétif. A dix heures, Son Altesse se porta en avant; la tête de colonne arriva à midi. Le passage commença aussitôt, mais il ne put être terminé qu'à quatre heures. Le 1ᵉʳ novembre, la division pénétra dans le massif de l'Atlas, où elle fut attaquée; les Arabes furent vigoureusement repoussés, et, à quatre heures, nos soldats, franchissant l'Ouad-Kaidara, se mirent en communication avec le corps du général Dampierre; le soir, ils étaient établis sous le canon du camp de Fondouck.

Ainsi se termina cette entreprise, qui devait avoir une grande influence sur l'avenir de l'Algérie. On ne doutait pas que les tribus qui dépendaient du khalifa de la Mejana ne se montrassent désormais dociles, convaincues que la France était décidée à le soutenir, et l'on avait l'espoir que notre établissement de Sétif se développerait rapidement, ce point étant le principal marché du désert. Nos postes touchaient maintenant au Biban.

Le 2 novembre, la division se mit en marche pour Alger, en suivant la belle route construite par l'armée pour relier la capitale aux camps qui couvrent à l'est la plaine de la Metidja. Lorsque la colonne atteignit la Maison-Carrée, le prince fit serrer en masse, et, réunissant autour de lui les officiers de tous grades, il leur adressa ses adieux dans une allocution chaleureuse, puis il défila, à la tête des troupes, devant le gouverneur-général : quelques heures après, il était à Alger.

Cette seconde entrée du fils du roi dans la ville commençait le succès d'une expédition à laquelle refusaient de croire les esprits les plus téméraires; aussi la nouvelle du retour des troupes avait-elle excité dans tous les cœurs un vif enthousiasme. Trois mille Français venaient de parcourir cent vingt lieues à travers des contrées inconnues, que le récit des voyageurs présentait comme hérissées de difficultés; ils avaient pénétré là où les Romains n'avaient jamais porté leurs aigles, où les Turcs ne passaient qu'après des négociations souvent très humiliantes, et les populations avaient pu comparer la marche ferme et disciplinée de nos soldats, leur respect pour la propriété, avec la conduite, des agents de l'émir. Notre devoir avait été de protester, les armes à la main, contre les usurpations que tentait Abd-el-Kader sur des territoires réservés, et nous nous étions acquittés de cette tâche de façon à lui inspirer une crainte salutaire.

Le duc d'Orléans fit son entrée au milieu d'une foule immense, qui se pressait autour de sa personne. Arrivé près de l'Hôtel du Gouvernement, il se plaça vis-à-vis du pavillon de l'Horloge, et la division défila devant lui, non sans peine, au son d'une brillante musique; sur la rade, les bâtiments de l'Etat s'étaient couverts de leurs pavillons, et le canon des forts signalait au loin notre nouveau trophée. Un banquet fut offert au prince, le 4, par la colonie. Le lendemain, il donna à dîner aux troupes qu'il avait eues sous son commandement, et le soir, un feu d'artifice fut tiré à la porte Bab-el-Oued. Son Altesse s'embarqua bientôt pour Marseille, où l'attendait une réception non moins belle qu'à Alger.

Le *Moniteur algérien* publia, à la fin du mois, l'ordre général suivant :

« Au quartier-général d'Alger, le 28 novembre 1839.

» Le maréchal commandant en chef s'empresse de faire connaître à l'armée la lettre que le roi vient de lui adresser à l'occasion de l'expédition des Portes-de-Fer.

LETTRE DU ROI AU MARÉCHAL COMTE VALÉE.

« Aux Tuileries, le 19 novembre 1839.

» Mon cher général, après avoir eu, il y a deux ans, le
» bonheur de voir mon fils, le duc de Nemours, prendre part,
» sous vos ordres, aux glorieux exploits de la prise de Con-
» stantine, il m'est bien doux d'avoir de nouveau à me féliciter
» avec vous de celle que mon fils, le prince royal, vient de
» prendre à la brillante entreprise que vous avez si bien
» conçue et si habilement exécutée.

» C'est toujours avec une vive satisfaction que je vois mes
» fils dans les rangs de nos braves soldats, s'identifier avec
» eux, en partageant leurs fatigues, leurs souffrances et leurs
» dangers, et je suis l'interprète de la voix nationale en vous
» témoignant et en vous chargeant de témoigner à notre
» brave armée d'Afrique la reconnaissance de la France et
» celle dont mon cœur est pénétré pour elle. Vous connaissez
» depuis longtemps le vif intérêt que je porte à l'Algérie; je
» jouis de lui voir acquérir sous votre direction, par la
» valeur et le dévouement de nos troupes, cette sécurité si
» nécessaire à la prospérité dont elle est susceptible, et qui
» est constamment le but de mes efforts.

» Recevez, monsieur le maréchal, l'assurance de tous les
» sentiments que je vous conserverai toujours.

» Votre affectionné

» LOUIS-PHILIPPE. »

» Les témoignages de la satisfaction du roi et de la France
seront, le maréchal n'en doute pas, pour l'armée d'Afrique,
un encouragement pour servir avec un dévouement de tous
les instants. De nouvelles circonstances vont lui imposer de
nouveaux devoirs, et elle aura prochainement à donner des
preuves de son courage et de sa discipline. La France, attentive aux événements qui se préparent, n'hésitera pas à venger
l'insulte faite à son drapeau, et l'Algérie tout entière trou-

vera dans les paroles du roi la certitude que de promptes et énergiques mesures mettront fin à la lutte que l'armée d'Afrique soutient depuis neuf années, et qu'elle aura la gloire de terminer par de glorieux combats, par d'utiles travaux.

> » Le maréchal de France, gouverneur-général de l'Algérie,
> » COMTE VALÉE. »

Ainsi que le faisait pressentir le gouverneur-général, de nouvelles épreuves allaient être prochainement subies par l'armée placée sous son commandement. Abd-el-Kader commençait à entraîner les populations à la guerre sainte, et, d'après ceux qui étaient en même de juger de ses intentions, il n'aurait jamais eu la pensée de maintenir la convention de la Tafna. Déjà il avait attaqué nos avant-postes, et la France ne pouvait désormais obtenir que par la force des armes la satisfaction des griefs que la politique suivie depuis deux ans en Algérie avait eu pour but d'atténuer ou de redresser par des voies pacifiques.

Un engagement assez vif eut lieu, au commencement de décembre, dans la province d'Alger, entre le camp d'Arba et le cours de l'Aratch. Le colonel Lafontaine, en revenant de ce camp, où il était allé avec une colonne mobile, rencontra un parti de mille à douze cents chevaux hadjoutes, soutenus par un détachement d'infanterie. Un combat fut livré, dans lequel le 62e de ligne et un escadron du 1er de chasseurs déployèrent une grande énergie. Nous eûmes quatre hommes tués et quelques blessés ; l'ennemi fit des pertes assez nombreuses. Le général Dampierre, qui se trouvait en avant de la Maison-Carrée avec une colonne, se porta au feu ; à son approche, les Arabes se dispersèrent. Le 11, un détachement de quatre cents hommes d'infanterie et de deux cents chevaux, passa l'Ouad-Kaddara et vint tirer sur le camp de Kaza-Mustapha. La fusillade dura environ une demi-heure ; l'ennemi se retira ensuite.

Aucun acte d'hostilité n'avait encore été commis autour d'Oran, Abd-el-Kader était dans la province de Titery, et les populations de l'ouest, peu disposées à une guerre qui leur

3.

préparerait des désastres, hésitaient à se déclarer contre nous; mais l'émir allait se rendre dans ces contrées, et l'on était à peu près certain que ses prédications réveilleraient le fanatisme religieux. Il fallait donc s'attendre à voir les habitants prendre les armes.

Une glorieuse affaire termina l'année. Le 30 décembre, le maréchal établit son quartier-général à Boufarik pour faire face à de nombreux détachements de Kabyles, qui avaient pris position dans le voisinage, soutenus par de la cavalerie. Le 31, il se porta, par la route d'Oran, sur le camp évacué d'Ouad-Halley, et rencontra l'ennemi vers neuf heures; mais ce ne fut que plus loin que le combat s'engagea réellement. Le 2ᵉ léger, le 23ᵉ de ligne et le 1ᵉʳ de chasseurs se jetèrent avec résolution dans un ravin, sous un feu meurtrier, et, garnissant la berge opposée sans tirer un coup de fusil, chargèrent vigoureusement les Arabes, qui, poursuivis la baïonnette dans les reins, se sauvèrent à travers les plaines des Hadjoutes. Le maréchal se dirigea ensuite vers le camp de Blidah. Le 1ᵉʳ janvier, le général Rostolan conduisit sans obstacle une colonne de Blidah à Boufarik, d'où il ramena un convoi. Les jours suivants, d'autres colonnes parcoururent la plaine des Hadjoutes et s'assurèrent qu'elle était complètement évacuée. Ces opérations avaient eu pour résultat de débarrasser la Metidja des troupes d'Abd-el-Kader; elles avaient repassé l'Atlas.

On aime, en parcourant les documents relatifs à nos guerres d'Algérie, à s'arrêter sur certains récits; on ne lira pas sans émotion la lettre par laquelle le colonel du 23ᵉ de ligne apprenait à madame Roman la mort de son fils, frappé le 20 novembre, près du camp de Boufarik. Voici cette lettre :

« Camp supérieur de Blidah, le 5 janvier 1840.

» Madame,

» Le jeune Roman est parti le 20 novembre du camp de Boufarik, avec un détachement de vingt-cinq hommes du régiment, pour escorter un convoi de plusieurs voitures; et à peine était-il à une lieue du camp, qu'il fut environné par plus de quinze cents Arabes, qui fondirent sur lui avec une rage des plus féroces. Dans cette affreuse et critique circonstance, son courage et son sang-froid ne restèrent pas au-dessous du danger, et il déploya toutes les qualités qui distinguent l'officier le plus expérimenté dans l'art de la guerre; il s'entoura de ses voitures, disposa avec habileté sa faible troupe, et força l'ennemi, malgré son énorme supériorité, à se maintenir à une distance assez éloignée. Cependant des nuées de balles pleuvaient sur ce petit groupe de braves; déjà plusieurs avaient été blessés grièvement, lorsque lui-même, allant de l'un à l'autre, les encourageant du geste et de la voix, reçut le coup mortel. Sa dernière pensée fut encore une pensée généreuse, comme toutes celles qui avaient animé la vie de ce brave jeune homme. « Grenadiers, dit-il avec peine, ménagez vos cartouches, et vous reverrez la France! pour moi, je meurs! » Et il expira.

» Voilà, Madame, les seuls détails que je puisse vous donner sur la mort de votre malheureux enfant. Aimé de ses camarades, apprécié de ses chefs, bon, brave, il laisse de profonds regrets à tous ceux qui l'ont connu, et à moi particulièrement, qui avais découvert en lui un noble cœur et tous les germes d'un brillant avenir. Puissent ces paroles adoucir un peu l'amertume de vos peines, en vous faisant éprouver un juste sentiment d'orgueil d'avoir été sa mère!

» Veuillez agréer, etc.

» Le colonel du 23e de ligne,

» GUESVILLER. »

Le duc d'Orléans, instruit de la position fâcheuse de madame Roman, s'empressa de lui faire parvenir une somme de cinq cents francs.

Dans les premiers jours de février, il se passa à Mazagran, petite ville abandonnée par les indigènes depuis la conquête de l'Afrique, à trois quarts de lieue de Mostaganem, un fait héroïque qui ne s'était pas encore vu. Le jeune et vaillant capitaine Lelièvre résista à douze mille Arabes avec cent vingt-trois hommes et deux pièces de canon, et, après cinq jours d'efforts impuissants, il les força à une retraite honteuse, laissant autour de la place six cents des leurs. Un soldat de la garnison de Mostaganem transmettait, le 8, au *Moniteur universel*, les détails suivants :

« Les Arabes, sachant que ce poste militaire n'était gardé que par une poignée de Français renfermés dans une mauvaise bicoque et entourée de murailles presque en ruines ou en pierres sèches, jurèrent de l'avoir à tout prix.

» En conséquence, ils réunirent tous les hommes disponibles de cent dix à cent douze tribus, et, au nombre à peu près de douze mille, vinrent, le 3 février, attaquer Mazagran. Une partie de leur nombreuse cavalerie vint cerner Mostaganem, pour empêcher toute communication, et ils se mirent à canonner pendant quatre jours ce malheureux poste.

» Nous entendîmes parfaitement cette vive canonnade, et nous étions dans la plus vive inquiétude sur le sort de cent vingt-trois braves qui se défendaient, sans doute, avec courage et sang-froid.

» Trois fois nous avons essayé de vouloir communiquer avec Mazagran, et trois fois nous avons été repoussés dans nos murs par une nombreuse et formidable cavalerie. Enfin le 6, après midi, le commandant supérieur, décidé à avoir des nouvelles de nos braves camarades, ou à faire une diversion qui, en attirant toutes les troupes sur nous, pût leur être favorable, ou du moins leur donner un moment de répit, fit sortir une partie de notre garnison. Le capitaine Palais, commandant l'artillerie, marchait en tête avec deux pièces de canon, dont un obusier de vingt-quatre ; nous n'étions que trois cents, et nous allions lutter contre huit mille cavaliers ; mais nous étions tous animés par un sentiment d'honneur et d'amour-propre qui nous faisait désirer de partager le sort de nos braves camarades de Mazagran.

» Le combat s'engagea immédiatement, car les Arabes nous attendaient, et nous avaient fait même dire que si nous sortions de nos murs, ils y entreraient avant nous. Nous fûmes assaillis par leur cavalerie. La bonne contenance de nos troupes, le feu bien soutenu de nos pièces la contint et l'empêcha de nous déborder et de nous couper la retraite ; le combat dura jusqu'à la nuit, et, protégés par le feu de dix pièces de canon qui avaient été convenablement disposées par le commandant Palais, et qui firent éprouver de grandes pertes à l'ennemi, nous pûmes rentrer dans nos murs sans avoir perdu un seul homme...

» Le lendemain de cette affaire, un silence plus effrayant que celui des tombeaux régnait sur Mazagran. Nous n'apercevions plus de vedettes arabes, nous étions dans la plus vive inquiétude ; nous fîmes alors une reconnaissance qui, poussée avec prudence, atteignit Mazagran.

» Deux heures après, nous vîmes arriver le drapeau tricolore de cette brave garnison, qui, semblable à un vieux drapeau de la République ou de l'Empire, était déchiré par les boulets et percé de mille trous de balles : nous le saluâmes de douze coups de canon, et nous embrassâmes avec une joie indéfinissable nos bons camarades qui venaient de lutter si glorieusement contre cette foule de barbares.

» Ils ont soutenu quatre assauts consécutifs ; enfin, le dernier, qui n'eut lieu qu'après que les murailles eurent été en partie démolies par le canon ennemi, fut tenté le jour du départ des Arabes.

» Ils arrivèrent en masse contre ces mauvaises murailles, armés de poutres qu'ils dressèrent comme des échelles, et tentèrent pour la quatrième fois l'escalade ; ils voulaient à toute force emporter cent vingt-trois têtes à Mascara. Les soldats du bataillon d'Afrique, avec leur sang-froid de *zéphyrs*, les ont attendus à bout portant, ont fait plusieurs décharges meurtrières, et les ont même assommés à coups de pierres. Ils sont revenus plusieurs fois à la charge, et ont toujours été reçus de la même manière. Las enfin d'encombrer le pied des murs de leurs cadavres, ils se décidèrent à abandonner leur vaine tentative..... »

L'ennemi avait deux pièces de canon qui firent un feu

continuel à environ six cents mètres du réduit. Durant les quatre jours, les *zéphyrs* renfermés dans le réduit brûlèrent de vingt-cinq à trente mille cartouches. Il ne leur en restait plus que dix mille au moment de la retraite des Arabes. Un jour encore, et ils n'avaient plus à opposer aux assiégeants que leur baïonnette et les débris de leurs murailles, et tous ces braves gens auraient succombé sans qu'on sût ce qu'ils avaient déployé de courage et de persévérance dans cette lutte acharnée. Moins heureux que l'équipage du vaisseau le *Vengeur*, ils auraient été ensevelis sous les ruines de Mazagran, sans qu'une voix pût redire à la France comment quelques-uns de ses enfants étaient morts dignes de leur pays.

Le bruit courait qu'Abd-el-Kader, irrité de l'échec de Mazagran, voulait réunir toutes ses forces et marcher sur Oran. On l'attendait de pied ferme. Quant au capitaine Lelièvre, il fut immédiatement promu au grade de chef de bataillon, et ses soldats furent autorisés à garder le drapeau qu'ils avaient si vaillamment défendu. Un Arabe écrivait à propos de ce mémorable siége : « On s'est battu quatre jours et quatre nuits; c'étaient quatre grands jours, car ils ne commençaient pas et ne finissaient pas au son du tambour; c'étaient des jours noirs, car la fumée de la poudre obscurcissait les rayons du soleil, et les nuits étaient des nuits de feu éclairées par les flammes des bivouacs et par celles des amorces. »

Le 8 mars, un grand mouvement se fit remarquer tout-à-coup à Alger; tandis que de nombreux chariots appartenant à l'artillerie chargeaient des biscuits, du vin, des munitions de toute espèce, des détachements de cavalerie et d'infanterie se dirigeaient vers Douera. Une expédition se préparait contre Cherchel, et ce n'était, disait-on, que le prélude de grandes opérations militaires projetées pour le mois d'avril. L'armée prit possession de Cherchel le 12, sans éprouver aucune résistance de la part des Kabyles : les habitants avaient évacué la ville à notre approche. Les troupes y restèrent trois jours pour mettre la place en état de défense, et, le 19, elles regagnèrent la plaine de la Metidja. Le mauvais temps les força à rentrer le 21 au camp supérieur de Blidah.

Pendant ce temps-là, un combat avait lieu en avant du Misserghin entre un détachement commandé par le lieutenant-colonel Yousouf et les troupes du khalifa Bou-Hamidy. Les spahis d'Oran furent un moment ramenés sous les murs de la ville, et l'infanterie française, débordée par des forces considérables, dut se former en carré et repousser plusieurs charges. Nos soldats reprirent ensuite l'offensive, et, soutenus par les renforts partis d'Oran, ils contraignirent l'ennemi à se retirer, et le suivirent jusqu'à la nuit.

Le 13 avril, le canon de la Casbah et de la Marine apprit aux habitants d'Alger l'arrivée sur rade des bateaux le *Phare* et le *Crocodile*, qui avaient à bord le duc d'Orléans et le duc d'Aumale. Le duc d'Orléans revint prendre encore le commandement de la 1re division de l'armée qui allait ouvrir la campagne. Tout était prêt pour cette grande expédition ; les officiers généraux étaient à leurs postes, et presque toutes les troupes avaient gagné la plaine ; mais il fallait attendre le retour du beau temps. Cette attente, du reste, ne fut pas longue.

Le corps expéditionnaire passa la Chiffa le 27. Le duc d'Orléans formait l'avant-garde ; le colonel Lamoricière occupait l'extrême droite ; le général de Rumigny, au centre, devait appuyer le colonel Lamoricière ; le maréchal avait sous ses ordres la réserve. On rencontra l'ennemi ce jour-là même, et il fut culbuté dans la vallée de Bou-Roumi. Le 29, un nouveau combat fut livré aux Arabes, qui furent contraints de se retirer, avec Abd-el-Kader, dans la direction de la Chiffa.

Dans la nuit du 29 au 30, le maréchal reçut l'avis que Cherchel était attaqué par des forces considérables, et que toute l'infanterie de l'émir se trouvait concentrée au Teniah ou col de Mouzaïa, dont le passage avait été fortifié avec soin. Le maréchal résolut de dégager d'abord Cherchel, et, après divers engagements, dans lesquels nous eûmes constamment l'avantage, il se porta vers cette place, où il arriva le 9 mai. Le commandant Cavaignac lui apprit que les Arabes avaient fait des pertes sérieuses pendant les six jours qu'ils avaient tenté de s'emparer de la ville; mais les travaux de défense étaient très avancés, et la garnison pouvait maintenant repousser l'ennemi avec vigueur.

Le 10, le corps expéditionnaire, complètement ravitaillé, débarrassé de ses malades et de ses blessés, et augmenté de deux mille hommes venus d'Oran, partit du camp de l'Ouad-Bellah et se dirigea vers l'Atlas. Le formidable col de Teniah fut emporté le 12, bien qu'il fût défendu par six mille Arabes, dont deux mille réguliers, commandés par Abd-el-Kader en personne, et malgré les redoutes et les retranchements élevés sur tous les contre-forts et sur toutes les gorges abordables. La résistance fut des plus vives, et il ne fallut pas moins, pour en triompher promptement, que l'intrépidité et l'élan de nos soldats. Ce fut la division commandée par le duc d'Orléans qui enleva le grand retranchement du sommet; le duc d'Aumale marchait avec lui, le sabre à la main, dans les rangs de cette division. Le maréchal Valée était parvenu à faire arriver sur les hauteurs plusieurs pièces de canon, dont le feu soutint l'infanterie au moment de l'assaut principal.

Pendant quatre jours, du 13 au 18, l'armée campa sur le col et sur les versants de l'Atlas. Le 17, elle descendit le flanc méridional de la montagne et prit possession de Medéah, à trois ou quatre lieues du col; Abd-el-Kader l'avait évacuée, mais en forçant les habitants à le suivre. Le général Duvivier, nommé par le maréchal commandant de la province de Titery, s'établit dans la place avec deux mille hommes.

Après avoir consacré trois jours à fortifier la ville, le corps expéditionnaire se remit en route le 20 pour traverser l'Atlas. Il lui fallut encore attaquer et enfoncer l'armée d'Abd-el-Kader, dont les cavaliers étaient descendus de cheval pour garnir les positions escarpées. L'affaire fut grave; nos soldats, comme toujours, se montrèrent admirables. Le 22, nos colonnes étaient rentrées dans les camps de

Mouzaïa et de Blidah ; le maréchal revint à Alger le 23 avec les princes.

La France apprit avec un juste orgueil que l'honneur de nos armes avait été une fois de plus dignement soutenu. Le brillant combat de col de Téniah avait décidé du succès de l'expédition : il n'avait pas seulement mis en déroute l'armée de l'émir, mais aussi frappé les Arabes d'une terreur dont l'impression devait durer longtemps. Tout le monde avait fait son devoir, et le roi pouvait être fier de ses fils.

Le 16 mai, le duc d'Orléans et le duc d'Aumale allèrent visiter les blessés à l'hôpital du Dey. Ils quittèrent la ville le lendemain, à neuf heures, et, à trois heures, le canon annonça que le *Phare*, sur lequel ils s'étaient embarqués, venait d'appareiller et s'éloignait.

L'émir ne tarda pas à faire ses préparatifs en vue d'une seconde campagne, et il s'empressa de convoquer toutes les tribus, un peu refroidies par les pertes subies dans les derniers combats. Les bataillons réguliers furent chargés d'assurer son autorité dans la Régence, et de contraindre les mécontents à défendre malgré eux leur territoire. L'embarras qu'éprouvait Abd-el-Kader permettait de juger de son énergie ; à peine avait-il quelque repos de notre côté, qu'il luttait contre les factions et le découragement. Nos prochaines expéditions ne devaient pas le trouver moins fort.

L'armée se mit de nouveau en mouvement le 6 juin : elle présentait un effectif de dix mille hommes à son départ de Blidah. Dans la journée du 8, elle rencontra, près de Milianah, la cavalerie ennemie ; mais cette cavalerie n'osa pas entreprendre de l'arrêter, et le corps expéditionnaire put, sans être inquiété, mettre la place à l'abri de toute attaque. Divers combats furent livrés ensuite entre Milianah et Medéah, que le maréchal fit également fortifier ; puis nos soldats poursuivirent leur marche, et une partie, sous les ordres d'officiers tels que les colonels Changarnier et Bedeau, eurent l'occasion de se mesurer encore avec les Arabes et de remporter sur eux de nouveaux succès. Lorsque, le 5 juillet, nos colonnes reprirent le chemin des diverses garnisons, l'émir avait acquis la conviction qu'il lui était impossible, du moins pour le moment, de nous résister. Pendant que ses troupes étaient venues se briser contre nos bataillons, la division de Constantine avait, de son côté, comprimé énergiquement ses efforts pour soulever les populations soumises à la France.

Abd-el-Kader fut quelque temps sans donner de ses nouvelles, mais on apprit bientôt qu'il cherchait à persuader ses sujets de notre faiblesse. Il prétendait que nous nous étions retirés devant lui, que nos garnisons de Milianah et de Medéah n'étaient que des dépôts de malades, et que le gouverneur-général lui avait adressé des propositions de paix. Mais il avait beau dire, les Arabes ne croyaient guère à ses paroles, et ils tournaient leurs regards vers Alger, désirant avec impatience la fin d'une guerre dont ils étaient fatigués. En attendant, le maréchal Valée dirigeait sur Blidah les approvisionnements nécessaires aux places de Medéah et de Milianah ; il donnait l'ordre en même temps de hâter ceux des corps qui allaient prendre part à la campagne d'automne.

La campagne commença sans tarder. Le 1er septembre, le colonel Levasseur rencontra, à trois lieues de Sétif, les forces de l'émir, composées de trois mille cavaliers, douze cents fantassins et deux pièces de canon. L'ennemi montra beaucoup de vigueur et soutint assez bien le choc de notre cavalerie ; cependant il crut sage de lever le camp. Cette affaire produisit une bonne impression dans le pays. Quelques semaines après, une autre colonne aux ordres du général Changarnier, chargée de ravitailler Milianah, ne remplit pas moins heureusement sa mission dans la vallée du Cheliff. Partie de Blidah le 1er octobre, elle y rentra le 7, après avoir vaillamment combattu dans deux ou trois engagements.

Le maréchal arriva le 29 octobre sous les murs de Medéah ; la garnison avait beaucoup souffert des privations, mais le moral en était excellent, et le 2e régiment qui la formait allait rentrer en ligne avec de nouveaux titres à la bienveillance du gouvernement. Les jours suivants, le corps expéditionnaire se porta sur le bois des Oliviers, parcourut les montagnes voisines et détruisit divers établissements. Abd-el-Kader évita tout combat sérieux, et l'opération s'effectua avec autant de succès que celle sur Milianah. L'armée était rentrée le 20 novembre à Blidah; elle avait pour la première fois franchi le col de Mouzaïa, et assuré l'approvisionnement pour six mois de deux places importantes. Dans le même temps, les généraux de Lamoricière et Galbois obtenaient sur d'autres points des avantages qui contribuaient aussi beaucoup à assurer la tranquillité autour d'eux.

Une cérémonie sans éclat, mais touchante, eut lieu, le 13 novembre, à Blidah. Monseigneur Dupuch, assisté de trois prêtres, bénit, en présence du maréchal et des généraux Changarnier et Bellonet, la principale mosquée de cette ville. Blidah était désormais une cité chrétienne : la croix brillait sur le minaret, et annonçait la domination de la France victorieuse. Le prélat, après avoir, dans un discours improvisé, rendu hommage aux talents et à la bravoure des généraux, au zèle et au dévouement des soldats d'Afrique, demanda au Seigneur de répandre ses bénédictions sur le maréchal; puis, s'adressant au général Bellonet, il ajouta : « Qu'elles descendent aussi sur vous, illustre guerrier, qui, par votre exemple, avez encouragé nos sapeurs. » En effet, la principale mosquée était encore encombrée à neuf heures du matin, lorsque cet officier, à la tête de ses sapeurs, mit le premier la main à l'œuvre et la fit déblayer. Le dimanche suivant, jour de la Dédicace, au moment où l'armée remontait les pentes de l'Atlas, monseigneur Dupuch célébra la messe en présence des colons.

CHAPITRE V. (1841—1847.)

Le général Bugeaud nommé gouverneur de l'Algérie. — Diverses expéditions. — Echange de prisonniers : lettre de monseigneur Dupuch. —
Commencement de colonisation. — Prise de la smalah. — Abd-el-Kader
sur les frontières du Maroc.

Le moment approchait où le maréchal Valée allait remettre son commandement aux mains d'un successeur. Le
général Bugeaud, nommé gouverneur de l'Algérie le 29 décembre, ne pouvait tarder à venir prendre possession de ses
nouvelles fonctions, et l'on augurait bien du choix du gouvernement, au point de vue de la colonisation. Tout semblait
annoncer qu'il rencontrerait moins de difficultés que son
prédécesseur du côté des Arabes, qui se montraient de moins
en moins disposés à entrer dans les troupes régulières de
l'émir. Abd-el-Kader commençait aussi à manquer de ressources en numéraire ; les beylicks de Medéah et de Milianah
ne lui fournissaient plus rien. Aussi avait-il fait publier partout qu'il désirait à tout prix obtenir la paix. Ce bruit n'était
pas fondé sans doute, mais il indiquait que les tribus souhai-
taient ce qui leur était promis.

Une dépêche de Medéah, à la date du 18 janvier, annonça
le succès d'une nouvelle opération du lieutenant-colonel
Cavaignac. Dans la nuit du 16 au 17, une partie de la garnison de la place, dirigée par lui, s'était avancée jusqu'aux
vallées d'Onara, et, malgré le voisinage du camp des réguliers, trois cents hommes, conduits par le commandant Leflô,
lancés dans toutes les directions, avaient ramené, à sept
heures du matin, mille cinq cents moutons, cent cinquante
bœufs, dix bêtes de somme et trente-deux prisonniers.
« C'était un beau spectacle, ajoutait le colonel Cavaignac, au
milieu de l'incendie de ces vallées, que la vue de cette
poignée de soldats, échelonnés sur les pitons nombreux que

nous avions successivement à descendre, les couronnant de leur feu, et n'obéissant qu'à regret au signal de la retraite. C'est sous l'impression de ce souvenir que je signale la conduite digne d'éloges de cette garnison, avec laquelle tout est permis, tout est possible. »

Le nouveau gouverneur arriva à Alger le 2 février, et il s'empressa d'adresser aux habitants et à l'armée les deux proclamations suivantes :

« Habitants de l'Algérie,

» A la tribune, comme dans l'exercice du commandement militaire en Afrique, j'ai fait des efforts pour détourner mon pays de s'engager dans la conquête absolue de l'Algérie. Je pensais qu'il lui faudrait une nombreuse armée et de grands sacrifices pour atteindre ce but; que, pendant la durée de cette vaste entreprise, sa politique pourrait en être embarrassée, sa prospérité intérieure retardée.

» Ma voix n'était pas assez puissante pour arrêter un élan qui est peut-être l'ouvrage du destin. Le pays s'est engagé, je dois le suivre. J'ai accepté la grande et belle mission de l'aider à accomplir cette œuvre. J'y consacre désormais tout ce que la nature m'a donné d'activité, de dévouement et de résolution.

» Il faut que les Arabes soient soumis; que le drapeau de la France soit seul debout sur cette terre d'Afrique.

» Mais la guerre indispensable aujourd'hui n'est pas le but. La conquête serait stérile sans la colonisation.

» Je serai donc colonisateur ardent, car j'attache moins ma gloire à vaincre dans les combats qu'à fonder quelque chose d'utilement durable pour la France.

» L'expérience faite dans la Métidja n'a que trop prouvé l'impossibilité de protéger la colonisation par fermes isolées, et c'est à peu près la seule qui ait été tentée jusqu'ici; la force militaire s'y affaiblirait par le morcellement, et l'armée y périrait par les maladies, sans donner aux cultivateurs la sécurité agricole.

» Commençons la colonisation par l'agglomération dans les villages défensifs, en même temps commodes pour l'agriculture et assez militairement constitués et autorisés entre eux pour donner le temps à une force centrale d'arriver à leur secours; je me dévoue à cette œuvre.

» Formez de grandes associations de colonisateurs; mon appui, mon zèle de tous les instants, mes conseils d'agronome, mes secours militaires ne vous manqueront pas.

» L'agriculture et la colonisation sont tout un. Il est utile et bon, sans doute, d'augmenter la population des villes et d'y créer des édifices; mais ce n'est pas la coloniser. Il faut d'abord assurer la subsistance du peuple nouveau et de ses défenseurs, que la mer sépare de la France; il faut donc demander à la terre ce qu'elle peut donner.

» La fertilisation des campagnes est au premier rang des nécessités coloniales. Les villes n'en seront pas moins l'objet de ma sollicitude; mais je les pousserai, autant que je pourrai, à porter leur industrie et leurs capitaux vers les champs; car, avec les villes seules, nous n'aurions que la tête de la colonisation et point de corps : notre situation serait précaire, et intolérable à la longue pour la mère-patrie.

» Empressons-nous donc de fonder quelque chose de vital, de fécond; appelez, provoquez les capitaux du dehors à se joindre aux nôtres; nous édifierons des villages, et, quand nous pourrons dire à nos compatriotes, à nos voisins : Nous vous offrons, dans des lieux salubres, des établissements tout bâtis, entourés de champs fertiles, et protégés d'une manière efficace contre les attaques imprévues de l'ennemi, soyez sûrs qu'il se présentera des colons pour les peupler.

» Alors la France aura véritablement fondé une colonie, et recueillera le prix des sacrifices qu'elle aura faits.

» Alger, le 22 février 1841.

» Le lieutenant-général, gouverneur-général,

» BUGEAUD. »

La seconde proclamation était conçue en ces termes :

« Au quartier-général, à Alger, le 22 février 1841.

» Soldats de l'armée d'Afrique !

» Le roi m'appelle à votre tête.

» Un pareil honneur ne se brigue pas, car on n'ose y prétendre ; mais on l'accepte avec enthousiasme, pour la gloire que promettent des hommes comme vous ; la crainte de rester au-dessous de cette immense tâche modère l'orgueil de vous commander.

» Vous avez souvent vaincu les Arabes, vous les vaincrez encore ; mais c'est peu de les faire fuir, il faut les soumettre.

» Pour la plupart, vous êtes accoutumés aux marches pénibles, aux privations inséparables de la guerre. Vous les avez supportées avec courage et persévérance, dans un pays de nomades qui, en fuyant, ne laissent rien au vainqueur.

» La campagne prochaine vous appelle de nouveau à montrer à la France ces vertus guerrières dont elle s'enorgueillit.

» Je demanderai à votre ardeur, à votre dévouement, au pays et au roi, tout ce qu'il faut pour atteindre le but, rien au-delà.

» Je serai attentif à ménager vos forces et votre santé. Les officiers de tout grade et les sous-officiers me seconderont, j'en suis sûr. Ils ne négligeront jamais ni d'épargner quelques instants de fatigue à la troupe, ni de prendre la plus petite précaution d'hygiène, ni de donner les encouragements moraux que les circonstances pourraient exiger.

» C'est par ces soins constants que nous conserverons nos soldats : notre devoir, l'humanité, l'intérêt de notre gloire, tout le commande également.

» Je serai toujours heureux de pouvoir signaler au roi, non-seulement les actes de courage, mais encore, et sur la même ligne, les chefs qui se distingueront par les soins paternels qu'ils auront de leurs troupes, sous un climat où il faut multiplier les précautions.

» Soldats! à d'autres époques, j'avais su conquérir la confiance de plusieurs des corps de l'armée d'Afrique; j'ai l'orgueil de croire que ce sentiment sera bientôt général, parce que je suis bien résolu à tout faire pour la mériter. Sans la confiance dans le chef, la force morale, qui est le premier élément de succès, ne saurait exister. Ayez donc confiance en moi, comme la France et votre général ont confiance en vous.

> Le lieutenant-général, gouverneur-général,

» BUGEAUD. »

Ces deux proclamations produisirent beaucoup d'effet. L'ordre du jour adressé à l'armée éveilla la sympathie publique en faveur de l'homme qui venait en Afrique avec l'intention de bien faire. M. Bugeaud promettait beaucoup, et on le croyait engagé d'honneur à tenir toutes ses promesses. Les troupes et les populations comptaient sur son zèle éclairé et sur son patriotisme.

Dès le lendemain, le gouverneur-général partit d'Alger pour aller visiter la ligne d'opérations de cette ville à Blidah; il s'arrêta à Dely-Ibrahim, à Douera et à Boufarick. Après s'être reposé quelques jours à son retour dans la capitale, il repartit le 7 mars pour Bone et la province de Constantine; son intention était de rentrer à Alger du 20 au 25.

Le 21 mars, le duc d'Aumale, récemment arrivé, fut reconnu comme lieutenant-colonel par le colonel du 24e de ligne. Le prince devait prendre part à l'expédition qui allait se mettre en route, et dont le but était le ravitaillement des garnisons de Milianah et de Medéah. La colonne quitta Alger le 30; elle introduisit dans Medéah, le 3 avril, le convoi qu'elle escortait. Mais ensuite elle fut harcelée par une assez nombreuse cavalerie, dans sa marche sur le bois des Oliviers. Plusieurs bataillons, dont un commandé par le duc d'Aumale, mirent sac à terre et coururent sur les cavaliers arabes, qu'ils refoulèrent dans un ravin et fusillèrent d'assez près.

Le 4, au moment où le convoi déchargé montait au col, l'arrière-garde, sous les ordres du général Changarnier, fut vivement attaquée encore au bois des Oliviers; elle soutint vaillamment le combat, mais le général faillit être tué. L'affaire aurait pu devenir plus sérieuse encore sans la diversion opérée par différents corps, qui vinrent en aide aux troupes engagées. L'ennemi se dispersa dans toutes les directions, et la colonne put aller sans obstacle prendre à Mouzaïa un second convoi, qui entra à Medéah aussi heureusement que le premier. Le duc d'Aumale et le gouverneur-général rentrèrent peu de jours après à Alger, au moment même où l'on signalait à la Marine le bateau à vapeur portant le duc de Nemours, qui était en effet attendu.

Le général Bugeaud venait de montrer dans cette courte campagne ce qu'on pouvait attendre de lui comme chef d'armée. Il avait fait entrer à Medéah près de quatre cent mille rations, et, dans les deux combats livrées sur la route, il avait prouvé aux Arabes qu'ils ne pourraient jamais réussir à nous arrêter. Il le leur prouva de nouveau quelques semaines plus tard.

Parti de Blidah le 27 avril avec d'autres convois destinés également à Medéah et à Milianah, il alla coucher au col de Mouzaïa, occupé à l'avance par le général Baraguey-d'Hilliers. Le convoi de Medéah fut introduit le 29 dans la place. Mais, les jours suivants, il fallut soutenir divers combats contre une très nombreuse cavalerie arabe, et ce ne fut que le 6 mai que le général Bugeaud put reprendre le chemin de Blidah. Il dut, sur sa route, punir les gens de Soumata, qui n'avaient cessé de tirer sur nos troupes quand elles étaient montées au col. Les cabanes furent incendiées sur treize lieues carrées, et nos soldats ramassèrent douze cents têtes de bétail. Le duc de Nemours avait chargé le 3, et mis en fuite, à la tête de deux bataillons, les Kabyles qui se trouvaient devant lui. On citait, parmi ceux qui s'étaient particulièrement distingués durant l'expédition, M. Letellier, officier comptable, qui, au passage d'un défilé, avait puissamment contribué à la défense du troupeau.

Sur ces entrefaites, eut lieu un échange de prisonniers. Le 4 mai, à sept heures du matin, les Arabes renfermés à la Casauba furent mis en liberté et partirent sous la garde des disciplinés, qui devaient escorter aussi jusqu'à Blidah monseigneur Dupuch, chargé de ramener ces malheureux. Tous avaient reçu du pain, des foulards et une chemise. Les femmes et les enfants les suivaient dans des voitures. Ceux de nos compatriotes qui étaient au pouvoir d'Abd-el-Kader ne tardèrent pas non plus à être renvoyés. Grâce à l'influence qu'exerçait sur l'émir M. le sous-intendant Massot, ils n'avaient jamais manqué de rien ; ils travaillaient peu, et, s'ils étaient malades, tous les soins leur étaient prodigués.

Le gouverneur-général entreprit bientôt une nouvelle expédition. Sorti de Mostaganem le 18 mai, il arriva le 25 à Tagdempt, dont il s'empara à la suite d'un engagement très vif entre les zouaves et la cavalerie ennemie. Le lendemain matin, il prit la route de Mascara, et, le 30, il trouva l'émir sur les hauteurs qui environnent la ville. Mais Abd-el-Kader n'opposa pas à nos troupes une résistance sérieuse, et, le jour même, une garnison fut installée dans la place. Le 2 juin, la colonne s'achemina vers Mostaganem, en passant par le défilé d'Akbet-Kredda ; les Arabes, profitant de la difficulté du terrain, tombèrent sur l'arrière-garde ; mais ils n'eurent qu'à se repentir d'avoir engagé ce combat, car ils y perdirent quatre cents hommes. Le corps expéditionnaire était de retour le 3 à Mostaganem.

Plusieurs journaux publièrent à cette époque la lettre suivante de monseigneur l'évêque d'Alger, qui contient des détails très intéressants sur la mission de charité du vertueux prélat :

« Mardi 8 juin, l'abbé Suchet est parti pour la course la plus aventureuse, conduisant avec lui les derniers prisonniers arabes, qui, par un déplorable malentendu, ne m'avaient pas d'abord été rendus. A la première demande que je lui en ai faite, et malgré les préoccupations vraiment incroyables de sa marche dans l'ouest, l'excellent général Bugeaud me les a tous fait donner ..

» Or, figurez-vous les pauvres délivrés, dont un instant auparavant on venait de rompre les fers qui chargeaient leurs mains aux travaux publics de Babel-Oued, à moitié couverts de haillons, et par-dessus vêtus de burnous neufs, que nous avons achetés précipitamment, nous demandant notre bénédiction et s'acheminant comme de petits enfants sous la conduite de mon pauvre prêtre, qui les suivait avec la plus touchante simplicité sur son humble et paisible monture.

» Pas de gendarmes, pas de soldats, pas d'escorte ; lui seul et son interprète — M. Toustain, — c'était tout. Chacun se rangeait respectueusement sur leur passage, les bénissant et les accompagnant de leurs vœux. Je voulus les suivre quelque temps des yeux le long de la rue de Chartres. Je n'y pus tenir, mes larmes m'empêchaient de voir.

» J'ai eu de leurs nouvelles. Le duc de Nemours, revenant de Douera, les rencontra ; ils étaient alors assis en rond autour de la chapelle Saint-Antoine, pauvre église en bois et en chaume, se rangeant eux-mêmes sous la garde de celui dont la charité les délivrait par les mains, par le cœur de ses heureux ministres. Le prince en fut singulièrement touché... quand reviendra M. Suchet ? où va-t-il précisément ? Je n'ai pu le lui dire en l'embrassant, en le bénissant au moment du départ ; je ne le savais pas... Il va voir le bey de Milianah, lui remettre ses derniers prisonniers, recevant de ses mains amies les cinquante-cinq partis de Mascara sous la conduite du capitaine Mousson, les mêmes dont les noms ont été trouvés écrits sur les murailles de la citadelle avec une croix en tête, et au bas cette parole expressive : *A la garde de Dieu !* Remarquable rapprochement : Sidi-Mohammed, en m'écrivant pour me rassurer sur leur sort, et bien certainement sans savoir ce qu'ils avaient écrit, me disait : « Ils sont *à la garde de Dieu !* pourquoi craindrais-tu ? » Mais, à son retour, il nous dira ce que le Seigneur aura dit, aura fait pour lui dans le chemin. *Audiam quid loquatur Dominus in viâ.*

» Parmi les pauvres derniers délivrés, se trouvait un chef,

à la rédemption duquel le khalifa attachait un prix particulier, et aussi le kodja ou secrétaire de Ben-Salem, autre lieutenant de l'émir; celui-ci, jeune encore et d'un talent fort distingué, fut pris l'année dernière, le jour même où se célébrait en Algérie l'anniversaire des journées de juillet. Durant plusieurs heures, on le promena par toute la ville, à cheval, les mains attachées derrière le dos, au milieu des cris et des huées de la populace. Je le rencontrai. Je crus un instant qu'on allait lui trancher la tête, et je me retirai le cœur saisi. Oh! qui m'eût dit alors que dix ans après je serais son libérateur; qu'il coucherait à l'évêché et recevrait, durant de cruelles souffrances, les tendres soins de la charité de mes prêtres? *O profunda Dei!*

» Deux jours après le départ de l'abbé Suchet, j'ai eu la consolation de bénir solennellement, et aux acclamations de tous, les deux belles premières cloches de ma cathédrale. Sa Sainteté, le pape Grégoire XVI, et S. M. la reine des Français ont donné leurs noms vénérés et chéris à ces premiers signes pacifiques de victoire et d'amour. La cérémonie fut vraiment très remarquable. »

Le 9 juin, nos troupes, en arrivant au col de Mouzaïa, au lieu d'y rencontrer l'ennemi, trouvèrent les Arabes qui venaient au-devant d'elles avec des denrées, et le duc d'Aumale, chargé de ravitailler Médéah, put remplir sa mission sans coup férir. Il revint le 10, et bivouaqua sur le *Plateau des Réguliers,* où le général Bugeaud le rejoignit et le reconnut comme colonel du 17e léger. Nos soldats devaient, après le ravitaillement de Milianah, parcourir la plaine du Cheliff et brûler les moissons.

Le corps expéditionnaire accomplit ces marches difficiles durant le mois de juin et les mois suivants et, comme précédemment, il réussit à conduire des approvisionnements à Mascara et dans d'autres villes. Pendant ce temps-là, le gouverneur-général ne perdait pas de vue les intérêts de la colonisation; aussi, le 1er septembre, le directeur de l'intérieur put-il, par son ordre, se rendre à Cherchel, et y faire procéder en sa présence à la remise des premières terres concédées à cent cinq colons, presque tous pères de famille, et vieux soldats de l'armée d'Afrique, devenus cultivateurs.

Au mois d'octobre, deux colonnes se mirent de nouveau en mouvement, sous les ordres des généraux Baraguey-d'Hilliers et Lamoricière, et ravitaillèrent encore Milianah et Mascara; celle du général Baraguey-d'Hilliers eut à livrer sur le chemin plusieurs combats, dans lesquels les Arabes furent vigoureusement repoussés.

La campagne d'automne finie, le gouverneur-général s'occupa d'organiser l'administration des tribus qui venaient se ranger sous notre autorité. Nous leur avions prouvé que nous étions plus forts qu'Abd-el-Kader; il nous restait à leur montrer que nous étions plus sages et que nous savions faire respecter nos amis. A la fin d'automne, quand il passa en revue les libérables de la garnison d'Alger et des camps environnants, il les engagea vivement à accepter les terres qu'il pouvait mettre à leur disposition; quelques-uns se décidèrent à rester en Afrique, et ce fut pour l'année suivante un exemple utile. Le lendemain de cette revue, il se rendit à la colonie de l'Arracht pour ouvrir le labourage. Soixante charrues avaient été réunies devant la Maison-Carrée. Le général Bugeaud traça un sillon de manière à faire voir aux Arabes que ce n'était pas son coup d'essai.

Dans les premiers jours de janvier 1842, une dépêche du gouverneur-général au ministre de la guerre apprit que, décidément, la puissance d'Abd-el-Kader s'écroulait dans la province d'Oran. Les chefs de douze tribus étaient venus trouver, près de Tlemcen, le colonel Tampoure, avec un marabout dont ils avaient fait un sultan à la condition qu'il traiterait avec nous, et tous s'étaient engagés à se joindre à nos soldats contre l'émir. Cette union était assez forte pour qu'il fût permis d'espérer qu'elle se soutiendrait d'elle-même; cependant le gouverneur jugeait sage de l'appuyer énergiquement, et il venait de donner à cet égard des instructions très positives au colonel Tampoure. On prétendait qu'il ne restait plus à Abd-el-Kader que huit cents cavaliers et un millier de fantassins.

Partout les Arabes se montrèrent plus ou moins disposés à mettre bas les armes, découragés qu'ils étaient par les razzias opérées malgré la rigueur de la saison. La prise de Tlemcen, à la fin de janvier, nous fut également très favorable. L'émir se vit contraint de se réfugier sur les frontières du Maroc. Il ne tarda pas, toutefois, à reprendre contre nous l'offensive, et il livra au colonel Bedeau, à Sikka-Sessef, avec des forces supérieures, un combat où la victoire fut quelque temps disputée : il était parvenu à réunir à prix d'argent cinq à six mille hommes, et il voulait rentrer dans Tlemcen. Sa tentative échoua complètement. La garnison de la place fut renforcée par des bataillons envoyés d'Oran et de Mascara, et il se retira au-delà de la Tafna.

Le général Bedeau franchit bientôt la rivière, et, le 29 mars, il rencontra l'ennemi; deux mille Kabyles, postés sur les hauteurs, gardaient le passage de Bab-Taza; l'émir, avec cinq cents chevaux, occupait un col en arrière. La chaleur était excessive. L'infanterie reçut l'ordre de poser les sacs à terre, et elle aborda impétueusement la position. Les chasseurs à cheval suivirent le 8e bataillon de chasseurs à pied et les zouaves, qui attaquaient de front, pendant que le 10e bataillon et le 26e de ligne attaquaient à droite; les zouaves s'emparèrent du col, et la cavalerie ennemie fut poursuivie à plus de deux lieues par les cavaliers des Beni-Hanner.

Dans le même temps, les généraux Changarnier, Lamoricière, Négrier, d'Arbouville, et aussi le gouverneur-général, ravitaillaient les places fortes, châtiaient les rebelles, et ajoutaient à la gloire de nos armes par des succès constants. A la fin d'octobre, toutes les colonnes étaient rentrées, excepté celle de Tlemcen, qui se promenait seulement pour montrer sa force et exiger la dîme. La campagne d'Abd-el-Kader entre le Cheliff et la Mina avait complètement échoué; le pays soumis était presque entièrement resté fidèle à la France. La guerre se trouvait maintenant concentrée sur un carré d'environ vingt-cinq lieues de côté. L'émir avait perdu les cinq sixièmes de ses Etats, ses dépôts, son armée permanente, et surtout le prestige qui l'entourait en 1840.

Au mois de novembre, le duc d'Aumale, appelé au commandement de la province de Medéah, arriva à Alger. Le lendemain de son débarquement, il partit avec l'expédition qui allait opérer entre le Cheliff et la Mina. Le 24 de ce mois, le maréchal Bugeaud avait réuni toutes ses forces agissantes sous Milianah ; elles se mirent en mouvement le 25, sous les ordres du colonel Korte, du général Changarnier et du prince, et la campagne dura jusqu'au 17 décembre. Les résultats en furent très importants. La question était résolue sur la rive gauche du Cheliff : Abd-el-Kader n'avait plus à sa disposition que quelques tribus, et l'opinion de plusieurs chefs arabes était qu'il allait définitivement renoncer à la lutte.

Telle n'était pas cependant l'intention de l'émir, et, dans les premiers jours de janvier 1843, le gouverneur-général apprit qu'il avait reparu dans la vallée du Cheliff. Le général Changarnier marcha contre lui, et le contraignit à s'enfuir dans les montagnes : le temps était affreux ; il lui fut impossible de le poursuivre. Un mois après, le 13 février, Abd-el-Kader fut de nouveau mis en déroute à Mazouna, sur la rive droite de la même rivière, par le général Gentil, qui lui prit des chevaux et lui tua un certain nombre d'hommes. A la même époque, les troupes placées sous le commandement du duc d'Aumale et du général Baraguay-d'Hilliers déployaient, sur d'autres points, contre les tribus non encore soumises, un courage qui était justement apprécié du maréchal Bugeaud.

Vers la fin de mai, une marche hardie et bien exécutée du duc d'Aumale fut couronnée par un brillant et immense succès. La smalah d'Abd-el-Kader fut prise, son trésor pillé, ses fantassins réguliers tués ou dispersés ; quatre drapeaux, un canon, des affûts, un butin considérable, des populations et des troupeaux étaient tombés en notre pouvoir. Voici en quels termes un officier rendait compte, le 23, de cette affaire :

« Un rapport de S. A. R. monseigneur le duc d'Aumale à M. le gouverneur-général annonce l'importante nouvelle que la *smalah* tout entière d'Abd-el-Kader — environ trois cents douars, — surprise sur la source même du Tagain, à vingt lieues de Goudjilah, a été enlevée dans la journée du 16 par le prince, à la tête de la cavalerie, qui, malgré sa grande infériorité numérique et les fatigues de marches de nuit longues et rapides, s'est précipitée avec tant d'impétuosité sur la masse compacte que présentait l'ennemi pour la défendre, que toute résistance est devenue impossible devant nos cinq cents chasseurs et spahis...

» Le prince, qui devait être de retour à Boghar hier 22, ne tardera pas à arriver dans la Métidja avec la prise qu'il ramène. »

Une autre lettre portait :

« Pour avoir une juste idée du mot *smalah*, il est bon que vous sachiez qu'il signifie cette portion d'une armée qui forme à elle seule une division importante, puisqu'elle comprend, sous cette dénomination, tout le matériel, le personnel des hauts fonctionnaires, les domestiques et les otages de la maison de l'émir, les provisions de bouche et de guerre, les archives, le trésor, le bétail, le haras, le magrezen, les femmes et les enfants. Tout cela s'est trouvé sous la main du vainqueur, et une pareille capture doit nécessairement affaiblir, au physique et au moral, la puissance d'Abd-el-Kader, déjà diminuée par les savantes manœuvres de M. le gouverneur général... »

Pendant qu'une partie de nos troupes agissaient contre l'émir dans l'ouest, on pouvait craindre que la tranquillité ne fût troublée dans les provinces d'Alger, de Titery et de Sebeaou. Il n'en fut rien ; de nouvelles tribus, au contraire, firent leur soumission, et les avantages obtenus sur tous les points ne pouvaient que consolider la paix avec les indigènes. Le 7 juin, le maréchal Bugeaud partit d'Orléanville, pour se porter sur l'Oued-Riou et se mettre en rapport avec le lieutenant-général de Lamoricière. De grandes et puissantes tribus des montagnes de l'Ouarensenis reconnurent notre autorité, et nous dominions maintenant tout le pays. Notre communication avec Tenès était complètement libre ; les Européens commençaient à circuler comme sur la route d'Alger à Blidah.

Les condamnés étaient employés à des travaux utiles. Au mois de juin, ils avaient entièrement terminé l'établissement de Saint-Ferdinand, destiné à recevoir des colons ; celui de Sainte-Amélie était en voie de construction. Un concert fut donné un jour, à Alger, au profit des orphelins, et quatre de ces condamnés y chantèrent des couplets faits par l'un d'eux, qui rappelaient les fondations de ces villages. En voici les trois derniers. Inutile de dire qu'ici la pensée est plus belle que la versification.

> Reine de France, auguste souveraine,
> Mère d'un fils l'appui de ces contrées,
> Ton nom béni soulage notre peine,
> Ce nom toujours présent à nos pensées...
> Reine de France, oui, ton âme attendrie
> Nous garantit un prompt soulagement...
>   Allons fonder Sainte-Amélie,
>   Belle comme Saint-Ferdinand !
>
> Allons, amis, défricher l'autre terre,
> Pour que bientôt en surgisse un hameau
> Portant le nom d'une reine bien chère,
> Qui des vertus nous offre le tableau.
> De Ferdinand la mémoire chérie
> D'un triste oubli ne craint rien maintenant.
>   Allons fonder Sainte-Amélie,
>   Belle comme Saint-Ferdinand.
>
> Un soir, assis au sein de sa famille,
> Un bon vieillard lui dira : Ces hameaux,
> Ces bois, ces prés, notre vigne fertile,
> De condamnés sont pourtant les travaux...
> Guidés au bien par un noble génie,
> Pour racheter les erreurs d'un moment,
>   Ils ont fondé Sainte-Amélie,
>   Ils ont fondé Saint-Ferdinand !

Ces strophes furent très applaudies, et la recette du concert fort bonne pour les orphelins.

Le 22 juin, le duc d'Aumale quitta Medéah pour rentrer en

4.

France ; il arriva le soir à Blidah, aussi triste que l'était sa nombreuse escorte, qui rentrait à cette heure à Medéah. Le colonel Yousouf prit le commandement de la colonne de Son Altesse. Le prince était le 25 à Alger ; il s'embarqua le 27 sur l'*Asmodée* : tous les bâtiments, dans le port et sur la rade, étaient pavoisés.

Pendant ce temps-là, l'émir faillit tomber entre nos mains. Le 22, à six heures du matin, Abd-el-Kader reposait, à vingt-cinq lieues de Mascara, quand tout-à-coup il fut réveillé par l'arrivée du colonel Gery. Cet officier lance tout-à-coup ses cent cinquante spahis dans son camp ; lui-même y pénètre à la tête de son régiment et jette le désordre parmi les réguliers ; dans un instant, la mêlée devient générale : nos spahis sabrent à outrance, nos fantassins tuent à la baïonnette. En un clin d'œil, trois cents réguliers mordent la poussière et leurs cadavres restent sur place, abandonnés ; cent cinquante prisonniers tombent en notre pouvoir, avec des drapeaux, des chameaux, des chevaux sellés, des mulets, quatre cents fusils, des sabres et des pistolets. L'émir avait eu son cheval tué, et sa correspondance avait été saisie. Quelques jours après, les habitants d'Alger se pressaient à la rencontre des prisonniers, désireux d'apprendre comment Abd-el-Kader avait encore une fois réussi à échapper au sabre des spahis ; il avait disparu précipitamment dans des ravins impénétrables pour ceux qui ne connaissent pas bien le pays. Les généraux de Lamoricière, Changarnier, de Bar et Baraguay-d'Hilliers poursuivaient, à la même époque, le cours de leurs succès dans les provinces d'Alger, d'Oran et de Constantine. La situation, en somme, répondait aux espérances qu'on avait pu fonder sur la campagne. L'armée devait avoir désormais à combattre peu et rarement, mais beaucoup à travailler et à surveiller. Elle seule pouvait construire promptement et avec économie les villages, les routes, les ponts, et commencer à exploiter le sol de façon à ce qu'il pût bientôt se suffire, sauf la dépense des ports.

Dès le mois de septembre, le maréchal Bugeaud, dont la grande préoccupation était la colonisation de l'Algérie, en-

voyait des géomètres sur plusieurs points de diverses provinces, et prenait des mesures pour qu'une partie des troupes pussent être employées au défrichement des terres. Un
détachement de trois cents soldats allait continuer la route
entre Saint-Ferdinand et Sainte-Amélie, et la mener jusqu'à
Mehelma, commencé par le colonel de Marengo. Les trap-
pistes avaient reçu des renforts afin de pousser les travaux
d'implantation; une vie nouvelle était imprimée partout aux
campagnes. Les grands propriétaires se plaisaient à seconder
les efforts du maréchal, en construisant avec rapidité et d'une
manière convenable.

On pouvait d'autant mieux s'occuper des travaux agricoles
que l'émir n'avait presque plus de soldats. Battu une seconde
fois, le 12 septembre, par le colonel Gery, il voyait chaque
jour quelques-uns des siens l'abandonner, et il en était réduit
à faire la guerre de partisans; la smalah s'était retirée près de
Chilellah, chez les Ouled-Sidi-Chogr, grande tribu au sud-
ouest de Tlemcen, où elle se croyait à l'abri de nos atteintes.

A la fin de novembre, le duc d'Aumale reprit son rang au
milieu de l'armée; le 4 décembre, le prince était à Constantine. Le mois suivant, le gouverneur-général rentra à Alger
d'un voyage entrepris sur la frontière du Maroc; il avait été
satisfait de l'état de ces contrées. On pensait que l'émir s'était
retiré, avec les faibles restes de sa cavalerie et sa smalah très
réduite, en un lieu appelé Guerdir, à trente lieues de notre
territoire.

CHAPITRE VI. (1844—1847.)

Expédition contre Biskara. — Guerre contre le Maroc : bombardement de
Tanger et de Mogador; bataille d'Isly. — Cérémonie en l'honneur des
victimes. — Projets de colonisation. — Opérations diverses. — La grotte
de Fréchih. — Inondation de l'Harrach.

Le duc d'Aumale était toujours en Algérie. Il devait partir
le 19 février pour Biskara, quand, au moment où il mettait

le pied à l'étrier, il apprit le débarquement à Philippeville du duc de Montpensier, qui venait, lui aussi, recevoir le baptême de feu sous le patronage de son frère. Le duc d'Aumale prit aussitôt la route de Smendoul, et le lendemain, à quatre heures de l'après-midi, le canon de la Casauba annonçait la rentrée du prince et de son frère. Le 21, les deux fils du roi partirent pour l'expédition projetée. Plusieurs jours auparavant, trois mille hommes d'infanterie et une partie de la cavalerie et de l'artillerie avaient pris le chemin de Bornah, camp intermédiaire entre Constantine et Biskara.

La colonne expéditionnaire arriva le 11 mars à Batnah, et le camp y fut installé d'une manière remarquable; toutes les précautions furent prises pour assurer nos communications. Le 25, les troupes allèrent coucher à Your-el-Merdja, et le 26 à Msab-el-Msaï, d'où elles arrivèrent le lendemain à El-Kantara, le premier village du ressort : les habitants les accueillirent bien, et s'acquittèrent sans difficulté des contributions annuelles. Le 4 mars, nos soldats entrèrent sans coup férir à Biskara, et, dès le soir, des députations de toutes les tribus nomades venaient au camp demander la protection de la France. Quelques jours après, le duc d'Aumale et son frère se mirent à la poursuite du khalifa de l'émir, qui s'était retiré dans les montagnes de l'Aurès. Dans l'attaque d'une position défendue avec acharnement par les réguliers, les deux princes chargèrent vaillamment l'ennemi, et terminèrent heureusement un combat qui durait sans résultat depuis plus de quatre heures. Les Arabes culbutés abandonnèrent la position. La colonne rentra à Batna le 21 mars, sans brûler une amorce.

A quelques semaines de là, le maréchal Bugeaud prit possession de la ville de Dellys, qui était comme la capitale d'une vaste contrée où notre domination n'était pas encore solidement établie. Il partit de la Maison-Carrée le 27 avril; le 8 mai, le corps expéditionnaire occupait la place. Les habitants témoignèrent une joie très vive de nous voir se déclarer leurs protecteurs; ils désiraient depuis longtemps notre arrivée, mais ils n'osaient manifester ce désir par crainte des Kabyles des montagnes voisines. L'intention du maréchal était de laisser là une colonne chargée de protéger contre l'ennemi les tribus qui feraient leur soumission, et de donner, au besoin, aide et assistance aux chefs investis par l'autorité française.

Cependant l'empereur du Maroc, Abd-el-Rhaman, irrité de voir une puissance chrétienne s'établir dans son voisinage, gardait envers nous une attitude hostile. Il prit bientôt hautement Abd-el-Kader sous sa protection, et viola notre territoire. Le châtiment ne se fit pas attendre.

Le 28 juin, le consul général du roi à Tanger, M. de Nion, écrivit à l'empereur pour lui faire connaître les intentions du gouvernement français. Abd-el-Rhaman lui fit répondre, le 11 juillet, par son ministre Sidi-Mohammed-Bendris, qu'il punirait les caïds qui avaient commis des agressions sur notre territoire, mais qu'il demandait le rappel du maréchal Bugeaud, à raison de la prise d'Ouchda, dont il venait de s'emparer. Il ne s'expliquait en aucune façon au sujet d'Abd-el-Kader.

Au reçu de cette lettre par M. de Nion, et sur les informations du maréchal, portant qu'en fait la guerre continuait sur notre frontière de l'Algérie, le prince de Joinville se porta le 23, sur le *Pluton*, devant Tanger, et donna l'ordre d'embarquer le consul et sa famille, et un certain nombre de nos nationaux; puis il envoya le bateau à vapeur le *Véloce* le long de la côte occidentale du Maroc, jusqu'à Mogador, pour recueillir également nos agents consulaires et nos nationaux.

M. de Nion adressa ce jour-là même à l'empereur une nouvelle lettre, lui demandant une réponse précise, et lui donnant huit jours de délai avant l'ouverture des hostilités. Abd-el-Rhaman se contenta de quitter le Maroc et de remonter vers le midi de son empire. Le 5 août, le prince de Joinville reçut l'ordre de bombarder Tanger. A cette nouvelle, des cris de joie furent poussés par nos braves marins, impatients de venger notre pavillon et de montrer notre puissance. Le lendemain, à deux heures du matin, le branle-bas eut lieu à bord de tous les bâtiments, sans tambours ni trompettes; les bateaux à vapeur allumèrent leurs feux et préparèrent les manœuvres nécessaires pour les remorquer. A trois heures, la division entière se mit en mouvement, et, à neuf heures, le feu fut ouvert. Quatre-vingts pièces y répondirent de la place; mais, à onze heures, tous les forts avaient cessé de tirer et étaient abandonnés. Dans l'après-midi, l'escadre se rallia au mouillage, et l'on se disposa à aller bombarder également Magador.

Le prince arriva le 11 devant cette ville; mais, à cause de l'état de la mer, il lui fallut attendre quelques jours pour l'attaquer. Enfin, le 15, le temps s'étant embelli, il se hâta de profiter d'une occasion favorable, et, vers une heure de l'après-midi, le *Jemmapes*, le *Triton*, le *Suffren* et la *Belle-Poule* prirent la position qui leur était assignée. Les Arabes ouvrirent leur feu, sans qu'on leur répondît, et, à quatre heures, quand le feu eut commencé à se ralentir, les briks le *Cassard*, le *Volage* et l'*Argus* entrèrent dans le port et engagèrent avec les batteries de l'île une lutte sérieuse. A cinq heures et demie, les bateaux à vapeur donnèrent dans la passe et le débarquement fut effectué immédiatement dans l'île, qui fut prise à la suite d'un combat très vif. Les batteries de la ville qui regardaient la rade furent ensuite détruites. Le prince fit occuper l'île et fermer le port.

Pendant ce temps-là, le maréchal Bugeaud, près de Lalla-Magrenia, remportait sur les Marocains la bataille qui a immortalisé son nom. Il n'avait sous ses ordres que huit mille cinq cents hommes d'infanterie, quatorze cents chevaux réguliers, quatre cents irréguliers, et seize bouches à feu, dont quatre de campagne; mais cette petite force était pleine de confiance et d'ardeur, et, comme le camp des ennemis recevait chaque jour de nouvelles troupes, il résolut de se porter en avant. Il passa l'Isly le 14, au point du jour, et, à huit heures du matin, des hauteurs de Djarf-el-Adkhdar, il aperçut l'ennemi sur les collines de la rive droite; quelques instants après, le combat s'engageait sur les gués de la rivière, dont les Marocains, commandés par le fils de l'empereur, défendirent énergiquement le passage. Les colonels Yousouf et

Morris, et le général Bedeau, se distinguèrent d'une manière particulière dans cette circonstance. Le coteau où brillait le parasol impérial fut escaladé, et le fameux parasol tomba entre nos mains, ainsi que dix-huit drapeaux, onze pièces d'artillerie et une foule d'autres trophées. Les Marocains laissèrent sur le champ de bataille plus de huit cents morts, presque tous appartenant à la cavalerie; l'infanterie nous échappa, en grande partie, à la faveur des ravins.

La bataille d'Isly était, dans l'opinion de toute l'armée, la consécration de notre conquête de l'Algérie; elle ne pouvait manquer aussi d'accélérer la conclusion de nos différends avec l'empire de Maroc. Le roi adressa au maréchal, à l'occasion de ce beau triomphe, la lettre suivante :

« Neuilly, jeudi 29 août 1844.

» Mon cher maréchal,

» C'est avec une vive et profonde émotion que je viens vous féliciter sur les brillants exploits que vous venez d'ajouter à tous ceux qui ont illustré nos drapeaux. La noble résolution que vous avez prise de livrer la Bataille d'Isly avec une armée aussi disproportionnée en nombre à celle que vous attaquiez, a produit sur nos braves soldats la sensation que j'ai éprouvée moi-même en l'apprenant. J'ai senti que cet appel à des soldats français devait les rendre invincibles, et ils l'ont été. Soyez, mon cher général, mon organe auprès d'eux. Dites-leur que c'est au nom de la France, autant qu'au mien, que je vous demande d'offrir à cette brave armée, que vous avez si généreusement conduite à la victoire, l'expression de la reconnaissance nationale, et celle de l'admiration qu'inspirent sa valeur et son dévouement.

» Recevez, mon cher maréchal, l'assurance de tous les sentiments que vous conservera toujours

» Votre affectionné

» LOUIS-PHILIPPE. »

Le 6 septembre, une touchante cérémonie eut lieu à bord

du vaisseau le *Suffren*, en commémoration, des victimes de la campagne. Le journal l'*Algérie* la raconte ainsi :

« ..... En un instant, les matelots sont à l'œuvre : au pied du grand mât, un autel s'élève comme par enchantement; le bon abbé Aquereau, qui a su se faire aimer de tous les marins, préside lui-même à la création de cette chapelle improvisée. Des pavillons aux mille couleurs servent de tenture; pour luminaire, on allume les fanaux du bord; bientôt les mousses, transformés en enfants de chœur, portent les vases sacrés. La garde, en grande tenue, se met sous les armes, et occupe l'espace compris entre l'autel et la dunette. L'équipage, en bon ordre, est debout et découvert sur ce pont, de toutes parts des canots arrivent à bord du vaisseau amiral, portant des détachements de tous les états-majors de l'escadre.

» Les officiers, chapeau bas, se pressent sur la dunette; bientôt un mouvement se fait parmi eux; c'est l'amiral, en grande tenue, tel qu'il était le jour du combat, qui vient assister au service divin.

» Aussitôt un roulement de tambours se fait entendre; le pavillon descend du mât, les vergues retombent en pantenne, double signe de deuil! Le silence le plus profond succède à l'agitation, au bruit des manœuvres; ce n'est plus un vaisseau, c'est un temple consacré. Le prêtre, revêtu de ses ornements sacerdotaux, se dirige vers l'autel, et tous, croyants ou non, s'inclinent avec émotion, avec respect, devant ce prêtre, rendant, au nom de celui qui s'est dévoué pour tous, un pieux, un solennel hommage aux pauvres enfants du peuple morts pour la France sur le champ d'honneur.

» Cette touchante cérémonie était à la fin radieuse et sombre; car si l'image de la mort dominait cette lugubre scène, une idée de gloire, un sentiment de juste orgueil national se mêlaient à la tristesse de nos regrets. Un silence profond régnait parmi cette foule attentive et émue; une émotion vive se lisait sur ces visages brunis qui naguère encore allaient au feu en riant.

» Il me serait impossible de vous donner une idée de l'impression générale qu'a produite cette cérémonie si simple et si touchante, surtout à cet instant solennel où l'équipage entier, amiral, officiers, matelots et soldats, s'inclinaient devant l'hostie sainte élevée par le prêtre au-dessus de tous, pendant que les soldats à genoux présentaient les armes, et que les murmures de la vague caressant les flancs du navire, et le bruit des tambours battant aux champs, troublaient seuls la majesté de ce silence... »

Depuis la défaite des Marocains sur les bords de l'Isly, Abd-el-Kader n'osait quitter son campement près de la Malouïa. Vers la fin de décembre, le bruit se répandit qu'il était parti pour le sud avec une cavalerie assez nombreuse; mais c'était là une rumeur fausse, à laquelle avait donné lieu l'apparition d'une troupe de soixante cavaliers environ, venus par les plateaux, dans le but de favoriser l'émigration projetée par quelques tentes des Ouled-Sidi-Abdelli. Le général Cavaignac arriva à temps de Tlemcen pour prévenir la fuite des émigrants et arrêter leurs chefs.

Le courrier qui apportait cette nouvelle apprenait en outre que l'établissement religieux fondé à Staouëli par les frères de la Trappe était à la veille d'être terminé. Les travaux agricoles étaient plus avancés que dans aucun village; et les résultats déjà obtenus promettaient beaucoup pour l'avenir dans un pays où il y avait tout à créer. Cette colonie devait exercer une heureuse influence sur les populations européennes qui seraient transportées dans le voisinage, et aussi sur les indigènes, qui respectent les serviteurs du Christ non moins que les derviches musulmans, parce que le Coran leur enseigne que l'Evangile et la Bible émanent de Dieu, et que le fils de Marie est aussi un prophète de Dieu.

Pendant ce temps-là, Alger devenait tout-à-fait grande ville; des cours publics étaient établis, et chaque semaine de nombreux auditeurs allaient écouter l'histoire du vieux monde qu'ils habitaient. Les civilisations romaines, les guerres puniques, les guerres de Jugurtha et de César, la lutte de l'islamisme contre le christianisme, tous ces souvenirs du collége leur étaient remis en mémoire à leur grande satisfaction. Et c'était une chose assez curieuse qu'un cours d'histoire public et gratuit fût professé ainsi au milieu de l'activité fiévreuse d'une société de quatorze ans d'existence.

Vers la fin de mars, tandis qu'on négociait au sujet des frontières du Maroc, Abd-el-Kader essaya de jeter la perturbation parmi les tribus campées à l'ouest de Tlemcen. Plusieurs cavaliers attachés à sa fortune vinrent dans la tribu des Ouled-Soliman pour voir leurs parents et leurs amis, et, persuadant à leurs fanatiques coréligionnaires que l'émir allait bientôt reparaître dans le pays fort et puissant, ils parvinrent à exciter une grande agitation. Des mesures furent aussitôt prises, et le mouvement comprimé.

Le général comte de la Rue avait été nommé commissaire plénipotentiaire pour la France dans la question de la délimitation des frontières marocaines et des nôtres. Une conférence fut tenue, le 18, sur notre territoire, et le résultat en fut des plus satisfaisants ; après quatre ou cinq heures de discussion, une convention fut signée, qui traçait la ligne de démarcation entre le Maroc et l'Algérie. C'était assurément un grand progrès d'en être venu à débattre paisiblement, dans les formes ordinaires de la diplomatie, au milieu d'égards réciproques, les intérêts les plus graves avec une nation fanatique qui s'était tenue jusque-là en-dehors de toutes relations pacifiques de quelque importance avec les Etats chrétiens.

Dans les premiers jours d'avril, Abd-el-Kader, du fond de sa retraite, tenta d'organiser une vaste insurrection ; mais, comme il n'était pas sur les lieux pour donner de l'ensemble à la révolte, les mouvements partiels qui se produisirent furent promptement réprimés. Un chérif — descendant de Mahomet, — sortit des montagnes du Dahara, non loin du Cheliff, avec trois ou quatre cents fatassins et environ deux cents cavaliers, et essaya de fomenter la guerre sainte. Il entraîna à sa suite plusieurs fractions de tribus, avec une portion des habitants de la petite ville de Mazouna, et s'avança jusqu'à cinq lieues d'Orléanville. Le colonel de Saint-Arnaud alla à sa rencontre et l'atteignit près d'Ain-

Morau; il lui tua plus de cinquante hommes et le mit en déroute; peu de temps après, le Dahara était soumis.

La conquête, pour cesser d'être onéreuse et devenir profitable, devait aboutir à l'établissement d'un peuple agriculteur duquel l'Algérie pût tirer, dans les circonstances difficiles, sa subsistance et sa force. Cette question préoccupait à juste titre l'attention générale. Trois systèmes fixaient particulièrement l'attention. Le premier consistait à fonder, avec le concours de l'Etat, des villages de colons civils, en suivant, du littoral à l'intérieur du pays, la marche progressive de la population et de la culture. Le second, qui se combinerait avec le premier, porterait la colonisation dans la zone centrale; la population y serait formée de soldats volontaires, choisis par les chefs et soumis encore pour trois ans au service de l'armée. Le troisième système différait du précédent en ce que les soldats, sous les ordres d'un chef, défricheraient et cultiveraient en commun, aux frais et au profit de l'Etat, des terres de l'intérieur. La commission chargée d'étudier le projet de loi tendant à accorder au ministre de la guerre des crédits extraordinaires sur l'exercice 1845 pensait que c'était sur la colonisation civile qu'il était permis de fonder l'avenir de nos possessions, et, dans le courant de mai, elle émit le vœu que le gouvernement s'occupât de préparer un plan général de colonisation. Il fallait, suivant le rapport de M. Magne, rechercher les propriétés domaniales dont l'Etat pouvait disposer, établir les bases d'un système encourageant de concessions et de subventions, étendre la sécurité et la salubrité; donner à la propriété et aux personnes les garanties compatibles avec les nécessités d'un pays nouvellement conquis. La commission allouait dans ce but un million. Il s'en fallait encore que ce difficile problème fût près d'être résolu.

Cependant l'insurrection n'était pas entièrement étouffée dans les environs d'Orléanville, et le maréchal Bugeaud, — créé duc d'Isly, — s'était mis lui-même à la tête d'une colonne pour amener plus rapidement la soumission des rebelles. Les généraux Bedeau, de Saint-Arnaud et Marey opérèrent, sous sa direction, de façon à obtenir des résultats sérieux, tandis que le colonel Gery remportait des succès non moins utiles dans une expédition entreprise vers Brezina, et donnait de nous une haute idée aux populations de ces contrées. Le maréchal rentra à Alger le 12 juin, satisfait de la campagne : il ne restait plus à vaincre que quelques tribus sur la rive droite du Cheliff, et le général Bedeau avait à peu près terminé le désarmement dans l'Aurès.

Un drame terrible se dénoua à cette époque dans le Dahara. La tribu de Ouled-Rhiah refusait de se soumettre, pleine de confiance dans le prestige attaché à des grottes spacieuses situées sur son territoire et qui passaient pour imprenables. Le 17 juin, les gens de cette tribu, se voyant serrés de trop près, se réfugièrent dans la plus inaccessible, connue sous le nom de Ghar-el-Frechih, — la grotte de Frechih. Le lendemain, le colonel Pélissier se présenta devant l'entrée, et, comme il était impossible d'y pénétrer, il y fit jeter des fagots, et l'on y mit le feu. Trois fois on suspendit le jet des fascines, et l'on proposa à ces malheureux de se rendre ; mais ils persistèrent énergiquement dans leur refus, et les flammes continuèrent leur œuvre de destruction. Quelques heures après, la tribu des Ouled-Rhiah n'existait plus. Plus de mille personnes avaient péri. C'était là une cruelle exécution, mais, hélas! la guerre a parfois de dures nécessités. Les chefs des Kabyles, frappés de la vigueur de cet acte, vinrent à Alger, au nombre de douze, faire leur soumission.

Quant à Abd-el-Kader, loin de faire des progrès vers l'est de la partie du désert qu'il avait d'abord envahie, il s'était vu forcé de reculer du côté de l'ouest; cependant il continuait à inonder le pays de ses lettres, écrivant à tous les caïds pour les engager à poursuivre la guerre sainte, et leur annonçant qu'il serait avec eux à l'automne. Quoi qu'il en fût, nos affaires prenaient une tournure favorable, et la défaite par notre khalifa du Cheury du chérif Bou-Maza, le boute-feu de l'incendie dans le Dahara, confirmait les espérances du gouverneur-général. Les rapports des colonels

Pélissier, Saint-Arnaud et Ladmirault, séparés les uns des autres par de grands intervalles, étaient également de nature à rassurer les esprits sur l'insurrection du Dahara : partout les tribus s'empressaient de remettre leurs armes à nos colonnes, et les troupes purent bientôt rentrer dans leurs cantonnements autour d'Alger, ainsi qu'à Orléanville et à Tenès.

Dans les premiers jours d'août, nos soldats eurent à combattre le chérif Bou-Maza, qui avait entrepris de protéger la tribu des Sbéhars, dont une partie s'était rendue coupable d'un attentat sur la personne d'un de nos agas. Le colonel de Saint-Arnaud combina une attaque qui eut d'heureux résultats ; Bou-Maza ne put échapper à la mort que par une sorte de miracle. Quelques jours après, le lieutenant-colonel d'Allouville entreprit de tomber sur le chérif, réfugié dans les rochers voisins de la mer ; mais, prévenu à temps, l'audacieux chef réussit à se sauver sur un roc inaccessible, et son goum se dispersa dans les montagnes. Après avoir pris du butin tout ce qu'elle pouvait emporter, notre cavalerie revint vers la colonne, qui s'était arrêtée en route pour protéger la retraite. Bou-Maza descendit alors de son rocher et rallia quelques-uns de ses cavaliers.

Le 19 octobre, le général de Bourjolly apprit qu'il avait passé le Cheliff, et que la garnison de Mostaganem s'était battue avec acharnement contre lui ; il se décida à se porter aussitôt sur le théâtre des événements. Il se mit en marche à minuit ; mais le chérif, averti de son approche, repassa la rivière et se retira précipitamment dans le Dahara. Le général prit ses mesures pour l'empêcher de renouveler ses tentatives de soulèvement.

Le reste de l'année, nos troupes continuèrent de harceler les tribus rebelles, et partout où elles se montrèrent, elles affermirent l'autorité de la France. Le 22 décembre, la colonne que commandait le maréchal, après de nombreuses marches et contre-marches, parvint à obtenir un combat sérieux avec Abd-el-Kader : l'émir fut défait et se retira dans la direction de Mina.

Le 7 janvier 1846, Abd-el-Kader fut de nouveau battu par le général Gentil, qui surprit son camp, et les efforts qu'il fit ensuite pour soulever les tribus voisines du Sétif furent inutiles. A la suite de divers engagements, dans lesquels il ne fut pas plus heureux, il s'enfuit, au mois de mars, chez les Ouled-Nayls. Un peu plus tard, il se porta sur Ghazza, dans l'intention d'opérer un coup de main sur nos tribus du Tell, qui s'étaient avancées dans le désert pour pâturer leurs troupeaux; mais il dut prendre de nouveau la fuite devant le général Yousouf. Au mois de mai, tout le Tell et la presque totalité du désert étaient soumis à nos lois : il n'y avait plus sur cette vaste étendue qu'un seul drapeau, celui de la France.

On arriva au mois d'août sans que le calme fût troublé sur aucun point. Mais le Rhamadan commençait le 23, et, comme c'est le moment où les esprits fermentent chez les musulmans, les chefs de corps se tenaient prêts à comprimer de nouveau l'insurrection, si elle éclatait quelque part. Les mesures prises dans ce but furent heureusement inutiles : ni Bou-Maza ni Abd-el-Kader n'essayèrent d'envahir notre territoire. Au mois d'octobre seulement, l'émir rassembla sa cavalerie et résolut de faire une razzia sur nos possessions : le général d'Arbouville se porta, à cette nouvelle, d'Oran à la frontière de la province, et ce mouvement, appuyé par le commandant de la subdivision de Mascara, suffit pour déjouer ses projets. Le 19, la garnison de Bougie mit en déroute et poursuivit dans les montagnes les Mezzaïa, qui avaient tenté de s'emparer, à quelque distance de la ville, des troupeaux de l'administration.

Le 3 novembre fut signalé par une catastrophe qui eut des résultats désastreux. L'Harrach, grossi par les pluies tombées la veille et pendant la nuit, déborda et envahit tout le terrain entre celle des collines de Sahel où est assise la Maison-Carrée, et le monticule de la ferme de Ouled-Ada; sept des onze bâtiments qui composaient la Maison-Carrée disparurent successivement, et l'on eut aussi à regretter la perte de plusieurs hommes, engloutis dans les eaux. D'autres rivières débordèrent également : des travaux d'art furent détruits, ainsi que la route de Milianah à Blidah, et une douzaine de maisons de Milianah.

Cependant Bou-Maza, que rien ne décourageait, avait traversé le Djebel-Amour, et s'avançait vers l'est, à la tête de quelques cavaliers. Poursuivi par un de nos agas, il se réfugia sur le territoire des Ouled-Nayls, et là, se réunissant à un autre fanatique, Mouley-Ibrahim, il se mit à errer dans le Sahara. On faillit le prendre dans la ville de Taouëla, mais il parvint à s'enfuir, et, à la fin de 1846, grâce à lui et à l'émir, la paix menaçait encore d'être troublée : la prise de ces deux instigateurs de la révolte pouvait seule assurer la pacification du pays.

CHAPITRE VII. (1847—1848.)

Rupture entre Bou-Maza et l'émir. — Soumissions diverses. — Bou-Maza dans le désert. — Abd-el-Kader abandonné par Ben-Salem. — L'abbé Suchet à Nemours. — Soumission de Bou-Maza. — Campagne heureuse dans la Kabylie. — Abd-el-Kader et Abd-el-Rhaman. — Soumission d'Abd-el-Kader.

Abd-el-Kader et Bou-Maza devinrent bientôt rivaux; tous les deux voulaient bien combattre la France, mais sans se soutenir l'un l'autre comme auparavant. Le chérif tendait à soulever les populations des Zibans; Abd-el-Kader, toujours dans le Tell marocain, ne cherchait pas, pour le moment, à rentrer sur le théâtre de la guerre : c'était donc contre le premier que devaient être dirigés nos efforts.

Bou-Maza parcourait les oasis du désert, et ses prédications produisaient une vive impression sur les esprits. Au commencement de janvier 1847, le général Herbillon se mit en marche contre lui, et, à la suite d'un engagement sérieux, la tribu des Ouled-Djellal fit sa soumission. Au plus fort de l'attaque du village, quand le général allait y pénétrer, ces mots retentirent à son oreille : « Mon général, on vous ajuste. » Et un homme s'élança entre la mort et lui. C'était le maréchal-des-logis Châteaubriand : il tomba, atteint de deux balles; mais, heureusement, ses blessures n'étaient pas mortelles. Le mois suivant, d'autres tribus se soumirent également au général Marey. Bou-Maza n'avait d'autres ressources que d'imiter la tactique de ses devanciers, les chefs maures ou arabes, c'est-à-dire de s'enfoncer dans le désert. Ce fut le parti qu'il prit, et, suivi d'une faible escorte, il se dirigea sur Tuggurth, à cent cinquante lieues de Constantine.

Pendant ce temps-là, Abd-el-Kader ne cessait de répéter aux Arabes qu'il traitait avec la France de puissance à puissance, et que le moment approchait où il allait recouvrer la souveraineté de la puissance dont nous l'avions chassé. Une proclamation du gouverneur-général, désireux de combattre ces idées, produisit un heureux effet et calma bien des inquiétudes. L'autorité de l'émir reçut, du reste, une autre atteinte non moins grave, par la défection de son plus fidèle khalifa, Ben-Salem. Le 27 février, ce khalifa arriva à Aumale avec d'autres chefs, et l'aman leur fut accordé à tous par le duc d'Isly. C'était là pour nous un fait d'une haute importance; il assurait la sécurité dans toute la province d'Alger, et, de plus, notre frontière, qui n'était qu'à dix-huit lieues est de la capitale, se trouvait portée à cinquante.

Le 25 février, M. l'abbé Suchet, vicaire-général du diocèse d'Alger, arriva à Djemmâa-Ghazaouat-Nemours pour organiser le culte. Chaque jour qu'il passa sur ce coin de terre fut marqué par quelqu'une des grandes cérémonies de l'Eglise; la dernière fut, sans contredit, la plus solennelle.

M. le vicaire-général voulut confier à la terre les ossements des braves qui avaient glorieusement succombé, l'année précédente, près du marabout de Sidi-Brahim. Ce pieux projet fut exécuté le 1er mars. Les troupes partirent à cinq heures du matin et arrivèrent à onze heures à la Kabba, où elles firent halte, puis elles se dirigèrent vers le champ de bataille, ou plutôt le coupe-gorge où avaient péri nos vaillants soldats. Des ossements étaient encore épars sur le sol;

à cette vue, tous furent saisis d'une émotion, et l'on se mit à l'œuvre pour installer un autel.

Deux perches enfoncées en terre, raconte madame la comtesse Drohajowska, sur lesquelles fut accroché le manteau du prêtre, formèrent le fond de cet autel ; des planches grossières posées sur deux bâtons devinrent la table sainte ; deux fanaux de la marine servirent de flambeaux ; on fixa la croix dans le canon d'un fusil. Ces préparatifs achevés, M. l'abbé Suchet dit la messe, et cette messe fut sublime. A l'élévation, les tambours et les clairons retentirent ; officiers et soldats, le genou à terre, adorèrent le *Dieu de vérité.*

A l'issue de la messe, M. le vicaire-général jeta l'eau bénite sur les ossements et sur la fosse qui allait les recevoir ; son aspersoir fut une feuille de palmier-nain, son bénitier un vase à boire du soldat en campagne. Ensuite, s'adressant à cette foule attentive, il prononça une allocution qui fit couler bien des larmes. Les ossements furent déposés dans la fosse ; la terre amoncelée pour les recouvrir fut façonnée en cénotaphe ; des guirlandes de fleurs, fixées par de petites croix de bois, servirent à les maintenir. Ce cénotaphe provisoire est remplacé aujourd'hui par un monument dû aux soldats du génie, et qui porte le nom des Français frappés en cet endroit.

Après une expédition chez les Ouled-Jornès, le commandant d'Orléanville, le colonel de Saint-Arnaud, laissa près du caïd quatre cavaliers chargés de recueillir l'amende imposée à cette tribu. Le 13 avril, l'étonnement du caïd fut grand de voir tout-à-coup Bou-Maza mettre pied à terre devant sa tente. Il s'approcha de lui à l'instant, et, lui déclarant qu'il était l'allié des Français, il le supplia de lui épargner les calamités que son passage chez lui ne pouvait manquer de lui attirer. — « Il n'est plus question de guerre, répondit le chérif ; il s'agit de venir avec moi chez le colonel d'Orléanville. » Et, remontant à cheval, il se dirigea vers la ville française.

Le colonel de Saint-Arnaud ne fut pas moins surpris lui-même de l'arrivée du chérif. Bou-Maza l'aborda avec

noblesse, et, parodiant le mot fameux de Napoléon quand il écrivit au prince régent d'Angleterre après le désastre de Waterloo : « C'est à toi, lui dit-il, que j'ai voulu me rendre, parce que tu es celui des Français contre lequel j'ai le plus souvent combattu. » Il fut dirigé sur Alger par Tenès et Oran, puis embarqué à bord du *Labrador*, en destination de France; la réception qui lui fut faite à Paris lui prouva que nous savons aussi pratiquer les devoirs de l'hospitalité.

Abd-el-Kader, seul parmi nos ennemis, ne montrait ni crainte ni hésitation. Toujours chez les Marocains, il tentait des razzias chez les tribus frontières, et envoyait en Algérie des émissaires, qui ne pouvaient réussir à lui donner des alliés. Des colonnes expéditionnaires parcouraient les différentes provinces, et partout elles étaient accueillies avec des protestations de fidélité, excepté dans la grande Kabylie, où elles n'avaient jamais été dirigées. Le gouverneur-général résolut de faire une expédition dans ce pays, et il quitta Alger le 7 mai pour se mettre à la tête d'une colonne. Avant d'entrer sur le territoire des Kabyles, il adressa à toutes les tribus de la vallée de l'Oued-Sahel et de la Soumau, ainsi qu'à celles des environs de Bougie, une proclamation qui eut tout l'effet qu'on pouvait en attendre. La tribu des Beni-Abbès seule refusa de se soumettre : nos troupes marchèrent aussitôt contre les récalcitrants, et, en quelques heures, elles s'emparèrent de leurs nombreux villages, les plus beaux qu'on eût encore rencontrés. Peu de jours après, tous les notables de la Kabylie étaient réunis dans la tente du gouverneur-général, et l'on réglait les intérêts respectifs des vainqueurs et des vaincus.

A son retour à Alger, le maréchal, en terminant le rapport qu'il adresssait, à cette occasion, au ministre de la guerre, indiquait ainsi l'état de nos affaires en Algérie :

« L'opération que nous venons de faire n'aura pas seulement pour résultat d'augmenter notre domination militaire, de grandir notre puissance morale sur l'Algérie tout entière, mais encore elle ouvre de nouvelles voies au commerce.

» La France, dans cette campagne du printemps, a donc

manifesté sa puissance sur toute la surface de l'Algérie. C'est le meilleur moyen d'obtenir le respect des peuples.

» Malgré l'éloignement de la plus grande partie de nos forces, le Tell est resté parfaitement calme, depuis la frontière du Maroc jusqu'à celle de Tunis. Notre situation est donc plus grande, plus solide qu'elle ne le fut jamais. »

Le prince de Joinville visita l'Algérie à cette époque. Après avoir traversé le col de Mouzaïa, où il retrouva de glorieux et bien pénibles souvenirs, il se rendit à Boghar, et partout, sur son passage, il vit accourir les populations, curieuses de connaître le fils de leur sultan. Le prince quitta Alger avec son escadre le 18 juin.

Sauf quelques razzias sans importance politique opérées chez les Kabyles, le calme le plus parfait continuait à régner sur tous les points. Le maréchal Bugeaud avait profité de ce moment de tranquillité pour venir en France, et ses fonctions avaient été confiées en son absence au lieutenant-général Bedeau, l'un des meilleurs officiers de son temps. Cependant des bruits alarmants pour la pacification complète du pays dans l'avenir circulaient parmi les Arabes. Il ne s'agissait de rien moins que d'un changement de dynastie dans le Maroc, et celui que l'on désignait comme devant succéder à Abd-el-Rhaman n'était autre qu'Abd-el-Kader.

L'empereur du Maroc et l'émir avaient vécu longtemps en bonne intelligence; mais, quand il vit que l'influence de son hôte sur les tribus de l'est grandissait de jour en jour, et qu'on projetait de le placer sur son propre trône, Abd-el-Rhaman se décida à le combattre, en envoyant contre lui son neveu Muley-Hachem et son caïd El-Hamar. Abd-el-Kader fut vainqueur dans une première affaire, où périt El-Hamar; mais ensuite, après la destruction complète de deux tribus qui l'avaient suivi dans le Maroc, il fut contraint de gagner le désert; la France devait croire qu'elle n'aurait pas de longtemps à redouter ses entreprises. Pendant que ces événements se passaient en Maroc, un changement se préparait en Algérie; le duc d'Aumale était nommé gouverneur-

général, par ordonnance royale du 11 septembre, en rempla‑
cement du duc d'Isly, dont la démission était acceptée.

Un avenir rapproché devait faire mieux que réaliser les
espérances de paix momentanée auxquelles donnait lieu la
défaite, dans le Maroc, des tribus restées fidèles à l'émir.
Bientôt, en effet, la nouvelle se répandit en France qu'Abd-
el-Kader venait de se rendre. On eut d'abord de la peine à y
croire, car on savait que le désert était encore ouvert devant
celui qui avait été si longtemps le héros de la résistance ;
mais elle ne tarda pas à être confirmée, et chacun y applau‑
dit avec transport. Après avoir agité avec un fanatisme et
une vaillance extraordinaire presque toutes les tribus de la
Régence, illustré, sans les lasser jamais, le courage et l'ha‑
bileté de vingt généraux, l'émir, traqué de toute part, pressé
par les armées du Maroc et cerné par les nôtres, avait enfin
renoncé à la lutte.

Le général de Lamoricière, commandant en chef de la pro‑
vince d'Oran, reçut le premier la soumission de l'émir, qui,
réfugié chez les Beni-Smassen, lui fit proposer de déposer
les armes, à condition qu'il lui serait permis de vivre sur une
terre musulmane; il désignait Saint-Jean-d'Acre ou Alexan‑
drie. Le général avertit le duc d'Aumale, et l'émir se dirigea
vers Sidi-Brahim, où il devait rencontrer le prince. Là se
passa une de ces scènes imposantes dont le souvenir ne
s'efface pas.

Le fils de Mahhi-ed-Den, raconte encore madame la com‑
tesse Drohajowska, le représentant de l'antique race des
Fatimites, cette vivante et glorieuse incarnation de l'esprit
de nationalité arabe, s'inclinait volontairement devant une
puissance qu'il proclamait supérieure à la puissance musul‑
mane. En signe de vasselage et de soumission, il descendait
du fier coursier, fidèle compagnon de ses combats, témoin de
sa vaillance, et, après l'avoir offert au duc d'Aumale, il rega‑
gnait sa tente à pied, en vaincu; c'était le 21 décembre 1847.

Confiant dans la parole de la France, Abd-el-Kader s'éloi‑
gna de l'Algérie, espérant bientôt revoir cet orient musul‑
man, loin duquel il lui était difficile de supporter l'absence

de la patrie. Mais la France ne ratifia pas le double engagement pris par ses lieutenants, et le fils du désert languit cinq ans sous notre ciel. On l'embarqua pour Toulon avec sa famille, et, après avoir été détenu quelque temps au fort Lamalgue, il fut conduit au château de Pau. Ce château a été décrit, dans un jour mémorable, à propos de l'émir, par M. de Lamartine. Voici quelques lignes tracées de la main de l'illustre poète sur l'album de madame de Lagrèze, femme d'un conseiller à la cour impériale de Pau :

« En visitant un jour le château de Pau, je fus très frappé du caractère de l'édifice, de la splendeur du ciel, de la vigueur occidentale de la végétation. Quelques années plus tard, le hasard d'une révolution m'ayant fait l'arbitre du sort d'Abd-el-Kader, dont la captivité me paraissait une atteinte aux droits du vaincu, je proposai au gouvernement provisoire de ne point ratifier un emprisonnement cruel et déloyal, et de transporter le prisonnier, en attendant la décision souveraine de l'Assemblée nationale, dans une demeure salubre et presque libre, qui ne fût qu'une détention provisoire et comme la maison de santé de l'émir.

» On consentit facilement à ma proposition, mais on m'objecta la difficulté de trouver une maison royale ayant un site, un climat et un caractère conformes à cette destination. — J'ai cette demeure dans l'imagination et dans la mémoire, répondis-je; — et je décrivis le château de Pau.

» C'est ainsi qu'Abd-el-Kader y reçut l'hospitalité. Bien que je ne l'eusse pas informé de mon intervention en sa faveur, il la connut, j'ignore par quelle voie, et il m'en a toujours fait témoigner depuis sa reconnaissance.

» LAMARTINE. »

De Pau, Abd-el-Kader fut transféré au château d'Amboise. L'Assemblée nationale, plusieurs fois saisie des réclamations du prisonnier, jugea qu'il ne pouvait sans inconvénient retourner en Afrique. Ce fut l'Empereur Napoléon qui, à l'occasion de la proclamation de l'Empire, en 1852, le remit en liberté.

CHAPITRE VIII. (1848—1852.)

Situation des Mzaïas-Fouagas. — Colonisation. — Prise de Zaatcha. —
Prise de Narah. — Mesures diverses. — Expédition de la Kabylie.

La soumission de l'émir assura momentanément la tranquillité à l'Algérie; elle permit aussi à la colonisation de se développer et prépara l'extension de notre influence sur l'esprit et les mœurs des Arabes. Le gouvernement mit à profit cette période, pour faciliter de tout son pouvoir la colonisation. Des travailleurs français partirent en grand nombre et allèrent peupler de charmants villages fondés par eux, et où les attendaient des concessions de terrains.

L'état pacifique ne tarda pas, toutefois, à être troublé dans les environs de Bougie. La nouvelle de la révolution arrivée en France avait produit une impression profonde dans ces contrées, et les Arabes, convaincus que nous allions avoir à soutenir une guerre étrangère, croyaient que nous serions forcés d'abandonner nos conquêtes en Afrique. Sous l'influence de ces bruits absurdes, la tribu des Mzaïa-Fouagas refusa l'impôt et souffla autour d'elle le feu de la révolte. Le général Gentil, commandant la subdivision d'Alger, partit le 4 juillet pour aller combattre l'insurrection. Deux navires transportèrent des troupes à Bougie, et l'on se mit aussitôt en marche contre les rebelles. Le 7, tout était terminé; les Mzaïas-Fouagas étaient contraints de faire leur soumission, après avoir vu incendier leurs villages.

Le reste de l'année fut très calme ; le gouvernement provisoire fit ainsi expédier et installer sans peine à diverses reprises, sur différents points du territoire conquis, de nombreux ouvriers, qui acceptaient d'aller porter dans notre colonie le travail et la civilisation. Le *Moniteur algérien* du 10 décembre donnait les détails suivants :

« Le neuvième convoi est arrivé à Tenès le 1er de ce mois.

Il a été reçu chez les habitants de la ville. Les autorités et la population avaient lutté de soins et d'attentions pour le bien recevoir. Une portion de ce convoi occupe le village de Montenotte (Aïn-Defla), près de Tenès. Le reste est réparti entre les villages de Ponteba (la Prairie) et de la Ferme, sur le territoire d'Orléanville. La difficulté des transports, en cette saison, a nécessité des précautions extraordinaires. Deux convois successifs ont dû être organisés pour le transport des familles destinées aux environs d'Orléanville.

» Des troupes ont été envoyées sur la route pour mettre en état les plus mauvais passages. Le campement a été préparé aux Trois-Palmiers. Les hommes ont couché sous la tente, les femmes et les enfants ont trouvé un abri dans l'auberge. Pendant que l'on transportait ainsi la première moitié des colons d'Orléanville, la seconde moitié attendait à Tenès le retour des prolonges. Toutefois, pour ne pas imposer au dévouement des habitants de la ville une charge trop lourde, on n'a pas voulu qu'ils eussent à supporter le logement des colons jusqu'au retour du convoi. Les célibataires ont été recueillis dans la caserne, les familles ont été établies dans des barraques pourvues de cheminées. A Tenès comme partout ailleurs, on n'a eu qu'à se louer de la composition du personnel de l'émigration parisienne. Là, comme ailleurs, leur attitude a parfaitement justifié les soins dont on les entourait, et dont ils se sont montrés fort touchés. »

Au commencement du mois de février 1849, le général commandant la province d'Alger fit une tournée d'inspection dans différentes colonies agricoles, et il eut lieu d'être satisfait de l'état des choses. Partout les colons étaient animés des meilleures dispositions; ils avaient déjà exécuté des travaux importants, qui témoignèrent de leur résolution de se fixer à la propriété qu'on leur avait donnée. M. l'abbé Suchet s'occupait d'installer des prêtres dans les nouveaux villages. Pendant ce temps-là, les généraux Herbillon, de Saint-Arnaud et de Ladmirault se mettaient à la tête de diverses colonnes, et entreprenaient contre certaines tribus rebelles des expéditions qui, si elles se prolongèrent, aboutirent presque partout à la soumission des Arabes soulevés contre nous. Mais l'influence de Bou-Zian, ancien cheik d'Abd-el-Kader, décida bientôt les marabouts à prêcher la guerre sainte, et les tribus de l'ouest et du sud entendirent cet appel. La résistance avait son foyer dans l'oasis de Zaatcha, position que les Kabyles considéraient comme imprenable, et devant laquelle avaient échoué les efforts et la puissance des beys.

Le général Herbillon arriva devant Zaatcha vers le 12 octobre avec la colonne d'attaque; il fut bientôt rejoint par les colonels de Baral et Canrobert. Ces renforts portèrent la colonne à sept mille hommes. Toutes les troupes déployèrent dans cette circonstance une brillante valeur, mais leur courage resta d'abord impuissant, en présence de l'énergie des Arabes : nos opérations étaient d'ailleurs inquiétées par les tribus en armes, qui attendaient le résultat du siége avec impatience, résolues à couper la retaite à nos soldats et à les massacrer. Enfin, après six semaines d'une lutte vraiment héroïque, la ville tomba en notre pouvoir. C'était le 26 novembre. Trois colonnes de huit cents hommes chacune, conduites par les colonels de Baral et Canrobert, et par le lieutenant-colonel de Lourmel, franchirent trois brèches rendues praticables par le génie, pendant que le commandant Bourbaki complétait, avec une quatrième colonne, l'investissement de la place. Il fallut emporter, l'une après l'autre, chaque rue, chaque maison, chaque étage. Bou-Zian, le chérif Si-Moussa-ben-Amer et tous leurs compagnons se firent tuer ; aucun d'eux ne voulut survivre à sa défaite.

Ce succès eut un profond retentissement sur tout le sol africain; les tribus insurgées s'empressèrent de demander l'aman, et la subdivision de Batna vit, en un instant, le calme et la sécurité succéder aux craintes et aux troubles. La ville de Narah, toutefois, restait encore dans l'Aurès un repaire de rebelles, et il fallut songer à s'en emparer. Ce fut le colonel Canrobert que le général commandant la division de Constantine chargea de cette opération difficile. Les troupes, partagées en trois colonnes, sous les ordres du colonel Carbuccia, et des chefs de bataillon Bras-de-Fer et de Lavarande, se mirent en marche, le 5 janvier, à trois heures du matin; à huit heures un quart, la place, tombée en leur pouvoir, était livrée aux flammes; le soir, à six heures, nos soldats rentraient au camp. Tous s'étaient vaillamment conduits; leur élan avait été ce qu'on pouvait attendre des hommes qui avaient pris Zaatcha. L'Aurès tout entier s'émut, et les tribus voisines se hâtèrent de courber le front devant la volonté d'Allah.

Mais, au mois de mai, le calme fut de nouveau troublé entre le Sétif et Bougie; le général de Baral dut se porter de Djemmâa-el-Beylik sur les Beni-Jurmel. Il se trouva, le 21, en face de trois mille Kabyles, et il en était séparé par des ravins qu'on ne peut traverser qu'en défilant un à un. Il s'avança à la tête de ses troupes rangées en ordre de bataille, et la fusillade commença; mais, quelques instants après, il fut frappé d'une balle en pleine poitrine. Il remit alors le commandement au colonel de Lourmel, et, sous les ordres de ce dernier, les soldats, désireux de venger la mort de leur général, accomplirent des merveilles. Les Arabes, atteints par les baïonnettes et les sabres, tournèrent le dos; les villages furent incendiés.

Le colonel de Lourmel, bien pourvu de vivres dans une contrée riche, allait peser sur le pays et achever ce que le général de Baral avait si bien commencé. Son projet était de mettre prochainement sa colonne sur le tracé de la route de Sétif à Bougie, afin qu'il devînt facile de se rendre partout où éclaterait une insurrection.

Le général de Baral ne tarda pas à succomber à sa blessure. L'armée perdait en lui un de ses chefs les plus vaillants et les plus capables, la France un de ses officiers qui avaient passé les quinze premières années de leur vie militaire au milieu des camps, toujours en présence de l'ennemi, et dont l'expérience était justement appréciée.

Ces opérations contribuaient beaucoup à améliorer la situation de l'Algérie; si elles n'ajoutèrent rien à la conquête politique, terminée depuis le jour où Abd-el-Kader avait été contraint de se rendre à la France, elles rangèrent sous l'action régulière de notre administration les populations éloignées, qui n'avaient été que faiblement atteintes par nos armes. Les intérêts commerciaux y avaient aussi gagné. Il fallut, sans doute, s'attendre encore à des troubles, à des insurrections et à des combats; mais les incertitudes de l'avenir étaient bien diminuées depuis que les institutions appliquées à l'administration des tribus, tout imparfaites qu'elles étaient, paraissaient être les moyens de vaincre les difficultés qui pourraient de nouveau surgir.

La France avait déjà beaucoup fait pour sa colonie : on y comptait près de cent cinquante villes ou villages; de nombreux encouragements étaient accordés à l'agriculture, et il avait été créé des institutions destinées à venir en aide aux travailleurs. Le père de famille qui consentait à s'expatrier était sûr de trouver les consolations et les secours de la religion, comme aussi une bonne instruction pour ses enfants.

Une des questions dont la solution devait influer le plus sur l'avenir de notre domination, était l'instruction des indigènes. Le gouvernement le comprenait, et, au mois de septembre, le ministre de la guerre, le général d'Hautpoul, s'occupa d'établir des écoles supérieures musulmanes, en même temps qu'il prenait des mesures en faveur de l'instruction primaire; c'étaient là des garanties données au maintien de la paix. Le mois suivant, des chambres consultatives d'agriculture furent instituées dans les provinces, et l'intérêt agricole eut, comme l'intérêt commercial, ses représentants et ses organes. Enfin le moment approchait où la production allait être aussi encouragée.

Dans le courant de janvier 1851, l'Algérie cessa d'avoir un tarif particulier, et elle commença à trouver dans la métropole, en exemption de toute taxe, le débouché des produits qu'elle était en mesure de fournir; sauf quelques exceptions, elle ne recevrait plus désormais les produits étrangers que sous le payement des droits exigibles en France. On ne pouvait rien faire qui fût plus utile à notre colonie.

Cette année 1851 fut témoin d'un événement resté populaire en France, et dont les résultats exerçaient une immense influence sur la pacification du pays; ce fut l'expédition faite en mai, juin et juillet.

La Kabylie servait de refuge à de prétendus chérifs, dont la puissance, chaque jour prédite aux Arabes, devait mettre un terme à la domination française. L'un d'eux, Bou-Bagiha, voyait s'étendre son influence de tribu en tribu; cette circonstance décida de l'expédition. Elle avait pour but d'assurer une sécurité complète à la route qui relie Philippeville à Constantine, de garantir de tout danger les établissements agricoles et domaniaux des vallées de Salsaf et du Rummel, comme aussi de débloquer Djijelli et de mettre cette ville en relation avec Milah.

Le général de Saint-Arnaud réunit à Milah huit mille hommes, qu'il partagea en deux brigades commandées par les généraux de Luzy et Bosquet. La division se mit en mouvement le 10 mai, et dès les 11, 12 et 13, elle avait à soutenir des combats opiniâtres. Le 24, elle s'engagea dans des sentiers impraticables, et des tribus qui jusque-là nous avaient résisté, en voyant nos soldats affronter tant de dangers et de fatigues, sans se laisser arrêter un instant ni par les difficultés du terrain ni par les embuscades, apprécièrent la vigueur de nos coups.

La colonne arriva le 16 mai sous les murs de Djijelli. Le général de Saint-Arnaud détacha alors la brigade du général Bosquet, pour aller prêter main-forte au général Camou, dont les opérations dans l'Oued-Sahel avaient de beaux résultats, et il prit lui-même le chemin de l'ouest. Après avoir mis à la raison les tribus récalcitrantes, il se dirigea vers l'est, et, dans ce mouvement, il eut constamment devant lui les contingents qu'il avait combattus dans sa marche de Milah à Djijelli, et qui venaient chaque jour lui disputer le passage. Enfin les tribus du cercle de Djijelli demandèrent l'aman, à la suite d'un sanglant combat livré le 26, et le général Saint-Arnaud se porta dans le cercle de Collo, où l'attendaient des succès non moins brillants. La conquête de la Kabylie orientale fut ainsi accomplie. Elle avait coûté à notre armée d'incroyables efforts. Le commandant en chef avait, durant une campagne de quatre-vingts jours, parcouru cent quarante kilomètres, et s'était mesuré vingt-six fois avec l'ennemi, qui avait toujours été vaincu. L'est de la province d'Alger, dégagé complètement de préoccupations, reprit aussitôt ses habitudes commerciales ou agricoles.

CHAPITRE IX. (1852—1856.)

Faits militaires. — Fondation d'orphelinats. — Culture du tabac. — Création d'un mont-de-piété. — Mise en liberté d'Abd-el-Kader. — Son séjour à Paris. — Prise de Laghouat. — Proclamation de l'Empire à Alger. — Abd-el-Kader. — Fête à Alger pour le mariage de l'Empereur. — Expédition des Babors. — Prise d'Ouergla. — Le maréchal Randon à Laghouat. — Nouvelle expédition. — Création de commissariats civils.

L'année 1852 recueillit les fruits de l'expédition. C'est à peine si elle fut troublée par quelques mouvements dans le sud et par la révolte du chérif d'Ouergla. Au mois de juin, le général de Mac-Mahon partit de Constantine à la tête d'une colonne et se porta sur Collo. Le chérif Bou-Seba essaya vainement de s'opposer à sa marche; il fut vigoureusement repoussé sur tous les points. Seize villages ou hameaux furent livrés aux flammes, et les tribus voisines se hâtèrent de faire leur soumission; quinze de leurs chefs furent bientôt embarqués sur le *Titan*. Il ne restait plus que quelques points non soumis sur la rive droite de l'Oued-el-Kebir.

Des combats sérieux furent livrés vers le même temps sur les frontières du Maroc. Le 22, le chef El-Hadj-Mimoun, dont les troupes avaient été vaincues dans plusieurs rencontres, fit demander une conférence au général de Montauban, et, le lendemain, prétextant une maladie grave, il lui manda qu'il pourrait venir le trouver. Le général lui répondit que si, au coucher du soleil, il n'était pas venu au camp français, nos soldats commenceraient à fourrager dans la plaine. L'effet suivit de près la menace. Le 24, à cinq heures du matin, nos fourrageurs se portèrent vers les moissons ; les Kabyles accoururent aussitôt au combat, et, pendant une demi-heure, ils soutinrent intrépidement notre feu. Une charge brillamment exécutée les mit en déroute, et nous enlevâmes le village de Targiret, clef de la position. Ce succès prouvait aux tribus que nous savions les protéger contre les pillards marocains.

A mesure que la tranquillité s'établissait, le gouvernement s'efforçait de hâter la solution des problèmes qui intéressaient l'avenir de notre colonie. C'est ainsi que, cette même année, on fonda cinq orphelinats ou *maisons d'apprentissage*, dont quatre affectés aux enfants du sexe masculin, et l'autre aux jeunes filles : ce dernier était placé sous la direction toute maternelle des sœurs de saint Vincent-de-Paul. Un orphelinat protestant existait depuis 1850. L'éducation spéciale donnée par ces maisons consistait dans les soins moraux et physiques que les enfants trouvent chez leurs parents, et dans l'enseignement des écoles primaires ; on y joindrait, au temps voulu, l'enseignement agricole ou celui d'une profession se rattachant à l'agriculture, selon le goût et l'aptitude de chaque sujet. Il y avait lieu d'espérer que les enfants abandonnés de France, devenus les enfants adoptifs de l'Algérie, conquerraient, par cette éducation morale et le travail, sur la terre d'Afrique, une place au soleil de la famille et de la propriété.

De toutes les cultures industrielles, la plus spécialement répandue parmi les colons était celle du tabac. De grands progrès avaient déjà été réalisés, mais il restait encore considérablement à faire. Si certaines tribus pouvaient rivaliser avec les meilleurs produits étrangers, beaucoup ne dépassaient pas une qualité moyenne. Le gouvernement ne négligeait rien pour obtenir des perfectionnements qui auraient pour résultat d'alléger les sacrifices de la mère-patrie.

Au mois de septembre, un décret fonda un mont-de-piété. Cette création, vivement désirée, formait, avec la banque et la caisse d'épargne, un ensemble de mesures grâce auxquelles l'Algérie n'aurait bientôt plus rien à réclamer, en ce qui concernait les institutions de crédit.

Un événement important signala le mois d'octobre. Le prince Louis-Napoléon marqua la fin du voyage qu'il faisait dans divers départements par un acte de générosité et de justice dont tout le monde fut heureux : il rendit la liberté à Abd-el-Kader.

Au retour de son voyage, le prince s'arrêta au château d'Amboise. Il s'y fit présenter Abd-el-Kader, et lui apprit en ces termes la fin de sa captivité :

« Abd-el-Kader,

» Je viens vous annoncer votre mise en liberté. Vous serez conduit à Broue, dans les Etats du sultan, dès que les préparatifs nécessaires seront faits, et vous y recevrez du gouvernement français un traitement digne de votre ancien rang.

» Depuis longtemps, vous le savez, votre captivité me causait une peine véritable, car elle me rappelait sans cesse que le gouvernement qui m'a précédé n'avait pas tenu les engagements pris envers un ennemi malheureux, et rien à mes yeux de plus humiliant pour le gouvernement d'une grande nation que de méconnaître sa force au point de manquer à sa promesse. La générosité est toujours la meilleure conseillère, et je suis convaincu que votre séjour en Turquie ne nuira pas à la tranquillité de nos possessions d'Afrique.

» Notre religion, comme la vôtre, apprend à se soumettre aux décrets de la Providence. Or, si la France est maîtresse de l'Algérie, c'est que Dieu l'a voulu, et la nation ne renoncera jamais à cette conquête.

» Vous avez été l'ennemi de la France, mais je n'en rends pas moins justice à votre courage, à votre caractère, à votre résignation au malheur; c'est pourquoi je tiens à honneur de faire cesser votre captivité, ayant pleine foi dans votre parole. »

L'ex-émir était vivement ému. Après avoir exprimé au prince sa respectueuse et éternelle reconnaissance, il jura, sur le livre sacré du Coran, qu'il ne tenterait jamais de troubler notre domination en Afrique, et qu'il se soumettrait, sans arrière-pensée, aux volontés de la France.

Quelques jours après, le chef illustre du désert parcourait les rues de notre capitale, et excitait partout sur son passage une sympathique curiosité. On aime à répéter les paroles de reconnaissance qu'il adressa au prince-président, quand il lui fut présenté, le 30 octobre, au château de Saint-Cloud :

« Monseigneur,

» Vous avez été bon, généreux pour moi ; je vous dois la liberté que d'autres m'avaient promise, que vous ne m'avez pas promise, et que cependant vous m'avez accordée. Je vous jure de ne jamais violer le serment que je vous ai fait.

» Je sais qu'on vous dit que je manquerai à mes promesses, mais ne le croyez pas ; je suis lié par la reconnaissance et la parole : soyez assuré que je n'oublierai pas ce que l'une et l'autre imposent à un descendant du prophète et à un homme de ma race.

» Je ne veux pas vous le dire seulement de vive voix, je veux encore laisser entre vos mains un écrit qui soit pour tous un témoignage du serment que je viens de renouveler. Je vous remets donc cette lettre ; elle est la reproduction fidèle de ma pensée. »

Le prince lui répondit qu'il était très touché de cette démarche, car il n'avait exigé de lui aucune promesse, trouvant une garantie suffisante dans la connaissance de son caractère. La conduite de l'ex-émir a prouvé depuis que Son Altesse jugeait bien le fils de Mahhi-ed-Den.

Abd-el-Kader reçut la visite du général Courby de Cognord, qui se trouvait sur le terrain de Sidi-Brahim au moment du massacre des prisonniers de la deira, et, à sa vue, il ne put s'empêcher de sortir de son calme habituel :

— Je veux protester en ta présence, s'écria-t-il, contre

des accusations injustes qui pèsent sur moi. On dit que j'ai ordonné le massacre des prisonniers français. Il a eu lieu contre mes ordres et contre ma volonté. J'étais alors dans le Riff, chez les Beni-Smassen, à cent cinquante lieues de là.

Sur l'observation du général que les auteurs du massacre n'avaient pas été châtiés, l'émir répondit : — « Pouvais-je punir? nos prisonniers étaient chez les Marocains; la discorde régnait parmi mes chefs, qui ne m'obéissaient plus. Mes soldats, aigris par les revers, n'avaient plus qu'une poignée d'orge pour vivre! » Il se tut à ces mots, et une douloureuse émotion se peignit sur son visage. Le général lui serra les mains avec effusion.

Abd-el-Kader visita les églises. En quittant la Madeleine, dont l'éclat l'avait émerveillé, il félicita Paris de la foi de ses enfants : « En Algérie, dit-il, je croyais que vous oubliiez votre Dieu; en France, j'ai été bien vite détrompé, et j'ai admiré la splendeur de votre culte. » Il énonçait là un fait malheureusement trop vrai : notre indifférence à l'endroit des choses religieuses nous a empêchés et nous empêchera toujours, si elle persévère, de rien établir de durable et de bon en Algérie. L'opinion qu'il exprima sur notre brave armée n'était pas moins honorable pour la France et pour lui : « Les officiers sont des hommes d'une rare énergie; les soldats sont excellents, pleins d'ardeur et de constance, aussi soumis, aussi dociles que braves. En général, cette armée, éprouvée par la fatigue et le feu, bronzée par le soleil, endurcie au bivouac, leste, robuste et décidée, porte un cachet frappant de force et de résolution. »

Partout l'émir reçut un accueil respectueux et enthousiaste; partout il sut apprécier avec justesse notre civilisation. Quelques semaines plus tard, il tint à donner une nouvelle preuve de sa reconnaissance et de son dévouement envers le prince, et, désireux de prendre part au scrutin pour le rétablissement de l'Empire, il adressa au maire d'Amboise la lettre suivante :

« Louanges infinies à Dieu
Pour ses grâces infinies ! »

« A monsieur le premier magistrat de la ville, Trouvé, maire d'Amboise, salut !

» (L'émir) Sid-el-Hadj-Abd-el-Kader a l'honneur de vous demander à exercer le droit des citoyens de France pour la nomination du sultan, car nous devons nous regarder aujourd'hui comme Français, par l'amitié et l'affection qu'on nous témoigne et pour les bons procédés qu'on a pour nous.

» Nos enfants ont vu le jour en France, vos filles les ont allaités; nos compagnons morts dans votre pays reposent parmi vous; et le sultan, juste entre les justes, généreux entre les généreux, nous a rangés au nombre de ses enfants et de ses soldats, en daignant me remettre un sabre de ses mains impériales. Dieu soit propice au prince; qu'il perpétue sa puissance, sa grandeur et sa gloire ! Amen !

» Ecrit par El-Hadj-Mustapha-ben-Ahmed-ben-El, le 9 de safar 1269. T'hamy (Khalifa), par ordre de Sid-el-Hadj-Abd-el-Kader. (20 novembre 1852.) Dieu soit en aide à tous et nous dirige dans la voie du bien (pour traduction) par sa grâce et sa protection. Amen ! »

Le maire d'Amboise crut devoir obtempérer au vœu exprimé par l'émir, et il reçut son vote et celui de ses officiers dans une urne spéciale.

Cependant l'attention du gouvernement était appelée sur les menées du chérif d'Ouergla, qui s'était porté du côté de Laghouat et avait soulevé plusieurs tribus. Cet état de choses ne pouvait durer. Les généraux Pélissier et Yousouf marchèrent contre lui et le forcèrent à s'enfermer dans Laghouat. Le 4 décembre, à sept heures du matin, le feu fut ouvert; à dix heures, la brèche était praticable, et deux bataillons de zouaves s'élancèrent comme l'ouragan et balayèrent les Arabes, malgré la résistance la plus opiniâtre. L'aigle du 2ᵉ de zouaves et le guidon de commandement du général Pélissier flottèrent bientôt sur la maison de Ben-Salem, espèce de citadelle qui domine la place; à partir de ce moment, Laghouat était à nous. Pendant ce temps-là, le général Yousouf enlevait les escarpements qu'il avait devant lui, et, faisant appliquer les échelles, franchissait les murailles avec une impétuosité irrésistible. Quelques minutes après, son guidon flottait à côté de celui du commandant en chef. La nuit suivante, plus de trois cents hommes, qui avaient réussi à se cacher dans les jardins, vinrent déposer les armes. Les prisonniers étaient nombreux, mais le succès avait été acheté par quelques pertes. On ne connaissait pas le sort du chérif d'Ouergla.

Le 12 décembre, la cérémonie de la proclamation de l'Empire eut lieu à Alger. La formule fut lue, à dix heures et demie, à bord de chaque navire, par le commandant, et, à onze heures et demie, par le préfet, sur la place du Gouvernement; puis un *Te Deum* fut chanté, et suivi du défilé des troupes. Un buste de l'Empereur Napoléon fut inauguré, dans l'après-midi, au jardin Marengo; le soir, la ville était illuminée en signe de réjouissance.

L'année 1853 ne fut pas moins remarquable que la précédente par l'ordre qui régna partout, et que troublèrent à peine quelques insurrections promptement réprimées. Aussi vit-on se développer dans les diverses provinces les institutions de la paix, et, dès le mois de janvier, le *Moniteur* signalait à l'attention publique le service de la vaccination, les bureaux de bienfaisance, la maison de la Sainte-Enfance de Kouba, et les salles d'asile, dont les Arabes appréciaient de plus en plus les bienfaits.

On eut, à la date du 13 février, des nouvelles d'Abd-el-Kader, qui avait quitté la France sur le *Labrador*. L'émir était arrivé le 17 janvier à Brousse, où sa famille et ses deux enfants l'avaient rejoint le lendemain. Tous paraissaient enchantés de la ville. Le gouverneur leur avait fait un accueil plein de distinction, et le sultan avait affecté à leur logement une des maisons les plus belles : l'ameublement et l'installation de cette maison en furent aussitôt complétés par les soins du gouvernement français.

A l'occasion du mariage de l'Empereur, le gouverneur-général de l'Algérie, le maréchal Randon, donna une fête qui présentait un caractère particulier de grâce et de splendeur. La population indigène ne fut pas oubliée, et l'on vit se produire une innovation sans exemple jusqu'alors. Obéissant à l'appel de madame la comtesse Randon, qui, plus d'une fois, avait fait pénétrer dans leur demeure les séductions de sa bonté, nombre de femmes arabes étaient venues assister à cette fête. Elles n'avaient point un air de mystère dont les mœurs africaines leur font une loi; une pièce à part était réservée pour elles. De riches tapis, des tapis somptueux avaient été disposés pour leur servir de siéges, et l'hospitalité française, adoptant la tradition arabe, offrait à chacune d'elles des présents.

Deux cavaliers protégeaient cette assemblée invisible. La chambre livrée par madame la comtesse Randon à ses hôtesses musulmanes donnait sur une galerie fermée par de longs rideaux. C'est de là que ces spectatrices voilées jetaient des regards furtifs sur cette fête qui était pour elles comme l'apparition d'un monde entrevu dans leurs songes. A minuit, les silencieuses invitées se retirèrent en se glissant le long des murs comme des ombres, emportant des souvenirs qui furent pendant longtemps le sujet de leurs discours et la préoccupation de leur esprit. Cette présence de femmes musulmanes à une fête française était un événement. L'union complète entre les deux races européenne et indigène commençait à devenir un fait sinon accompli, du moins ayant sa place marquée dans l'avenir.

Au mois de mai, le maréchal Randon entreprit une de ces expéditions qu'il devait renouveler pendant plusieurs années et qui furent si utiles à notre occupation. Les deux divisions du corps expéditionnaire, commandées l'une par le maréchal lui-même, l'autre par le maréchal de Mac-Mahon, eurent à opérer sur chacune des rives de l'Oud-Agrioun, et elles parvinrent promptement, à la suite de brillants combats, à assurer l'entière soumission des Kabyles de la chaîne des Babors. Le gouverneur-général donna aussitôt une organisation aux populations du massif, et il la consacra le 5 juin par l'investiture solennelle des chefs qui devaient les gouverner. Il quitta cette contrée, en y laissant les idées d'obéissance et le germe de bonnes relations futures.

Le 10 juin, les deux divisions se remirent en marche, et le maréchal eut le plaisir de voir se soumettre sans résistance plusieurs tribus qui paraissaient d'abord décidées à soutenir la lutte. Cette heureuse circonstance lui permit d'adjoindre à ses troupes de nombreux indigènes, qui les aidèrent à ouvrir de grandes voies de communication de Djijelli à Constantine et à Ksiba. Les travaux cessèrent à la mi-juillet, et nos soldats regagnèrent leurs cantonnements. Vers la fin d'octobre, une certaine agitation se manifesta de nouveau dans une partie du cercle de Djijelli; elle fut vite arrêtée par le général de Mac-Mahon. Dans la province d'Oran, des goums, sous les ordres du capitaine Lacretelle, châtièrent aussi une tribu dont il importait de réprimer l'audace. La prise d'Ouergla, au mois de décembre, termina glorieusement la campagne de 1853, l'une des plus remarquables sans contredit, non par les combats livrés, mais par l'ensemble avec lequel elle avait été dirigée à travers des espaces immenses, où il ne semblait pas que le drapeau de la France pût se montrer.

Le gouverneur-général se rendit à Laghouat au commencement de février 1854. Le lendemain de son arrivée, le 9 il se porta à la rencontre des colonnes Niqueux et du Barail, qui allaient faire leur entrée dans cette ville, et il les félicita de leur admirable tenue après la longue et glorieuse expédition à laquelle elles venaient de prendre une part si glorieuse. Le maréchal reçut ensuite les députations venues des points les plus éloignés pour reconnaître l'autorité de la France, et, après avoir procédé solennellement à l'investiture de nos agents dans les contrées nouvellement soumises, il reprit la route d'Alger, en passant par Boghar.

Les hostilités recommencèrent au mois de juin dans la

grande Kabylie. Les troupes expéditionnaires livrèrent différents combats, chez les Beni-Hidjers, le 30 juin, le 1er et le 2 juillet, et, aussitôt après, le maréchal reçut à son camp dés députations de la tribu, qui le supplièrent de suspendre l'œuvre de destruction jusqu'à ce qu'ils eussent réuni les principaux habitants pour se soumettre ; le 5, des otages lui furent remis, et il régla définitivement les conditions de la paix. Les bataillons des divisions d'Alger et de Constantine, qui avait conquis le droit de jouir de quelque repos, furent renvoyés sans retard dans leurs provinces respectives, puis le maréchal rentra à Alger. Le reste de l'année se passa sans qu'il arrivât rien de très remarquable. A la fin de décembre, notre attitude dans le sud était excellente; jamais nous n'avions dominé dans de pareilles conditions jusqu'aux limites méridionales indiquées par la nature pour notre Algérie.

Le moment était venu d'opérer la transition entre le régime militaire qui suit immédiatement la conquête par l'épée, et l'organisation municipale, qui devait former le couronnement de l'installation européenne sur une terre définitivement conquise par le travail. De là l'institution des commissariats civils. L'extension incessante des établissements et des intérêts coloniaux en Algérie semblait appeler un certain nombre de localités de la zone militaire à revendiquer le bénéfice de cette institution. Toutefois, le gouvernement, se-faisant une loi d'agir en pareil cas avec beaucoup de circonspection, n'ajouta, au mois d'avril 1855, que deux nouveaux commissariats civils à ceux qui existaient déjà, l'un à Marengo, dans la province d'Alger, l'autre à Saint-Denis-du-Sig, dans celle d'Oran. Les administrateurs de ces districts seraient, jusqu'à nouvel ordre, investis des fonctions attribuées aux juges de paix. C'était là un germe précieux qu'il appartenait à l'avenir de faire éclore. La colonisation, on le voit, si lente à son début, précipitait maintenant sa marche; il ne fallait plus, pour lui imprimer un essor décisif, que des routes et des chemins de fer. Le nombre toujours croissant des usines établies sur des cours d'eau attestait, d'autre part, le développement régulier que l'industrie et principalement l'agriculture commençaient à prendre.

CHAPITRE X. (1856—1865.)

Nouvelle expédition dans la Kabylie. — Décrets divers. — Création d'un collége arabe-français. — Soumission de la Kabylie. — Création du ministère de l'Algérie et des colonies. — Nombreux décrets. — M. de Chasseloup-Laubat, ministre de l'Algérie et des colonies; le général de Martimprey, commandant des forces. — Grands travaux. — Abd-el-Kader promu au grade de grand'croix. — L'Empereur et l'Impératrice à Alger. — Rétablissement du gouvernement général. — Organisation nouvelle. — Lettre de l'Empereur au duc de Malakoff. — Nouvelles insurrections.

Une nouvelle expédition fut faite en 1856 dans la Kabylie. Au mois de septembre, les généraux Yousouf et Gastu livrèrent différents combats qui leur permirent d'occuper des hauteurs où jamais une colonne française n'avait paru. Le maréchal Randon les rejoignit bientôt et fut témoin une fois de plus de la valeur de nos soldats. Les Beni-Bou-Abbou se croyaient inaccessibles dans leurs villages, assis sur des pitons rocheux et escarpés; ils étaient fortifiés par des abattis d'arbres et avaient crénelé leurs maisons. Il était nécessaire de les châtier immédiatement. Le 30 septembre au matin, plusieurs bataillons enlevèrent les crètes, puis les zouaves arrivèrent à l'un des villages sous la protection du feu de l'artillerie. Il leur fallut déloger à la baïonnette les Kabyles, qui les attendaient derrière leurs retranchements. L'ennemi fut également contraint de fuir sur d'autres points; quelques jours après, grâce à la vigueur et à l'intelligence du général Renault, le pavillon français flottait aussi sur la cîme voisine du Djurjura, où se trouvait huché le puissant village des Beni-Djéma. Dans le même temps, le colonel Dargent comprimait par un hardi coup de main, dans la subdivision d'Aumale, un mouvement insurrectionnel.

Des irruptions à main armée sur notre territoire par des

tribus marocaines exigeaient une répression. Au commencement de novembre, le général de Beaufort, commandant la subdivision de Tlemcen, marcha sur ces tribus et fit cesser pour un temps leurs attaques. Mais l'on devait s'attendre à voir se renouveler de pareilles agressions et se tenir prêt à les repousser.

Trois décrets parurent le 30 décembre, qui constataient un grand progrès dans la nature des intérêts civils en Algérie. Le premier, en modifiant un certain nombre de circonscriptions administratives et communales, satisfaisait à des besoins qui se faisaient depuis longtemps sentir; le second avait pour objet de supprimer trois anciens commissariats civils dans des districts où cette institution, essentiellement transitoire, avait cessé d'être nécessaire; le troisième enfin créait dans la zone civile vingt-huit communes nouvelles, entre lesquelles se répartissait une population de plus de trente-huit mille habitants. Ce mouvement progressif n'était pas arrivé à son terme; d'autres mesures devaient bientôt compléter celles que venait de provoquer le maréchal Vaillant, ministre de la guerre.

L'un des moyens les plus propres à assurer notre influence sur la race arabe et à la diriger dans la voie qui convenait à nos intérêts, était, sans contredit, l'instruction, qui, en développant l'intelligence, devait avoir pour effet d'abaisser les barrières élevées par la différence des mœurs et des croyances. L'Empereur avait déjà posé en 1850 les bases de l'instruction primaire en Algérie; un décret du 30 septembre de la même année avait réglementé l'enseignement arabe supérieur donné par des maîtres arabes; un autre décret, du 30 mars 1857, institua un collége arabe-français, qui fut placé dans les attributions du ministre de la guerre. Les mesures adoptées pour ménager les susceptibilités religieuses des familles devaient permettre aux élèves de rentrer un jour dans leur tribu sans éveiller des défiances contre l'éducation qu'ils auraient reçue, et ils deviendraient les propagateurs de cette tolérance religieuse, condition essentielle de la complète pacification du pays.

Les hostilités recommencèrent au printemps. Le maréchal Randon se rendit, comme chaque année, dans la Kabylie, et quand il eut réuni les divisions de Mac-Mahon, Yousouf et Renault, il adressa aux troupes l'ordre du jour suivant :

« ORDRE GÉNÉRAL.

» Au quartier-général du camp de Damès, le 20 mai 1857.

» Soldats, je vous disais naguère : *Au printemps prochain, nous reviendrons poursuivre notre œuvre.* La volonté de l'Empereur et les instructions du ministre m'ont permis de tenir ma promesse.

» Demain matin, nous attaquons la plus puissante tribu de la Kabylie; elle se défendra bravement, j'y compte. Votre gloire en sera plus grande. Des chefs habiles vous commandent; le succès n'est pas douteux. Obstacles, dangers, fatigues, tout s'effacera devant votre valeur.

» Marchez, et bientôt notre cri de victoire : *Vive l'Empereur !* retentira sur le sommet des montagnes.

» Le maréchal gouverneur-général,

» RANDON. »

Le maréchal ne se trompait pas. Nos soldats rencontrèrent une vigoureuse résistance quand ils vinrent aux mains, le 24, avec les hommes de cette tribu, et, la nuit suivante, les Kabyles se jetèrent, mais inutilement, sur nos avant-postes, qui avaient été solidement retranchés. Le feu recommença dans la matinée du 25; mais repoussé bientôt à la baïonnette, l'ennemi envoya faire des ouvertures de soumission et demander une trève de vingt-quatre heures, qui lui fut accordée. Le lendemain, plusieurs tribus acceptaient les conditions que le gouverneur-général crut devoir leur imposer; d'autres paraissaient disposées à suivre leur exemple. Les otages furent dirigés sur le poste de Tzi-Ouzou, d'où ils seraient ensuite conduits à Alger. Le général de Chabaud-la-Tour reçut l'ordre d'étudier l'emplacement du poste militaire, qui devait nous assurer la possession et la domination de ces montagnes, et de nombreux travailleurs, fournis par les troupes des trois divisions, se mirent à réparer les chemins des Arabes, afin d'assurer la circulation facile des convois de ravitaillement.

Le corps expéditionnaire remporta de nouveaux succès dans les premiers jours de juillet. Le combat du 11, notamment, lui fit le plus grand honneur; à sept heures du matin, l'ennemi était chassé de toutes ses positions, et les Kabyles, comprenant que les difficultés de terrain sur lesquelles ils avaient compté étaient impuissantes devant l'ardeur de nos troupes, demandèrent à se soumettre. Les colonnes avaient accompli leur mission dans le rayon qu'elles avaient à parcourir; les troupes purent rentrer dans leurs garnisons respectives. La campagne était close et la Kabylie soumise.

Le camp de Tamesguida fut levé le 14. Le maréchal se dirigea vers Alger. Il traversa à cheval toute cette Kabylie du Djurjura naguère en armes, précédé d'une compagnie de chasseurs d'Afrique et suivi de son seul état-major. Sur toute la route jusqu'au fort Napoléon, les Kabyles, attirés par le bruit des chevaux, sortaient de chaque village. Leur attitude ne trahissait le plus souvent qu'un empressement curieux, sans amitié comme sans crainte. Les hommes et les enfants se rangeaient en haie à l'entrée de leurs bourgades; çà et là, dans l'ombre d'une porte demi-close, quelques têtes de femmes, aux cheveux en désordre, apparaissaient demi-effarées, demi-curieuses : tous suivaient longtemps des yeux, en silence, le convoi qui s'éloignait. Du fort Napoléon, le gouverneur gagna Dellys, et là il s'embarqua pour Alger sur le *Cacique*, avec ceux qui devaient y retourner.

Un beau fait militaire, fécond en résultats utiles, venait d'être accompli : en deux mois, sans effusion considérable de sang humain, sans dépenses exagérées, sans perturbation dans la colonie, une expédition avait été faite, victorieuse constamment. Du nord au sud, depuis la Méditerranée jusque dans le désert même, de l'est à l'ouest, depuis la régence de Tunis jusqu'aux frontières du Maroc, il n'était plus désormais une seule tribu arabe ou kabyle qui fût en-dehors de notre domination. Et cette pacification profonde, selon la judicieuse remarque de M. Emile Carrey, était l'une des gloires les plus pures de notre civilisation : car notre administration, non moins que la force de nos armes, avait obtenu ce succès. La conquête était terminée; la colonisation allait maintenant se développer, appuyée par les garnisons de la métropole : un large horizon s'ouvrait pour l'Afrique française.

Dans le but de favoriser autant que possible la prospérité du vaste territoire placé sous notre autorité à la suite de tant d'années de luttes, l'Empereur, par un décret du 24 juin 1858, créa un ministère de l'Algérie et des colonies et en chargea le prince Napoléon. Des modifications furent aussitôt apportées dans l'organisation des pouvoirs publics, et le plus important de ces changements fut la suppression des pouvoirs dévolus jusque-là au gouverneur. Les hautes fonctions de gouverneur-général furent réparties, par une sage décentralisation, entre le nouveau ministre et les autorités locales. Le général de division de Mac-Mahon reçut le commandement des forces de terre et de mer employées dans notre colonie. D'autres décrets suivirent, qui instituèrent une cour d'appel à Alger et pourvurent à la nomination d'un grand nombre de fonctionnaires de l'ordre civil.

La guerre d'Italie n'empêcha pas le gouvernement impérial de s'occuper des affaires de l'Algérie, et l'on ne saurait signaler ici toutes les mesures prises en 1859 pour mener à bonne fin l'œuvre entreprise avec tant de succès par le maréchal Randon. L'élément civil prenait peu à peu le dessus.

Au moment où nos soldats allaient franchir les Alpes et se mesurer avec les Autrichiens, le général de Mac-Mahon, appelé par l'Empereur au commandement d'un corps d'armée, avait été remplacé en Afrique par le général de division Guesviller; le 17 août 1859, le commandant supérieur des troupes de terre et de mer en Algérie fut confié au général de Martinprey. Ce fut sur son avis que le successeur du prince Napoléon au nouveau ministère, le comte de Chasse-loup-Laubat fit adopter par l'Empereur le projet de décret qui fixait d'une manière précise les attributions des diverses autorités appelées à concourir à la formation de la milice. Ce décret assura la marche régulière du service, et la milice algérienne, qui put alors réunir un effectif de plus de vingt-cinq mille hommes, continua à remplir dignement son importante mission.

Alors qu'une vive impulsion était donnée à tous les travaux publics en France, le gouvernement ne pouvait oublier que, de l'autre côté de la Méditerranée, il y avait aussi une autre France qui grandissait au prix d'incessants efforts et mettait dans le souverain toute sa confiance. L'Empereur ne voulut pas que l'Algérie restât étrangère au grand mouvement et aux progrès qui se préparaient, et, au mois de février 1860, il prescrivit au compte de Chasseloup-Laubat de lui désigner les travaux qui pourraient être compris dans un budget extraordinaire. Le ministre demanda que les cinq millions de crédit qui devaient être notés pour notre colonie fussent consacrés aux ports d'Alger, d'Oran et de Philippeville, ainsi qu'à l'achèvement de différentes routes, à de nouveaux forages, à l'établissement de phares, à des travaux de dessèchement, enfin à la construction de la douane et du lycée d'Alger. Les vœux de M. de Chasseloup-Laubat furent accomplis. Après l'œuvre de la conquête, celle de la pacification faisait peu à peu des progrès.

Tout le monde se rappelle la belle conduite que tint Abd-el-Kader à Damas, au milieu des événements qui firent couler dans cette ville, au commencement de juillet, le sang des chrétiens. L'Empereur, pour reconnaître les services rendus par l'émir dans cette triste circonstance, l'éleva, le 5 août, à la dignité de grand'croix de l'ordre de la Légion-d'Honneur. La France entière applaudit à une distinction si justement méritée.

L'Empereur tenait à visiter Alger. Il fit ce voyage avec l'Impératrice, et arriva dans cette ville le 17 septembre ; il débarqua au milieu du bruit des salves des forts et des bâtiments mouillés en rade. Leurs Majestés se rendirent à la cathédrale, et trouvèrent sur le parcours des escadrons de spahis ainsi que tous les aghas et les caïds à la tête de leurs goums. A midi, le bey de Tunis arriva en rade; il fut reçu par l'Empereur et l'Impératrice.

Le lendemain matin, l'Empereur et l'Impératrice posèrent la première pierre du magnifique boulevard qui allait longer la mer, sous le nom de boulevard de l'Impératrice. La bénédiction fut donnée par monseigneur Pavy, assisté de son clergé, en présence d'une immense population française et indigène.

Dans la journée, Leurs Majestés se rendirent sur l'Arach, à l'entrée de la plaine de la Métidja, pour assister à la plus grande fête arabe qui puisse être donnée.

Sous l'habile et ingénieuse direction du général Yousouf, des contingents de fantassins kabyles et de cavaliers des trois provinces, tous les aghas et caïds en tête, avaient été réunis pour venir rendre hommage à l'Empereur. Après un simulacre de combat de tribu à tribu, et une fantasia de neuf à dix mille cavaliers se précipitant au triple galop et déchargeant leurs armes devant Leurs Majestés; après une charge magnifique de douze escadrons de spahis, traversant la plaine comme un ouragan; après des joutes, des chasses à la gazelle, à l'autruche et au faucon; après le défilé des Touaregs, à la face voilée, montés sur leurs chameaux, et des Chambaa, habitants des profondeurs du désert, convoyeurs futurs de notre commerce avec le Soudan; après enfin le spectacle le plus splendide qui puisse se présenter sur la terre d'Afrique, tous les goums, formant une large ligne de bataille, se rapprochèrent majestueusement, fusil haut, bannières déployées, de l'éminence sur laquelle était dressée la tente de l'Empereur.

Alors les chefs, aux burnous éclatants, mirent pied à terre, et vinrent, tous ensemble, présenter le cheval de *Guada*, entièrement caparaçonné d'or, et faire acte de soumission au souverain de la France. A ce moment, rendu solennel par la grandeur du théâtre, et par l'aspect guerrier de ces ennemis d'hier dont la longue résistance avait glorifié nos armes, l'Empereur ne put se défendre d'une émotion visible.

Le 19, l'Empereur assista à un banquet qui lui était offert par la ville. Voici en quels termes il répondit au discours que lui adressa le président du conseil général d'Alger :

« Ma première pensée, en mettant le pied sur le sol africain, se porte vers l'armée, dont le courage et la persévérance ont accompli la conquête de ce vaste territoire.

» Mais le Dieu des armées n'envoie aux peuples le fléau de la guerre que comme châtiment ou comme rédemption. Dans nos mains, la conquête ne peut être qu'une rédemption, et notre premier devoir est de nous occuper du bonheur des trois millions d'Arabes que le sort des armes a fait passer sous notre domination.

» La Providence nous a appelé à répandre sur cette terre les bienfaits de la civilisation. Or, qu'est-ce que la civilisation? c'est de compter le bien-être pour quelque chose, la vie de l'homme pour beaucoup, son perfectionnement moral comme le plus grand bien. Ainsi élever les Arabes à la dignité d'hommes libres, répandre sur eux l'instruction, tout en respectant leur religion, améliorer leur existence en faisant sortir de cette terre tous les trésors que la Providence y a enfouis et qu'un mauvais gouvernement laisserait stériles, telle est notre mission; nous n'y faillirons pas.

» Quant à ces hardis colons qui sont venus implanter en Algérie le drapeau de la France, et, avec lui, tous les arts d'un peuple civilisé, ai-je besoin de dire que la protection de la métropole ne leur manquera jamais? Les institutions que je leur ai données, leur font déjà retrouver ici leur patrie tout entière, et, en persévérant dans cette voie, nous devons espérer que leur exemple sera suivi et que de nouvelles populations viendront se fixer sur ce sol à jamais français.

» La paix européenne permettra à la France de se montrer plus généreuse encore envers les colonies, et, si j'ai traversé la mer pour rester quelques instants parmi vous, c'est pour y laisser, comme traces de mon passage, la confiance dans l'avenir et une foi entière dans les destinées de la France, dont les efforts pour le bien de l'humanité sont toujours bénis par la Providence. Je porte un toast à la prospérité de l'Afrique. »

Leurs Majestés débarquèrent à Port-Vendres le 21 septembre, à six heures du soir, après une traversée contrariée par le gros temps; elles se mirent en route pour prendre le chemin de fer à Perpignan et se diriger vers Tarascon. Un grand malheur venait de frapper l'Impératrice; en mettant le pied en France, elle avait appris la mort de sa sœur, madame la duchesse d'Albe. Le lendemain, à six heures et quart, l'Empereur et l'Impératrice arrivèrent à Saint-Cloud. Une foule nombreuse les attendait à la grille du palais, témoignant par son pieux recueillement sa sympathie pour la douleur qui jetait tant de tristesse sur les derniers jours d'un voyage d'abord si brillant et si heureux.

Peu de temps après son retour, l'Empereur, par un décret du 24 novembre, rétablit le gouvernement général d'Algérie. Un autre décret du 10 décembre fixa la nouvelle organisation de notre colonie.

Le gouvernement et la haute administration de l'Algérie sont centralisés à Alger, sous l'autorité du gouverneur-général. Le gouverneur-général commande les forces de terre et de mer. La justice, l'instruction publique et les cultes rentrent dans les attributions des départements ministériels auxquels elles ressortissent en France. Auprès du gouverneur-général sont placés un conseil consultatif et un conseil plus nombreux, le conseil supérieur, qui règle le budget et s'occupe des affaires générales. Le maréchal Pélissier, duc de Malakoff, fut nommé gouverneur.

Si le gouvernement militaire était élevé au-dessus du gouvernement civil, il ne supprimait point celui-ci, confié à un directeur-général, vice-président du conseil supérieur. L'Algérie restait divisée en quatre territoires civils, dont l'administration est semblable à l'administration de nos départements, et en territoires militaires soumis à l'autorité de l'armée. Ces deux sortes de territoires existent dans les trois provinces d'Alger, d'Oran et de Constantine. Ces trois villes sont le chef-lieu de trois départements, à la tête desquels se trouvent les préfets assistés de conseils de préfecture. Il y a dans chaque province un conseil général, composé de douze membres au moins, nommés par l'Empereur. Les arrondissements et les communes sont constitués comme en France. L'organisation de la justice, de l'instruction publique, des cultes, ne diffère pas de l'organisation des mêmes services dans la métropole. Dans les territoires militaires, l'autorité appartient au commandant de la division assisté d'un conseil des affaires civiles. Une institution particulière à l'Algérie et qui a rendu les plus grands services, est celle des bureaux arabes. Ces bureaux, formés d'officiers familiarisés avec la langue et les idées des tribus, sont un intermédiaire intelligent ayant la mission d'éclairer l'administration supérieure en même temps qu'ils dirigent l'administration indigène : ils forment comme le lien des deux civilisations dont la réunion sera l'œuvre de nos colons.

Les années 1861 et 1862 ne présentèrent rien de particulièrement intéressant; à part un petit nombre de décrets et d'articles relatifs à l'industrie linière et à des concessions d'exploitation de forêts de chênes-liége, le *Moniteur universel* ne publia guère, durant cet intervalle, que des nominations de fonctionnaires dans l'ordre civil. La tranquillité régnait partout, et les institutions de la paix continuaient à prendre le développement désiré. Une seule chose, la question de la propriété, tenait encore les esprits inquiets : cette inquiétude fut bientôt calmée.

Le 6 février 1865, l'Empereur adresse la lettre suivante au maréchal duc de Malakoff :

« Monsieur le maréchal,

» Le sénat doit être saisi bientôt de l'examen de la constitution générale de l'Algérie; mais, sans attendre sa délibération, je crois de la plus haute importance de mettre un terme aux inquiétudes excitées par tant de discussions sur la propriété arabe. La bonne foi comme notre intérêt bien compris nous en font un devoir.

» Lorsque la Restauration fit la conquête d'Alger, elle promit aux Arabes de respecter leur religion et leurs propriétés. Cet engagement solennel existe toujours pour nous, et je tiens à honneur d'exécuter, comme je l'ai fait pour Abd-el-Kader, ce qu'il y avait de grand et de noble dans les promesses des gouvernements qui m'ont précédé.

» D'un autre côté, quand même la justice ne le commanderait pas, il me semble indispensable, pour le repos et la prospérité de l'Algérie, de consolider la propriété entre les mains de ceux qui la retiennent. Comment en effet compter sur la pacification d'un pays lorsque la presque totalité de la population est sans cesse inquiétée sur ce qu'elle possède? Comment développer sa prospérité lorsque la plus grande partie du territoire est frappée de discrédit par l'impossibilité de vendre et d'emprunter? Comment enfin augmenter les revenus de l'Etat lorsqu'on diminue sans cesse la valeur du fonds arabe qui seul paye l'impôt?

» Etablissons les faits : On compte en Algérie trois millions d'Arabes et deux cent mille Européens, dont cent vingt mille Français. Sur une superficie d'environ quatorze millions d'hectares, dont se compose le *Tell*, deux millions six cent quatre-vingt-dix mille hectares, dont huit cent mille de terres propres à la culture, et un million huit cent mille de forêts; enfin quatre cent vingt mille hectares ont été livrés à la colonisation européenne ; le reste consiste en lacs, rivières, terres de parcours et landes. Sur les quatre cent vingt mille hectares concédés aux colons, une grande partie a été soit revendue, soit louée aux Arabes par les concessionnaires, et le reste est loin d'être entièrement mis en rapport. Quoique les chiffres ne soient qu'approximatifs, il faut reconnaître que, malgré la louable énergie des colons et les progrès accomplis, le travail des Européens s'exerce encore sur une faible étendue, et que ce n'est certes pas le terrain qui manquera de longtemps à leur activité.

» En présence de ces résultats, on ne peut admettre qu'il y ait utilité à cantonner les indigènes, c'est-à-dire prendre une certaine portion de leurs terres pour accroître la part de la colonisation.

» Aussi est-ce d'un consentement unanime que le projet de cantonnement soumis au conseil d'Etat a été retiré. Aujourd'hui il faut faire davantage : convaincre les Arabes que nous ne sommes pas venus en Algérie pour les opprimer et les spolier, mais pour leur apporter les bienfaits de la civilisation. Or, la première condition d'une société civilisée, c'est le respect du droit de chacun.

» Le droit, m'objectera-t-on, n'est pas du côté des Arabes; le sultan était autrefois propriétaire de tout le territoire, et la conquête nous l'aurait transmis au même titre ! Eh quoi? l'Etat s'armerait des principes surannés du mahométisme pour dépouiller les anciens possesseurs du sol, et, sur une terre devenue française, il invoquerait les droits despotiques du Grand-Turc! Pareille prétention est exorbitante, et voulût-on s'en prévaloir, il faudrait refouler toute la population arabe dans le désert et lui infliger le sort des Indiens de l'Amérique du Nord, chose impossible et inhumaine.

» Cherchons donc par tous les moyens à nous concilier cette race intelligente, fière, guerrière et agricole. La loi de 1851 avait consacré les droits de propriété et de jouissance, existant au temps de la conquête; mais la jouissance, mal définie, était demeurée incertaine. Le moment est venu de sortir de cette situation précaire. Le territoire des tribus une fois reconnu, on le divisera par douars, ce qui permettra plus tard à l'initiative prudente de l'administration d'arriver à la propriété individuelle. Maîtres incommutables de leur sol, les indigènes pourront en disposer à leur gré, et de la multiplicité des transactions naîtront entre eux et les colons des rapports journaliers plus efficaces, pour les amener à notre civilisation, que toutes les mesures coërcitives.

» La terre d'Afrique est assez vaste; les ressources à y développer sont assez nombreuses pour que chacun puisse y trouver place et donner un libre essor à son activité suivant sa nature, ses mœurs et ses besoins.

6.

» Aux indigènes, l'élevage des chevaux et du bétail, les cultures naturelles du sol.

» A l'activité et à l'intelligence européennes, l'exploitation des forêts et des mines, les dessèchements, les irrigations, l'introduction des cultures perfectionnées, l'importation de ces industries qui précèdent et accompagnent toujours les progrès de l'agriculture.

» Au gouvernement local, le soin des intérêts généraux, le développement du bien-être moral par l'éducation, du bien-être matériel par les travaux publics. A lui le devoir de supprimer les réglementations inutiles et de laisser aux transactions la plus entière liberté. En outre, il favorisera les grandes associations de capitaux européens, en évitant désormais de se faire entrepreneur d'émigration et de colonisation, comme de soutenir péniblement des individus sans ressources, attirés par des concessions gratuites.

» Voilà, monsieur le maréchal, la voie à suivre résolument, car, je le répète, l'Algérie n'est pas une colonie proprement dite, mais un royaume arabe. Les indigènes ont, comme les colons, un droit égal à ma protection, et je suis aussi bien l'Empereur des Arabes que l'Empereur des Français.

» Ces idées sont les vôtres, elles sont aussi celles du ministre de la guerre et de tous ceux qui, après avoir combattu dans ce pays, allient à une pleine confiance dans son avenir une vive sympathie pour les Arabes. J'ai chargé le maréchal Randon de préparer un projet de sénatus-consulte dont l'article principal sera de *rendre les tribus ou fractions de tribus propriétaires incommutables des territoires qu'elles occupent à demeure fixe, et dont elles ont la jouissance traditionnelle à quelque titre que ce soit.*

» Cette mesure, qui n'aura aucun effet rétroactif, n'empêchera aucun des travaux d'intérêt général, puisqu'elle n'infirmera en rien l'application de la loi sur l'expropriation pour cause d'utilité publique; je vous prie donc de m'envoyer tous les documents statistiques qui peuvent éclairer la discussion du Sénat.

» Sur ce, monsieur le maréchal, je prie Dieu qu'il vous ait en sa sainte garde.

» NAPOLÉON. »

Un sénatus-consulte conforme au désir de l'Empereur fut délibéré et voté au palais du Sénat, le 16 avril suivant, et inséré le 25 au *Moniteur*. Depuis ce jour, les tribus de l'Algérie sont propriétaires des territoires dont elles ont la jouissance permanente et traditionnelle.

Bien que la tranquillité ne fût pas depuis longtemps troublée, certaines tribus s'habituaient difficilement à l'obéissance, et il y avait lieu de temps en temps d'arrêter çà et là des tentatives de rébellion. Dans un mouvement qu'il fit vers Laghouat, à la fin du mois de mai 1864, le général Yousouf eut à repousser une attaque de la part des contingents du Djebel-Amour; nos soldats se conduisirent de façon à rendre inutiles les efforts de l'ennemi. Les Arabes demandèrent grâce à mains jointes, et il leur fut permis de rentrer dans leurs localités. Les généraux Deligny, Rose et Liébert achevèrent facilement de pacifier le pays qu'ils avaient mission de parcourir avec leurs colonnes. A la date du 21 mai, les populations insurgées du sud de la province d'Oran avaient presque toutes renoncé à la lutte armée. La situation de la province de Constantine continuait d'être satisfaisante. Le 27 juin, le général de Martinprey, gouverneur-général par intérim, put annoncer au ministre de la guerre que les tribus des Flittas, restées en état de révolte, s'étaient aussi rendues à merci.

Cette insurrection avait été causée, en partie, par l'espoir qu'avaient les indigènes de surprendre une autorité qu'ils voyaient divisée dans son action. Un décret du 7 juillet remédia au mal en subordonnant les préfets aux commandants des divisions, et en rendant à ceux-ci l'administration des indigènes établis en-dehors des circonscriptions communales.

Les mois suivants, nos colonnes poursuivirent leur marche à travers les contrées où il y avait encore de l'agitation;

elles parvinrent à désarmer un grand nombre de rebelles. La confiance reparut dans le Tell, et l'on se disposa, dans le sud, à porter aux débris de l'insurrection des coups décisifs.

CHAPITRE XI. (1865—1869.)

L'Empereur en Algérie. — Décret favorable aux populations indigènes. — Invasion de sauterelles. — Révision de la loi relative à l'organisation des tribunaux musulmans. — Mauvaise récolte ; secours accordés. — Organisation des communes mixtes et des communes divisionnaires. — Adjoints, gardes-champêtres. — Session du conseil supérieur.

Au mois de janvier 1865, le ministre de la guerre reçut du maréchal de Mac-Mahon, appelé de nouveau aux fonctions de gouverneur-général de l'Algérie, des dépêches datées du 2, d'après lesquelles la situation du sud de la province d'Oran était toujours satisfaisante. Des lettres venues de Laghouat et des Ouled-sidi-Cheik faisaient présager une solution prochaine.

L'Empereur voulut faire un second voyage en Afrique et visiter, cette fois, d'autres villes que la capitale de notre colonie. Il partit le 30 avril, et, après s'être arrêté à Lyon et à Marseille, il fit voile vers Alger ; le 1er mai, à huit heures du soir, l'escadre cuirassée, sous les ordres du vice-amiral comte Bouët-Willaumez, accompagnait le yacht l'*Aigle*. Le lendemain, à Palma, sur la sollicitation pressante des autorités civiles et militaires, l'Empereur descendit à terre et visita la cathédrale. Le 3 mai, à cinq heures du matin, il entra dans le port d'Alger, après une belle traversée, malgré une brise forte ; il débarqua à huit heures, et fut reçu par le maire, le conseil municipal et le corps consulaire. Après avoir passé en revue les principaux chefs de la province, ainsi que les élèves indigènes du collège arabe et ceux du lycée, Sa Majesté se rendit à la cathédrale et fut complimentée par monseigneur Pavy. Arrivée à la résidence du gouvernement, Elle reçut les autorités et monseigneur l'évêque à la tête d'un nombreux clergé. L'affluence était nombreuse sur tout le parcours. Dans la journée, l'Empereur fit une promenade dans les environs de la ville, et, en rentrant, il fut l'objet d'une ovation; le soir, il parut sur la place du Gouvernement, qui était brillamment illuminée : la foule l'accueillit par des vivats répétés. Voici la proclamation qu'il adressa aux habitants de l'Algérie :

« Alger, 3 mai.

» Je viens au milieu de vous pour connaître par moi-même vos intérêts, seconder vos efforts, vous assurer que la protection de la métropole ne vous manquera pas.

» Vous luttez avec énergie depuis longtemps entre deux obstacles redoutables : une nature vierge et un peuple guerrier; mais de meilleurs jours s'annoncent. D'un côté, des sociétés particulières vont, par leur industrie et leurs capitaux, développer les richesses du sol, et, de l'autre, les Arabes, contenus et éclairés sur nos intentions bienveillantes, ne pourront plus troubler la tranquillité du pays.

» Ayez donc foi dans l'avenir; attachez-vous à la terre que vous cultivez, comme à une nouvelle patrie, et traitez les Arabes au milieu desquels vous devez vivre comme des compatriotes.

» Nous devons être les maîtres, parce que nous sommes les plus civilisés; nous devons être généreux, parce que nous sommes les plus forts. Justifions enfin, sans cesse, l'acte glorieux de l'un de mes prédécesseurs qui, faisant planter, il y a trente-cinq ans, sur la terre d'Afrique, le drapeau de la France et la croix, y arborait à la fois le signe de la civilisation, le symbole de la paix et de la charité. »

L'Empereur se rendit le 6 à Bouffarik pour assister au comice de Blidah; il allait commencer ses excursions dans l'intérieur. Le 8, il était à Milianah, et l'accueil le plus chaleureux lui avait été fait partout sur son passage. Le 9, Sa Majesté adressa aussi au peuple arabe une proclamation dans laquelle il s'exprimait ainsi :

« Lorsqu'il y a trente-cinq ans, la France a mis le pied sur le sol africain, elle n'est pas venue détruire la nationalité d'un peuple, mais, au contraire, affranchir ce peuple d'une oppression séculaire ; elle a remplacé la domination turque par un gouvernement plus doux, plus juste, plus éclairé. Néanmoins, pendant les premières années, impatients de toute suprématie étrangère, vous avez combattu vos libérateurs.

» Loin de moi la pensée de vous en faire un crime ; j'honore, au contraire, le sentiment de dignité guerrière qui vous a portés, avant de vous soumettre, à invoquer par les armes le *jugement de Dieu.* Mais Dieu a prononcé ; reconnaissez donc les décrets de la Providence, qui, dans ses desseins mystérieux, nous conduit souvent au bien en trompant nos espérances et faisant échouer nos efforts.

» Comme vous, il y a vingt siècles, nos ancêtres aussi ont résisté avec courage à une invasion étrangère, et, cependant, de leur défaite date leur régénération. Les Gaulois vaincus se sont assimilés aux Romains vainqueurs, et de l'union forcée entre les vertus contraires de deux civilisations opposées est née, avec le temps, cette nationalité française qui, à son tour, a répandu ses idées dans le monde entier. Qui sait si un jour ne viendra pas où la race arabe, régénérée et confondue avec la race française, ne retrouvera pas une puissante individualité, semblable à celle qui, pendant des siècles, l'a rendue maîtresse des rivages méridionaux de la Méditerranée ?

» Acceptez donc les faits accomplis. Votre prophète le dit. *Dieu donne le pouvoir à qui il veut.* (Chapitre II, verset 248.) Or, ce pouvoir que je tiens de lui, je veux l'exercer dans votre intérêt et pour votre bien.

» Vous connaissez mes intentions ; j'ai irrévocablement assuré dans vos mains la propriété des terres que vous occupez ; j'ai honoré vos chefs, respecté votre religion ; je veux augmenter votre bien-être, vous faire participer de plus en plus à l'administration de votre pays comme aux bienfaits de la civilisation ; mais c'est à la condition que, de votre côté,

vous respecterez ceux qui représentent mon autorité. Dites
à vos frères égarés que tenter de nouvelles insurrections
serait fatal pour eux. Deux millions d'Arabes ne sauraient
résister à quarante millions de Français. Une lutte d'un contre vingt est insensée ! Vous m'avez d'ailleurs prêté serment,
et votre conscience, comme votre livre sacré, vous obligent
à garder religieusement vos engagements. (Chap. VIII, *du
Repentir*, verset 4.)

» Je remercie la grande majorité d'entre vous dont la fidélité n'a pas été ébranlée par les conseils perfides du fanatisme
et de l'ignorance. Vous avez compris qu'étant votre Souverain, je suis votre protecteur; tous ceux qui vivent sous nos
lois ont également droit à ma sollicitude. Déjà de grands souvenirs et de puissants intérêts vous unissent à la mère-patrie;
depuis dix ans, vous avez partagé la gloire de nos armes et
vos fils ont dignement combattu à côté des nôtres en
Crimée, en Italie, en Chine, au Mexique. Le liens formés sur
le champ de bataille sont indissolubles, et vous avez appris à connaître ce que nous valons comme amis ou comme
ennemis.

» Ayez donc confiance dans vos destinées, puisqu'elles sont
unies à celles de la France, et reconnaissez avec le Coran
que *celui que Dieu dirige est bien dirigé.* (Chap. VII, *El-Araf*,
verset 177.)

> » Alger, le 5 mai 1865.

> » NAPOLÉON. »

L'Empereur acheva de visiter, le 10, ce que la ville
d'Alger renferme de curieux et d'utile; il reçut un grand
nombre de personnes qui lui avaient demandé audience.
Le 11, il partit pour Medéah et s'arrêta, en passant, à
Blidah. En traversant les gorges de la Chiffa, Sa Majesté ne
cessa d'admirer le magnifique travail de cette route taillée
dans le roc et exécutée par le capitaine du génie Bouteilloux.
Cette route, pour sa hardiesse et les difficultés vaincues, n'a
pas de rivale en Europe.

L'Empereur quitta Alger le 13, à sept heures du soir, pour

se rendre à Oran, et il y arriva le lendemain, à deux heures. Une réception magnifique lui fut faite dans ce port. Le comice agricole avait réuni les échantillons des produits divers de la culture industrielle, afin de bien marquer les progrès accomplis; il descendit de voiture et félicita le président. Le 15, Sa Majesté fit une longue excursion dans la plaine, couverte maintenant de cultures, de vignes et de moissons. Le 16, elle devait partir pour Sidi-bel-Abbès, avec l'intention de voir, à vingt lieues de cette ville, les travaux du barrage commencé sur le Sig, et de ne revenir que le 18 à Oran; mais le mauvais temps l'empêcha de réaliser ce projet, qui ne fut mis à exécution que le 20. Dans l'intervalle, l'Empereur visita le fort et la baie de Mers-el-Kébir : l'escadre opéra sous ses yeux le simulacre d'un débarquement, et les troupes envoyées à terre couronnèrent les hauteurs voisines avec des obusiers de montagne.

Les villes de Mostaganem, et le fort Napoléon, dans la grande Kabylie, furent également visités par le prince, ainsi que Philippeville, Constantine, Batna, Biskra, Lambessa, Bone et Bougie.

De Bougie, l'Empereur adressa à l'armée d'Afrique une proclamation conçue en ces termes :

« Soldats de l'armée d'Afrique,

» Je veux, avant de retourner en France, vous remercier de vos travaux et de vos fatigues. En visitant ces lieux, paisibles aujourd'hui, mais témoins depuis trente-cinq ans de luttes héroïques, j'ai ressenti une vive émotion sur cette terre conquise par vos devanciers et par vous, où se sont formés ces généraux illustres et ces soldats intrépides qui ont porté nos aigles glorieuses dans toutes les parties du monde. L'Afrique a été une grande école pour l'éducation du soldat. Il y a acquis ces mâles vertus qui sont la gloire des armes et font les plus fermes appuis d'un empire, en apprenant à affronter le danger, à supporter les privations, à mettre l'honneur et le devoir au-dessus de toutes les jouissances matérielles. Il a senti son âme s'ouvrir à tous les nobles sentiments. Aussi, jamais dans nos rangs la colère n'a survécu à la lutte. Parmi vous, aucune haine contre l'ennemi vaincu, aucun désir de s'enrichir de ses dépouilles. Vous êtes les premiers à tendre aux Arabes égarés une main amie et à vouloir qu'ils soient traités avec générosité et justice, comme faisant partie désormais de la grande famille française.

» Honneur soit donc rendu à ceux qui ont versé leur sang sur cette terre, dont la possession depuis tant de siècles a été disputée par tant de races différentes!

» Soldats de Staouëli, de Mouzaïa, de Constantine, de Mazagran, d'Isly, de Zaatcha, comme vous tous qui venez de combattre dans les plaines arides du désert, ou sur les cimes presque inaccessibles de la Kabylie, vous avez bien mérité de la patrie, et par ma voix la France vous remercie.

» Fait à Constantine, le 6 juin 1865.

» NAPOLÉON. »

L'Empereur était arrivé, le 7, dans ce port, où il devait s'embarquer. Le soir, à cinq heures, après quarante jours d'absence, le cœur plein de souvenirs et d'émotions, il quitta l'Algérie pour regagner la France. Sa rentrée à Paris, le 10, fut une véritable ovation, et ce fut au milieu des flots d'une population enthousiaste qu'il se rendit aux Tuileries.

Un décret parut le 21 avril 1866, qui admettait les troupes indigènes d'Algérie à faire partie de l'armée française. Le même décret portait que tout indigène musulman ou israélite, s'il réunissait les conditions d'âge et d'aptitude déterminés par les règlements français spéciaux à chaque service, pouvait être appelé, en Algérie, à certaines fonctions et à certains emplois de l'ordre civil désignés dans un tableau publié à la suite. C'était là une preuve nouvelle de l'intérêt que portait l'Empereur aux populations d'Afrique et de son vif désir de les attacher à la France par des bienfaits.

Vers cette époque, l'Algérie eut à lutter contre un fléau qui désola les populations agricoles des trois provinces.

D'épaisses colonnes de sauterelles, venues des profondeurs du sud, s'abattirent dans les champs du Tell, et, après avoir dévoré les récoltes sur pied, donnèrent naissance à d'innombrables légions de criquets qui attaquèrent tout ce que la première invasion avait épargné. Rien ne put conjurer un désastre contre lequel les forces humaines sont impuissantes. Une souscription fut ouverte, d'après le désir de l'Empereur, en Algérie et dans tous les départements de France, pour venir en aide aux victimes du fléau. Sa Majesté s'inscrivit en tête de la souscription pour vingt mille francs, l'Impératrice pour dix mille, et le Prince Impérial pour cinq mille. Chacun se fit un devoir de contribuer au soulagement d'une infortune qui révélait le caractère d'une calamité publique, et, de toute part, l'on tint à répondre à l'appel de l'Empereur.

Afin de donner satisfaction à des vœux justement exprimés, l'Empereur voulut qu'on révisât la loi relative à l'organisation des tribunaux civils musulmans, et, le 13 décembre 1866, il signa un décret qui y apportait d'utiles modifications. Aux termes de l'article 1er du décret de 1859, la loi musulmane régissait les conventions, contestations civiles ou commerciales et questions d'état « entre indigènes musulmans. » Cette rédaction fut complétée par ces mots : « et entre ceux-ci et les musulmans étrangers. » La seconde disposition du même décret était maintenue dans sa généralité, c'est-à-dire que la déclaration, faite dans un acte par les musulmans qu'ils entendent contracter sous l'empire de la loi française, entraîne l'application de cette loi.

La récolte fut mauvaise en 1867. Le 7 janvier 1868, le Corps législatif, considérant combien les populations de l'Algérie avaient eu à souffrir, adopta le projet de loi qui ouvrait au ministère de la guerre un crédit de quatre cent mille francs; cette somme était destinée à venir en aide à celles de ces populations qui avaient été plus particulièrement éprouvées. Un arrêté du gouverneur-général, du 24 janvier, pourvut à l'organisation, dans chaque subdivision et cercle, de commissions spéciales chargées de distribuer des secours aux indigents. Notre colonie traversait en ce

moment une crise terrible; mais, ainsi que le disait le
général de Wimpfen, dans un rapport au maréchal de Mac-
Mahon, on pouvait être certain que le peuple indigène, après
une bonne récolte, continuerait à progresser et à marcher
dans la voie d'assimilation qui lui était tracée.

L'Empereur n'ignorait pas que le crédit voté par le Corps
législatif n'était nullement en rapport avec le mal qu'il
s'agissait de soulager; aussi, le 23 mars, sur la proposition
du gouvernement, les députés adoptèrent un second projet
de loi, d'après lequel il était ouvert au ministère de la guerre
un autre crédit de deux millions. Le Sénat approuva dès le
lendemain la nouvelle loi, qui fut promulguée le 25.

Un décret du 27 décembre 1866 portait que le gouverneur-
général pourvoirait à l'organisation municipale des tribus
délimitées en exécution du sénatus-consulte du 23 avril 1863,
ainsi qu'à celle des territoires qui ne renfermaient pas encore
une population européenne suffisante pour recevoir l'application immédiate de ce décret. Le maréchal duc de Magenta
prépara un arrêté sur la matière, et cet arrêté parut le
20 mai. Il établissait des communes mixtes et des communes
divisionnaires. Les premières ne différaient des communes
françaises qu'en ce qu'elles avaient pour maire le commandant du territoire et pour conseil municipal une commission
spéciale; les douars constitués et les tribus dans lesquels
l'élément européen n'avait pas encore pris d'importance,
étaient groupés et formaient les communes dites divisionnaires, parce que l'administration était centralisée au chef-
lieu de la subdivision. Ces dispositions avaient été l'objet
d'études approfondies, et l'on ne doutait pas qu'elles ne fussent de nature à exercer une influence favorable sur l'avenir
du pays et à donner satisfaction aux préoccupations de l'opinion publique. Un décret, du 18 août, régla ce qui concernait
les adjoints et les gardes-champêtres indigènes, ainsi que ce
qui avait rapport au service d'ordre et de sûreté et à l'octroi
de mer : certaines dispositions antérieures, relatives aux
bureaux arabes, et à d'autres institutions, étaient abrogées.

La session du conseil supérieur s'ouvrit à la fin d'octobre, et le maréchal prononça dans cette circonstance un discours remarquable à plus d'un titre. Après avoir annoncé que, depuis la dernière réunion, la sécurité n'avait pas été sérieusement troublée, et qu'on pouvait compter sur le concours du bey de Tunis et de l'empereur du Maroc, le gouverneur général fit connaître les mesures prises en vue d'assurer, pendant plusieurs mois, la subsistance des tribus dont les terres avaient été dévastées par des fléaux terribles; puis il exposa les projets de l'administration pour satisfaire les colons, qui demandaient avant tout deux choses : des terres et des eaux d'irrigation. Sa conviction était que, par l'ensemble de ces mesures, on parviendrait, malgré des difficultés nombreuses, à donner une vive impulsion à la colonisation, qui intéresse à un si haut degré les populations européennes et indigènes.

Si nous ne parlons point ici des affreux malheurs de l'Algérie, produits par la famine, c'est que ces faits sont présents à la mémoire de tous. Qui ne se rappelle aussi l'empressement de la France à y compatir, les lettres pressantes de monseigneur d'Alger au clergé du monde entier, les fondations merveilleuses d'hospices et d'orphelinats. Si ces faits glorieux n'excitent pas l'attention reconnaissante des Arabes comme ils excitent la nôtre, c'est à désespérer de notre conquête. Mais non, il faut plutôt nous convaincre que seule la charité catholique peut vaincre et vaincra leur fanatisme.

CHAPITRE XII. (1869—1873.)

Combat d'Ayn-Madhy. — Décret relatif à la justice. — Combats du 15 et
du 25 avril 1870. — Décret concernant la transformation de la propriété
collective de famille en propriété individuelle. — La guerre éclate
entre la France et la Prusse : l'Algérie momentanément oubliée. —Décret
relatif aux élections pour l'Assemblée nationale. — Troubles sur divers
points. — Le vice-amiral Gueydon est nommé gouverneur général
civil (1871). — L'insurrection prend du développement. — Attaque de
Dellys; l'ennemi est repoussé. — Marche en avant du général Lallemand; les Kabyles abandonnent le blocus de Dellys. — Arrivée de
nouvelles troupes de France. — Expédition importante du général Lallemand dans les montagnes des Kabyles. — Combat d'Ichérinden. —
Soumissions nombreuses. — La tribu des Beni-Menasser s'insurge. —
Langage audacieux d'un cheik. — Combat de Taourirt. — L'insurrection
perd du terrain. — Nouvelle agitation. — Le commandement supérieur
de l'Algérie est aboli.

Au commencement de 1869, tout présageait une année
des plus heureuses, quand, à la fin de janvier, éclata une
insurrection depuis longtemps préparée dans le sud. Le chef
de la grande tribu des Ouled-sidi-Cheik méditait une invasion de la partie du Sahara sur laquelle s'étend la domination française, et le jour arriva où il mit à exécution ses
projets. Les Ouled-sidi-Cheik, se jetant de l'extrême sud à
travers le Sahara algérien, se rapprochèrent, par une marche hardie, du Tell, c'est-à-dire de la région septentrionale
de la terre labourable. Une rencontre eut bientôt lieu entre
nos troupes et les rebelles. Le 1er février, à neuf heures du
matin, une colonne, commandée par le colonel de Sonis,
forte de douze cents hommes, repoussa l'ennemi au nombre
de trois mille cavaliers et de huit cents fantassins, auprès
d'Ayn-Madhy, à quinze lieues de Laghouat. Les Arabes
emportèrent beaucoup de morts et de blessés, et abandonnèrent sur le terrain soixante-dix des leurs. Cette affaire ne
nous coûta que deux officiers et huit soldats blessés. Le colonel de Sonis poursuivit les insurgés, qui prirent la direction du sud-ouest, en pleine déroute.

Le maréchal de Mac-Mahon, absent en ce moment, ne tarda pas à retourner en Algérie. Son arrivée fut le signal de grandes et belles fêtes. Les nouvelles du sud-ouest n'étaient nullement de nature à les attrister; partout les rebelles avaient pris la fuite devant nos troupes, et rien n'annonçait qu'ils songeassent à renouveler une tentative qui avait été, comme toujours, inutile. Le reste de l'année s'écoula sans aucun événement mémorable.

Une commission avait été chargée d'élaborer une constitution pour l'Algérie : au commencement de janvier 1870, elle vota le droit pour la colonie d'envoyer des députés au Corps législatif, et l'organisation d'un ministère spécial.

Le 24 du même mois, le garde des sceaux adressa à l'Empereur un rapport sur l'administration de la justice musulmane, et, à la suite de ce rapport, parut un décret en vingt articles, qui déterminait les règles suivant lesquelles la justice serait désormais rendue par les cadis, les juges de paix, la cour impériale d'Alger, et les tribunaux de Constantine et d'Oran, dans la partie de l'Algérie située en dehors du Tell et de la Kabylie.

On pouvait évaluer à 9,000 le nombre des émigrants espagnols que la province d'Alicante avait fournis à l'Algérie pendant l'année 1869. Tous ces colons se félicitaient des salaires qui leur étaient accordés et de l'appui bienveillant des autorités impériales. L'émigration espagnole continuait, et, au lieu de se porter presque uniquement, comme autrefois, sur Oran, elle se dirigeait de plus en plus sur Alger.

Le 15 et le 25 avril, des combats victorieux furent livrés aux tribus hostiles de la frontière marocaine par la colonne que commandait le général Wimpffen, et nous eûmes le bonheur de n'y avoir que peu d'hommes tués ou blessés, pendant que l'ennemi subit des pertes énormes : dans une seule de ces journées, il laissa 1,500 morts sur le terrain. Voici en quels termes était conçu le rapport du général relatif au combat du 15 :

« Parti de Kenatza le 11 avril, le commandant de la province d'Oran était arrivé, trois jours après, au lieu dit El

Bahariat, ou les Petites Mers. Devant lui s'étendaient de vastes espaces que l'Oued-Guir, image affaiblie du Nil, féconde de ses crues périodiques. Les Doui-Menia s'étaient retirés en arrière du fleuve. Décidés à combattre, ils avaient pris position sur une ligne de dunes qui, reliées latéralement entre elles et protégées sur leur front par des canaux d'irrigation, formaient une véritable place forte.

» La journée du 14 fut consacrée à la reconnaissance des positions ennemies. Cette opération, conduite avec énergie et rapidité, eut un double résultat : elle fit sentir, pour la première fois, à ceux qui depuis cinq ans commettaient des déprédations sur nos tribus sahariennes, la supériorité de nos armes ; elle permit, en outre, de reconnaître un gué qui donnait un accès facile à la rive droite de la rivière.

» Le lendemain matin, monsieur le général de Wimpffen arrêta les dispositions d'attaque. Des démonstrations dirigées contre les extrémités de la ligne ennemie devaient diviser les forces des Doui-Menia, tandis que les zouaves, sous la conduite du lieutenant-colonel Détrie, aborderaient résolûment le centre de la position.

» L'exécution répondit à la pensée. En dépit de mille obstacles, de fourrés impénétrables, de fondrières où les hommes avaient de l'eau jusqu'au-dessous des bras, la ligne des dunes fut enlevée, et tous les retours offensifs de l'ennemi ne purent l'arracher de nos mains.

» Aux extrémités de la position, la lutte n'était pas moins vive. Sur la gauche, le chef militaire des Doui-Menia, Sidi-el-Arbi, payait de sa vie une lutte trop prolongée ; son sang vengeait celui de monsieur de Rodelle, lieutenant au 4e chasseurs d'Afrique, tué glorieusement peu d'instants auparavant, au moment où il saisissait le drapeau du goum des dissidents.

» Sur la droite, monsieur le général Chanzy refoulait l'ennemi et menaçait sa retraite.

» Entre quatre et cinq heures, les Doui-Menia concentrèrent une dernière fois au centre de la ligne toutes les forces dont ils pouvaient encore disposer. Leurs efforts vinrent échouer contre l'inébranlable résistance du lieutenant-colonel Detrie, qui sut conserver jusqu'à la fin le poste confié à son énergie bien connue.

» Vers cinq heures, la lutte était moins vive, et presque aussitôt après, deux fractions importantes, les Ouled-Guiz et les Ouled-bou-Anan, et celle des Ouled-sidi-Aissa (des Ouled-sidi-Cheik) firent leur soumision. Le reste des dissidents abandonna le champ de bataille, laissant derrière lui des troupeaux et une partie des tentes.

» La journée du 16 compléta pacifiquement les résultats de la veille; toutes les fractions des Doui-Menia, les Ouled-Sliman et les Oyoussef se rendirent sans conditions. Une population de plus de 16,000 âmes, qui, grâce à des contingents étrangers, avait su réunir au jour du combat près de 8,000 combattants, était soumise.

» Ce succès nous a coûté la mort d'un officier et de 22 sous-officiers et soldats. Nous avons eu, en outre, 2 officiers et 25 hommes de troupes blessés. »

Le 17 au matin, le général de Wimpffen était de retour au bivouac d'El Baharia; il en repartit presque aussitôt pour se diriger vers Aïn-Chaïr, où l'attendaient, le 25, une nouvelle lutte et de nouveaux succès.

Le 31 mars, l'Empereur signa un décret dont l'application devait permettre de donner immédiatement un développement considérable à des opérations commencées sur divers points de la colonie, et dont l'achèvement avait été momentanément suspendu. Il s'agissait de la transformation de la propriété collective de famille en propriété individuelle, c'est-à-dire susceptible d'être fécondée par le travail libre, et rendue librement transmissible. C'était la commission chargée d'étudier les questions ayant trait à l'organisation administrative et politique de l'Algérie qui avait pris l'initiative du projet de décret, et le conseil d'Etat, partageant les vues de la commission, n'attendait pas de moins heureux résultats qu'elle de cette mesure.

Depuis la campagne du général Wimpffen, la tranquillité était parfaite quand, vers la fin de mars, des lettres firent pressentir la nécessité d'une nouvelle expédition, en raison de la recrudescence de manifestations agressives de la part des tribus hostiles du sud. Les craintes conçues à ce sujet ne se réalisèrent pas cependant, et ce fut d'autant plus heureux qu'on approchait du jour où la guerre allait éclater entre la France et la Prusse.

Tout le monde se rappelle comment, le 4 septembre, lorsque l'Empereur, à Sedan, eut rendu son épée au roi Guillaume, un gouvernement nouveau s'établit à Paris, qui, se substituant brusquement à la régence, abolit le Sénat et prononça la disolution du Corps législatif. La république fut alors proclamée. A partir de ce moment l'Algérie, pendant plusieurs mois, fut à peu près oubliée; chacun ne s'occupait que des événements qui se produisaient dans les départements envahis par les troupes allemandes.

Le 29 janvier 1871, un décret remit à l'Assemblée nationale le soin de fixer la date de la convocation des électeurs dans notre colonie. Le 1er fevrier, le gouvernement de la défense nationale, considérant qu'il était difficile, dans les circonstances présentes, de déterminer le jour des élections, mais qu'il y avait urgence à ce qu'il y fût procédé le plus tôt possible, invita le gouverneur à convoquer les électeurs dans un bref délai, à l'effet de nommer des députés à l'Assemblée. L'Algérie devait en avoir six, deux pour chacun des départements d'Alger, de Constantine et d'Oran.

Quelques semaines plus tard, des troubles assez graves éclatèrent. Déjà, au commencement de la guerre, des tentatives de soulèvement avaient eu lieu, mais elles avaient été facilement comprimées. A la fin de février, une rixe s'engagea à Alger entre un corps de tirailleurs israélites et quelques musulmans : ces derniers ayant été condamnés en police correctionnelle, les Arabes de la haute ville, qui avaient assisté au procès, se jetèrent sur le poste du palais du gouverneur et frappèrent le sergent, monsieur Taurines, de leurs matraques. Monsieur Taurines, malgré la disproportion du nombre, soutint bravement l'attaque et parvint à la repousser sans brûler une amorce et sans faire usage de la baïonnette.

En ce moment survinrent les spahis, qui, au lieu de prendre le parti de l'autorité, se rangèrent du côté des insurgés et les protégèrent. Ceux-ci alors se répandirent dans la ville et s'attaquaient principalement aux magasins israélites des rues Bab-Azoun, Randon, de la Lyre, et des places de Chartres et du Gouvernement. Le rappel fut battu, les zouaves furent mis en ligne et l'on fit débarquer de la frégate cuirassée la *Provence*, des matelots, qui réussirent à contenir les Arabes : à six heures, les rebelles abandonnaient la ville.

L'adjoint Lormand, le lieutenant Ribaud, monsieur le président Pierrey avaient été blessés; un indigène avait péri, plus de trois cents arrestations furent opérées.

Ceci se passait le 1er mars. Le lendemain, la tranquillité ne fut pas troublée; pour ôter tout prétexte à l'agitation, monsieur Alexis Lambert, commissaire extraordinaire de la république à Alger, déclara dissous le bataillon de tirailleurs israélites.

Dans le même temps, un autre mouvement avait aussi éclaté dans la province de Constantine, à El-Milia, et avait été également réprimé. On lisait à ce sujet dans l'*Akhbar* :

« Des fermes des environs de Borej-bou-Arreridj ont été attaquées et des scènes de brigandage commises par les Ouled-Mokran.

» A Biskra, à la suite d'une *néfra*, la population européenne a jugé prudent de se réfugier dans le fort.

» Aux dernières nouvelles, on s'attendait à une attaque de la part des Silmia-Bakman et des Ouled-Mouled.

» Nos informations particulières confirment ces renseignements, mais nous pensons qu'il convient de se prémunir contre les exagérations auxquelles ces faits pourraient donner lieu.

» Jusqu'à présent ces événements ne paraissent pas se combiner avec un mouvement d'ensemble.

» Les tentatives insurrectionnelles de Soukaras et d'El-

Milia sont des faits purement isolés et dont on a eu facilement raison. Quant aux difficultés que l'on signale dans la direction de Batna, de Sétif et de Biskra, la présence des troupes qui nous arrivent de France suffira pour tout faire rentrer dans l'ordre.

» Déjà, à Batna et à Sétif, le mouvement est en voie d'apaisement. »

Ce langage était rassurant, sans doute, mais on ne tarda pas à voir que celui qui le tenait prévoyait peu l'avenir. L'insurrection, en effet, s'étendit bientôt à de vastes régions.

Quoi qu'il en soit, une dépêche d'Alger, du 22 mars, portait que le calme serait promptement rétabli partout. Une rencontre avait eu lieu, à Bou-Guern, entre plusieurs chefs assistés du colonel Faun et du commandant Marchand. Cette circonstance et l'arrivée des troupes demandées rendaient plus facile la répression des troubles de l'est, qui venaient de se compliquer par la défection inattendue d'un des chefs sur lesquels nous pouvions le plus compter.

Une autre dépêche, datée du 28, assurait que le département de Constantine n'avait plus rien à redouter des rebelles, le mouvement n'ayant plus des proportions inquiétantes.

C'était l'époque où un grand nombre d'habitants de l'Alsace et de la Lorraine, résolus à se soustraire au joug de la Prusse, sollicitaient un refuge du président de la République. Le 21 avril, une commission fut nommée pour l'examen d'une proposition de MM. Belcastel, Beaucarne, Leroux et Buisson, tendant à concéder à ces malheureux des terrains en Algérie. Le rapport de la commission leur fut favorable.

Cependant l'agitation redoublait parmi les tribus rebelles : le ministre de l'intérieur, monsieur Ernest Picard, interpellé à l'Assemblée nationale, dut monter à la tribune et rassurer les esprits, en déclarant que toutes les mesures étaient prises, et que l'insurrection ne pouvait alarmer ni l'Algérie ni la France.

Le vice-amiral comte de Gueydon fut envoyé en Afrique en

qualité de gouverneur général civil. A son arrivée, il adressa aux populations indigènes cette proclamation :

« Arabes et Kabyles,

» En prenant en main les rênes du gouvernement de l'Algérie, mon premier besoin est d'entrer en communication avec vous.

» Vous nous avez donné des preuves de dévouement en mêlant votre sang au nôtre.

» La France a admiré la vaillance de vos enfants; elle ne l'oubliera jamais, et vous en tiendra glorieusement compte.

» Pourquoi quelques-uns d'entre vous se sont-ils laissé égarer jusqu'au point de lever une main sacrilége sur une mère qu'ils venaient de servir loyalement?

» Certains m'ont assuré que le motif de la rébellion de ces quelques chefs, jadis si fidèles et si aimés par nous, était que la discorde régnait et que l'autorité était chancelante.

» Cela ne sera pas, je vous l'affirme; croyez-en ma parole, afin d'éviter les grands maux que cette erreur pourrait attirer sur vos têtes.

» J'ai parlé dans les termes suivants aux premiers musulmans qui m'ont salué au moment où j'abordais la rive d'Alger :

» Comme vous, je crois en Dieu, et je pense que la reli-
» gion est la seule base solide de toute société. Je respecte-
» rai aussi les immunités dont vous jouissez, parce qu'elles
» dérivent de votre religion; je respecterai enfin vos pro-
» priétés et vos personnes, que je tiens en toute estime en
» considération.

» Musulmans fidèles, restés les amis de la France, je serai
» le vôtre, et tout ce qu'un ami peut faire sera accompli en
» votre faveur. »

Les nouvelles continuaient à être mauvaises. A la date du 19 avril, les populations des village de Rouïba et de Reyhaïa fuyaient et se dirigeaient sur la Maison-Carrée, emmenant leurs troupeaux et leurs bêtes de somme. Toutes les fermes des environs étaient évacuées. Les Issers étaient en feu; un colon avait été tué; les insurgés avaient envahi le col des Beni-Aïcha, au nombre de 2,000, et pillé une partie des maisons.

Quelques reconnaissances avaient été faites, et l'on avait repoussé diverses bandes de pillards. L'arrivée de 500 hommes de chasseurs, de marins et de spahis, qui allaient être suivis d'autres troupes, avait rendu la confiance aux habitants de l'Alma. Du côté de Fondouck et de Fers, on signalait des tentatives insurrectionnelles. Les villages des Oudes-Messellem avaient été brûlés; par contre, plusieurs tribus avaient consenti à déposer les armes, à la suite d'un mouvement vigoureusement accompli par la colonne du général Cérero.

On annonçait l'arrivée à Alger de deux transports chargés de troupes, l'*Eure* et l'*Intrépide*. Ces troupes, composées de chasseurs d'Afrique et d'artilleurs, étaient destinées à renforcer la colonne qui couvrait déjà l'est de la plaine de la Mitidja, et devait opérer dans la Kabylie. Le général Lallemand, commandant supérieur des forces de terre, allait se mettre en campagne.

En attendant que d'autres renforts lui fussent envoyés de France, le vice-amiral Gueydon avait eu l'heureuse idée d'organiser trois fortes colonnes expéditionnaires, formées de troupes régulières, de mobiles venus des départements français, de mobilisés algériens et de miliciens des villes. L'une de ces colonnes était parvenue à ravitailler le fort Napoléon, situé au centre de la Kabylie. Cette opération, accomplie au milieu des plus grandes difficultés, était d'une haute importance : le fort, en effet, commande toute la région, et si l'on n'avait pu le ravitailler, les Français, réduits à la famine, auraient été contraints de l'abandonner. Ce premier succès avait produit une excellente impression.

Le 23 avril, de nombreux contingents kabyles appartenant aux Beni-Thours, aux Taourga, etc., dirigèrent une attaque contre la ville de Dellys. Ces contingents étaient réunis dès la veille aux environs de la ferme incendiée de

Bou-Médas, mais aucun indice particulier n'annonçait une lutte prochaine.

A cinq heures du matin, le général Hanoteau, commandant la subdivision, avait fait sortir, par la poterne de Sidi-Souzan, une corvée de cent cinquante indigènes, qui devaient, sous la conduite du capitaine Aubert, couper les broussailles propres à favoriser les embuscades et déblayer le pied de l'escarpe, trop peu élevée en certains endroits; les travailleurs étaient protégés par un détachement du 1er de zouaves, sous les ordres du capitaine Parent.

En même temps, l'aviso à vapeur le *Limier* quittait la rade pour aller canonner le village d'El-Açoua, où un très nombreux rassemblement kabyle avait été signalé.

Vers sept heures et demie environ, on vit tout-à-coup les masses ennemies qui couronnaient les hauteurs, descendre rapidement vers la partie de l'enceinte située au sud-est. Leur intention était évidemment d'attaquer du côté de la mer, entre le bastion 13 et la batterie 15.

Les travailleurs et le détachement qui les couvrait rentrèrent aussitôt dans la place, et, en un instant, tous les créneaux furent garnis de défenseurs. La partie attaquée était occupée par les marins du *Limier*, le 1er de zouaves, les mobiles de l'Hérault, les différents corps de milice de Dellys, et quelques spahis à pied.

Dès que l'ennemi, débouchant des ravins, arriva à la portée des murs, il fut accueilli par une très vive fusillade et le feu de l'artillerie. Il s'arrêta alors et commença à tirer en s'embusquant derrière tous les objets qui lui offraient un abri, notamment dans les rochers du bord de la mer et dans une batterie de côte inachevée.

Le commandant du *Limier*, aussitôt qu'il avait entendu la fusillade, s'était hâté de revenir dans la rade de Dellys. Il lança quelques obus dans les ravins qui ne sont pas vus de la place, et, par des feux de mousqueterie, débusquait une partie des tirailleurs du bord de la mer.

L'aviso le *Daim* arriva un peu plus tard, prêta un concours efficace, et ne contribua pas peu, par ses feux, à dégager les abords de l'enceinte.

Après un fusillade qui dura à peu près une heure et demie, le gros des masses ennemies prit le parti de battre en retraite ; les unes regagnèrent les hauteurs de Bou-Médas en se cachant dans les ravins, les autres reprirent le chemin de leurs tribus. Il ne resta qu'un certain nombre de tirailleurs obstinés, qui continuèrent à tenir nos sentinelles en éveil jusque dans la soirée.

La nuit qui suivit cette attaque fut très calme, et, dans la journée du 24, il ne fut pas tiré un coup de fusil.

Nous n'avions eu qu'un mobile de l'Hérault blessé légèrement à la tête, et un matelot du *Daim* atteint aussi légèrement. On ne connaissait pas les pertes de l'ennemi, mais on l'avait vu emporter un certain nombre de blessés.

Le 27, le général Céres, commandant la colonne d'Oued-Sahel, arriva à Bordj-Bouira, et là il reçut des nouvelles satisfaisantes sur la situation de Dra-el-Mizan. Les habitants avaient de l'eau ; les troupeaux des colons pouvaient même pacager librement sous la protection du feu de Bordj.

Plusieurs journaux prétendaient que l'émir Abd-el-Kader et ses fils avaient quitté Damas pour se rendre en Algérie : il n'en était rien. L'empereur du Maroc n'avait pas non plus, ainsi qu'on l'avait avancé, l'intention d'entrer en lutte avec nous, dans le but de s'emparer de nos provinces et de les réunir à son territoire. Notre consul général à Tanger, invité par le gouvernement à se renseigner à cet égard, avait acquis la preuve que l'empereur du Maroc n'avait nullement formé le projet qu'on lui prêtait, et qu'il ne faisait aucuns préparatifs. Toutes ses troupes étaient occupées, depuis le milieu d'avril, à réprimer une révolte qui menaçait de s'étendre de Tafilet aux pays voisins.

M. Thiers, en annonçant à l'Assemblée nationale, le 14 mars, que la paix définitive était signée avec l'Allemagne, fit cette déclaration : « L'Afrique, à laquelle nous aurons tant de peine à donner des secours, sera suffisamment pourvue. Du reste, je puis vous dire qu'en ce moment les dangers qui menaçaient notre colonie sont en partie conjuré. Dans une des dépêches que j'ai le droit de voir toutes, comme chef du gouvernement, même quand elles ne me sont pas personnellement adressées, je trouve les mots que voici, écrits par un fils à son père : « Je vais très bien ; superbe combat de huit heures ; El-Mokhrani, chef de l'insurrection, tué raide. »

» Ainsi, Messieurs, le danger qui menaçait notre **belle** possession d'Afrique est arrêté, et j'espère que, sous peu de jours, il aura complètement disparu. »

El-Mokhrani avait le titre de kalife. Le rapport adressé le 7 mai, par le général Cérès, au gouverneur général, contenait des détails précis sur sa mort. Ce rapport se terminait ainsi :

« C'est un riche cavalier encore inconnu, et non lui, qui a été frappé par un éclat d'obus. Vers une heure, au moment où j'arrivais au point où je voulais établir ma colonne, le feu avait cessé à peu près de toutes parts. Sur la droite, deux compagnies du 25ᵉ chasseurs étaient restées en arrière pour brûler un village.

» Sur leur gauche, dans un ravin profond, arrivaient de nombreux groupes pour les couper. J'ai fait tirer l'artillerie dans ce ravin ; en outre, j'ai fait porter en avant un bataillon du 4ᵉ zouaves de marche, commandé par le capitaine Odon, pour dominer cette position et protéger la retraite des chasseurs, serrés de très près.

» Parmi les Kabyles se trouvait El-Mokhrani à pied, ayant changé de vêtements pour ne pas être distingué par leur blancheur, et entraînant lui-même ses gens dans ce dernier effort. Les zouaves ont ouvert sur eux des feux de peloton.

» C'est par l'un de ces feux, qui a frappé une centaine d'ennemis, que Mokhrani a reçu une balle au front, entre les deux yeux. Ses gens sont revenus et ont subi encore de fortes pertes pour l'entraîner par les pieds. Il n'y avait pas de drapeau, rien n'indiquait le personnage qui venait de tomber.

» Bou-Mezrag a perdu la tête et s'est sauvé en disant seulement aux Arabes de tâcher d'enlever leurs morts. Le combat a cessé subitement; il avait commencé vers cinq heures du matin. On me dit que le corps d'El-Mokhrani a été emporté à Kalak, des Beni-Abbès, dans sa famille.

» L'agha de Bouïra m'écrit que la situation est bonne, qu'il en est maître, et qu'il n'y a plus d'inquiétude à avoir pour l'Oued-Sahel, l'effet de cette mort ayant été immense dans le pays.

» Tous les Frachmas, plaine et montagne, ont fait leur soumission sans conditions, et fourni des otages. »

Cependant le général Lallemand s'était porté en avant : sa marche sur Azib-Zamoun détermina les Kabyles à abandonner le blocus de la ville de Dellys, autour de laquelle ils s'étaient de nouveau groupés. Une reconnaissance, composée de 30 cavaliers seulement, parcourut, le 12, toutes les hauteurs voisines de la place, sans apercevoir d'ennemis. A la suite de la panique qui s'était emparée des Kabyles, Tizi-Ouzou avait été également débloqué. Le 13, la garnison de Dellys opéra, de concert avec les marins de l'*Armide*, une nouvelle sortie, et elle ne rencontra non plus aucunes troupes des rebelles.

Une circonstance vint confirmer l'espoir exprimé par M. Thiers d'une cessation prochaine des hostilités. En apprenant la nouvelle de la signature officielle de la paix avec l'Allemagne, le général Le Flô, ministre de la guerre, avait donné l'ordre d'envoyer immédiatement en Algérie 10,000 hommes de toutes armes, 1,000 chevaux, 6 batteries de canons et une batterie de mitrailleuses. Le gouvernement voulait en finir d'un seul coup avec les rebelles.

Au commencement de juin, voici quelle était la situation. On pensait que, sous peu de jours, on serait maître du mouvement dans la province d'Alger, et que le Fort-Napoléon, au centre de la Kabylie, serait prochainement dégagé. Notre artillerie à longue portée, dont on faisait usage pour la première fois en Afrique, avait beaucoup contribué, en effrayant les Kabyles, à dompter l'insurrection. L'entrain de nos jeunes troupes était très remarquable. Les bataillons de zouaves et de tirailleurs de nouvelle formation se montraient à la hauteur de la vieille renommée de leurs aînés.

Dans la province de Constantine, l'état des choses était moins satisfaisant, mais on ne doutait pas qu'à l'arrivée du général Le Poitevin de Lacroix, nommé récemment au commandement de cette division, les affaires ne prissent un autre aspect. Des renforts sérieux étaient, du reste, en route pour se rendre dans cette partie de la colonie.

Le général Lallemand fit en juin une expédition importante : une lettre adressée du Fort-Napoléon au *Français*, à la date du 18 juin, en rendait ainsi compte :

« Nous sommes partis de Tizi-Ouzou le 6 juin, pour faire une grande tournée, si vous voulez, une véritable *randonnée* dans les montagnes kabyles. Nous sommes revenus pour la troisième fois dans ce poste le 13, après sept grands jours de marche offensive fatigantes à l'excès, mais indispensables pour amener la pacification.

» Le 10 juin, nous avons attaqué les Maissias et les Beni-Aïssi dans leurs positions retranchées. Ces tribus occupaient des forêts entières de figuiers et l'oliviers, d'où il a fallu les déloger. Or, ces hommes de fer demi-sauvages sont fort difficiles souvent à débusquer; comme tous les peuples guerriers de l'Orient, ils tiennent admirablement derrière les retranchements naturels ou artificiels, où ils savent attendre qu'on les aborde. Aussi cette journée nous a-t-elle coûté un certain nombre d'hommes hors de combat. Mon bataillon seul (du 4e de zouaves) a eu trente tués ou blessés, ce qui est considérable lorsqu'on a affaire à des Arabes mal armés.

» Les Maissias et les Beni-Aïssi, que nous avons combattus dans cette tournée, forment plusieurs grandes tribus kabyles qui occupent un pays montagneux et très couvert, situé entre le Sébaou (rive gauche) et la chaîne élevée du

Djurjura. Ces peuplades, très belliqueuses, sont comprises dans le cercle de Tizi-Ouzou et éloignées de ce poste d'environ 10 à 12 kilomètres, au sud et au sud-ouest. Elles sont groupées sous le bach-agha du Sébaou, et peuvent mettre sur pied un assez grand nombre de fusils.

» Les Kabyles des Beni-Aïssi se battent vigoureusement, nous venons de l'éprouver et nous devons leur rendre cette justice. Comme tous les autres montagnards de ces pays, à la fois sauvages par leurs habitants et cependant civilisés par la culture qu'on y rencontre, les Maissias et les Beni-Aïssi sont redoutables et féroces.

» Ce ne sont pas cependant les blessures qui nous mettent le plus de monde hors de combat, mais bien les maladies engendrées par les fatigues, malgré tout le soin qu'on prend des hommes.

» En moyenne, depuis notre départ d'Alger, les effectifs de nos compagnies, qui atteignaient, lors de notre mise en route, le chiffre de 80, sont réduits à 60; c'est donc le quart en moins.

» Au combat du 10 juin, mon bataillon, sans se donner la peine de brûler une amorce, a enlevé à la baïonnette et au pas de charge la haute montagne de Bouhinoun, située à 800 mètres au-dessus du niveau de la mer, et qui domine une crête longue et étroite, ligne de partage de deux des principaux affluents de gauche du Sébaou.

» Cette crête avait été retranchée, avec beaucoup d'intelligence de la guerre, par les Kabyles, qui tous avaient creusé des fossés et fait des abattis. Nous avons essuyé un feu des plus violents dès que nous avons été à portée de leurs armes. Un chef de bataillon du 4e de zouaves a été jeté à bas de son cheval, l'adjudant-major blessé et deux hommes tués ou mis hors de combat.

» Aussitôt que nous eûmes enlevé la position, nous la fortifiâmes à notre tour, et notre brigade est venue l'occuper pendant plusieurs heures. Les Kabyles, descendant des versants et ne renonçant pas à la lutte, se sont embusqués de nouveau à portée de fusil et ont commencé, vers la chute du jour, un feu bien nourri qui nous a fait éprouver beaucoup de mal. Le régiment voisin du nôtre a beaucoup souffert.

» Une compagnie du 4° de zouaves fut envoyée pour combattre les Kabyles, les débusquer et les forcer à la retraite. Elle y parvint en fouillant les ravins profonds, en parcourant les berges, mais ce ne fut pas sans peine. On tirait de notre côté sur des ennemis à peu près invisibles. Les Kabyles, au contraire, postés avantageusement, ajustaient à loisir. Au moment où la compagnie du 4° de zouaves descendait dans le ravin, le capitaine qui la commandait eut la cuisse brisée par une balle partie à 50 mètres de lui. Plusieurs soldats et sous-officiers furent également atteints.

Le 13, nous avons de nouveau quitté Tizi-Ouzou pour nous porter, toutes forces réunies, sur le Fort-Napoléon, qu'il devenait urgent de bloquer. Dans la nuit du 16, nous avons pris position, et le 17 au matin, hier, à six heures précises, nous avons prononcé de front une vigoureuse attaque contre les Beni-Raten, tandis que la colonne Cérès, arrivant à la même heure, au même moment, par un autre côté, attaquait comme nous. La veille, notre cavalerie avait opéré au loin une diversion importante, qui n'avait pas laissé que de jeter une grande incertitude parmi les Kabyles.

» Les premières heures de la lutte ont été chaudes. Nous avions à parcourir une vingtaine de kilomètres en pleines montagnes et toujours combattant de crête en crête. Les premières crêtes ont été défendues avec acharnement par les Beni-Raten; heureusement, nos mitrailleuses ont pu produire leur effet.

» Je commence à espérer que nous touchons au terme de cette campagne steeple-chase, course furieuse à l'homme. On nous annonce des renforts. Tant mieux. Beaucoup de tribus sont soumises, ou plutôt tellement pourchassées et abattues, qu'elles sont hors d'état de faire une plus longue résistance. L'annonce de nouvelles baïonnettes déterminera ce qui reste de dissidents à venir à composition. »

On n'en avait pas cependant encore fini avec les Kabyles.

Repoussés de leurs positions autour du Fort-Napoléon, ils s'étaient retranchés à Itchérinden, village bâti, comme presque tous leurs hameaux, sur une crête étroite et peu étendue. Là s'accomplit un brillant fait d'armes, deux jours après le vingt-quatrième anniversaire du combat livré dans le même village, en 1847, par le 2e de zouaves et le 54e de ligne.

Les marabouts, en prêchant la guerre sainte, avaient facilement obtenu de leurs fanatiques coréligionnaires d'essayer encore de nous vaincre, et ils se flattaient de faire retourner nos soldats à Itchérinden. Ils avaient si bien animé les leurs qu'on ne vit jamais du côté des Kabyles un feu de mousqueterie aussi intense que celui qu'ils dirigèrent contre nos troupes, de huit heures à onze heures du matin. Ils avaient, en outre, construit, des crêtes aux ravins, un grand nombre de tranchées, établies avec un art merveilleux.

Heureusement les colonnes Lallemand et Cérès disposaient d'une artillerie relativement considérable, dont deux mitrailleuses et deux pièces de 4 rayées. A huit heures, nos bouches à feu commencèrent une canonnade très vive sur les positions ennemies; de nombreux tirailleurs se portèrent de front et de flanc sur les tranchés des Kabyles, et deux bataillons du 4e de zouaves, appartenant à la colonne Cérès, les enlevèrent magnifiquement à la gauche de la ligne, tandis qu'à la droite plusieurs compagnies du 80e, audacieusement conduites par leurs officiers, prenaient à revers la position en suivant la route. Une fois dans les tranchées, nos soldats tirèrent presque à coup sûr, et firent éprouver à l'ennemi des pertes sérieuses : les Kabyles eurent près de 600 hommes tués ou blessés.

C'était là un beau succès, mais il n'était pas moins vrai que le besoin de renforts devenait pressant. Nous venions de parcourir en vainqueurs la grande Kabylie, nulle part nos armes n'avaient éprouvé le moindre échec; mais nos troupes étaient peu nombreuses, et, au premier revers, les tribus soumises ne pouvaient manquer de courir de nouveau aux armes. Tout le monde faisait des vœux pour que des mesures fussent promptement prises, afin de bien prouver aux indigènes que leurs efforts étaient impuissants contre nous.

Vers le même temps, le gouverneur général reçut plusieurs dépêches intéressantes, dont voici le texte :

« Dellys, le 29 juin 1871, 8 h. 29 m.

» Le commandant de la subdivision à M. le gouverneur.

» Le commandant supérieur de Tizi-Ouzou me télégraphie la dépêche suivante :

» Sur la demande faite hier par le caïd Ali, je me suis rencontré aujourd'hui, 28 juin, à deux heures, à la mosquée de Bou-Béhir, avec Ben-Mohamed Amokran, Mohamed Saïd, Moussa Named, Ahmed-ben-Machriden. Ils m'ont remis entre les mains tous les prisonniers européens de Bordj-Menaïel en bonne santé ; ils seront demain à Tizi-Ouzou. Je monte au Laht avec Mohamed-Saïd, Moussa et Ahmed Machriden, qui vont prendre les ordres du général Lallemand.

» Les Beni-Hohri, moins trois villages, m'ont fait leur soumission hier et ce matin. Je vous enverrai demain la liste des prisonniers rendus, en entrant à Tizi-Ouzou.

» FOURCHAULT. »

« Fort-National, le 29 juin 1871.

» Le commandant des forces à M. le gouverneur général.

» Souk-el-Sebt des Béni-Yaya, 28 juin.

» Sur mon invitation, le caïd Ali a remis aujourd'hui au commandant Letellier les prisonniers européens de Bordj-Menaïel, au nombre de 44. »

Suivent les noms.

« Constantine, 27 juin 1871, 2 h. 35 m. du soir.

» Le général commandant la division à M. le gouverneur général civil et M. le commandant des forces à Alger.

» Le général Saussier a attaqué avant-hier et pris d'assaut quatre villages de la tribu de Jermouna, qui n'avaient pas réalisé les promesses de soumission qu'ils avaient faites. Vivement attaqué dans sa retraite, il a contenu les assaillants en leur faisant éprouver des pertes sensibles ; il n'a eu que trois hommes blessés et quelques contusionnés. — La cavalerie a opéré en même temps dans le Sahel-Guebli. Les nouvelles arrivées hier annoncent qu'Ali-Bey continue sa marche en avant par Tougourt.

» AUGERAUD. »

« Sétif, 29 juin, 8 h. 35 m. du soir.

« Le général Saussier à M. le général commandant la division de Constantine et M. le commandant des forces à Alger.

» Camp de Dra-el-Caïd, le 29 juin 1871.

» Tous les Amoucha doivent venir aujourd'hui faire leur soumission définitive aux conditions suivantes : ils payeront de suite une provision de deux cents francs par charrue, donnant des otages et s'engageant à exécuter les clauses qui seront fixées par le gouverneur général et le gouvernement français. Pour le moment, il est difficile de faire livrer les meneurs, qui prennent tous la fuite.

» Ce n'est que quelque temps après la soumission qu'il pourra en être question. Les Lebar, des quatre fractions des Beni-Meraï, viennent de sortir du camp ; ils font leur soumission aux mêmes conditions, sauf que la provision est de 110 francs par feu, et qu'ils espèrent pouvoir arrêter les meneurs. Je crains que l'incident de Riva n'arrête le mouvement de soumission qui se prononce.

» SAUSSIER. »

Dans le cercle de Dra-el-Mizan, les Beni-Khalfoun et les Harchaoua venaient aussi d'apporter leurs fusils au colonel Goursault, et il leur avait accordé l'aman moyennant une contribution de 140 fr. par fusil.

Les soumissions se succédèrent rapidement depuis cette époque, et, vers le milieu de juillet, le bulletin de l'insurrection publié par l'*Akhbar* était des plus rassurants. La tranquillité se rétablissait sur tous les points. Dans quelques districts de la province de Constantine, les rebelles tentaient bien encore des efforts suprêmes pour continuer la lutte, mais nos colonnes avaient reçu des renforts de France, et elles allaient enfin comprimer tout-à-fait le mouvement qui avait causé un moment de si sérieuses alarmes. Les contributions de guerre imposées aux tribus révoltées rentraient peu à peu, et les indigènes commençaient à se livrer paisiblement aux travaux de la moisson.

Cependant il fallut encore combattre, et l'on apprit bientôt que la tribu des Beni-Menasser était, à son tour, en pleine insurrection. Une reconnaissance de chasseurs d'Afrique,—120 hommes environ, — partie de Marengo et se rendant à Zurich, n'avait pas dépassé l'Oued-el-Achem; arrivée à ce point, elle avait aperçu 150 Arabes en armes et la fumée du moulin Pascal incendié; les communications postales et télégraphiques étaient interrompues entre Cherchell et Zurich. A Marengo, une patrouille de cavalerie avait essuyé cinq coups de feu aux environs du marché, un cheval était tombé mort. Des troupes avaient été envoyées immédiatement de Coléah à Marengo. D'autres régiments avaient été dirigés par terre et par mer sur Cherchell, afin de circonscrire le mouvement insurrectionnel des Beni-Menasser. Rien ne devait être négligé pour que la répression fût prompte et efficace.

Il devenait, en effet, nécessaire d'agir avec vigueur pour hâter la fin des hostilités. On connaît le caractère des peuples orientaux, et des Arabes en particulier. Autant ils sont rampants devant la force, autant ils se montrent disposés à prendre pour de la faiblesse la moindre tendance à la conciliation. Il faut éviter de leur laisser croire qu'on a peur de sévir.

D'après une lettre reproduite par l'*Indépendant* de Constantine, le cheik Karoubi-ben-Chabor, des Ouled-Sémaria, dans une entrevue avec les officiers de la garnison de Batna, n'avait pas hésité à leur parler en ces termes :

> « Le maître de l'heure a sonné !...
> » Tremblez, chrétiens, tremblez !... »

» L'islamisme, désormais, ne tolérera plus à côté de lui d'autre culte...

» Nous avons horreur de l'administration civile : il faut que, depuis le maire jusqu'au garde-champêtre, tout disparaisse.

» Tous les services civils nous taquinent inutilement : nous voulons en secouer le joug, pendant qu'il en est temps.

» A dater de ce jour, nous proclamons hautement l'infaillibilité du bureau arabe, qui, de temps immémorial, a toujours voulu notre bien.

» C'est donc à lui seul qu'est dévolu le droit de nous administrer.

» Quant aux vulgaires mercantis, nous leur avons voué une haine éternelle : il ne faut donc pas qu'ils comptent sur une réconciliation.

» Tous les incendies, les vols, les assassinats commis par les nôtres, ainsi que les frais de la guerre, seront à la charge des bien-aimés roumis.

» Voilà notre ultimatum !...

» Il vous est accordé quelques jours pour la réflexion... Passé ce délai, le pillage, l'incendie et les assassinats recommenceront.

» La diligence sera obligée de suspendre son service journalier. »

Ce langage n'avait rien d'invraisemblable : les soumissions et les demandes d'aman n'étaient bien souvent que des comédies jouées pour gagner du temps. Il convenait de ne pas compter aveuglément sur la parole des Arabes, et il était urgent de frapper un grand coup, pour que les tribus, comprenant que nous tenions à conserver notre colonie, et que nous étions en mesure de la défendre, se décidassent à rentrer dans le devoir.

La guerre continua. Le 6 août, le général Cérès, opérant dans l'Oued-Sahel, remporta sur les rebelles un brillant succès. Plusieurs villages furent détruits, et nos troupes firent un butin considérable. Les pertes des Arabes étaient énormes; le général Cérès reçut des demandes de soumission.

L'heure de la pacification semblait s'approcher sur divers points : les demandes d'aman se multipliaient; les tribus insurgées à l'ouest de la Mitidja, étaient entourées par plusieurs colonnes; on croyait que Bou-Melek, le chef des Beni-Menasser, avait été tué dans un des derniers engagements. Les Kabyles, toutefois, se défendaient encore avec une énergie terrible.

Les nouvelles de Constantine étaient également bonnes. Le général de Lacroix faisait merveille de ce côté. Les Arabes avaient été battus; on avait pris beaucoup d'otages et mis le séquestre sur les biens des chefs. Il était temps, du reste, que tout cela finît, car nos soldats souffraient beaucoup des privations, et, sous ce ciel brûlant, beaucoup tombaient frappés par les insolations, les fièvres et la variole.

Le général de Lacroix tenait les promesses qu'il avait faites à son passage à Philippeville, et les sympathies de la province lui étaient assurées; car la destruction des récoltes d'orge et de blé, l'incendie des forêts, des fermes et des villages, étaient déjà désastreuses pour la colonie.

Le 16 août, le général Deplanque, commandant la colonne d'observation qui opérait autour du Fort-National, livra, à Taourirt, un combat très important contre la fraction insoumise des Beni-Jagers. Toute l'arête qui sépare le village de Taourirt de celui d'Hérach était couverte de Kabyles, dont on n'évaluait pas le nombre à moins de dix mille : il fallut, par suite, un engagement sérieux pour vaincre leur résistance, d'autant plus qu'ils évacuaient les pentes l'une après l'autre pour se replier sur les crêtes, qu'ils avaient garnies de fortifications en pierres sèches. Nous eûmes dans ce combat 4 hommes tués et 23 blessés; de leur côté, les insurgés avaient éprouvé une perte sensible; les villages de Taourirt, de Takouch et de Jatoussen avaient été brûlés.

Une sortie faite dans la direction de Bou-Chebab par la colonne de Milianah obtint un plein succès : les Adonia et les Bou-Hella, encore hésitants, allaient achever leur soumission au camp du colonel Conti. Les biens du caïd des Zalimar subirent une razzia.

D'autre part, le général de Lacroix télégraphiait de Milah que la grande tribu des Beni-Ides et plusieurs autres venaient de livrer leurs armes, avec des otages, et de verser au trésor une partie de la contribution de guerre. Toutes les autres tribus de Djidjelli, excepté le Talabor, étaient rentrées dans l'ordre. Les autres nouvelles de la province de Constantine n'étaient pas moins bonnes.

L'insurrection perdait chaque jour du terrain, devant les énergiques mesures prises par l'amiral de Gueydon, et après avoir occupé une partie du département d'Alger, les révoltés, à la date du 10 septembre, par-delà Constantine, ne résistaient plus avec la vigueur des premiers mois. Le gouverneur général avait cru pouvoir, sans le moindre inconvénient, lever l'état de siége dans les subdivisions, à peine pacifiées, de Milianah, de Dellys et d'Aumale, et il n'avait pas lieu de le regreter. Il était question d'un voyage que l'amiral ferait prochainement en France pour s'entretenir avec le président de la République des événements qui s'étaient passés dans notre colonie algérienne.

Au commencement d'octobre, les nouvelles devinrent encore inquiétantes. Le chérif Mohamed-Abdallah s'avançait vers l'ouest avec le chérif Kelifa et le chérif Oualga, et il menaçait le pays du Zab-Chergui. Un fort contingent l'accompagnait, et il avait rejoint les insurgés de la tribu des Nemenchas. Une grande agitation régnait de nouveau dans la province de Constantine.

Sur ces entrefaites, le commandement supérieur de l'Algérie fut aboli. Les généraux placés à la tête des trois provinces rentraient sous les ordres directs du ministère de la guerre. On comptait beaucoup sur les conseils généraux, dont la session allait bientôt s'ouvrir, pour activer l'œuvre de la colonisation. Partout on demandait la liberté des transactions en ce qui concernait la terre, même avec les Arabes, maintenant que la délimitation des tribus était accomplie et cadastrée. La pacification marchait, assurait-on, à grands pas, sauf dans certains districts du sud; le désarmement des rebelles et la perception des amendes et des impôts de guerre s'opéraient avec une grande facilité.

CHAPITRE XIII. (1873.)

Situation politique des trois provinces au commencement de 1873. — Expédition du commandant Rose. — Les nouvelles continuent à être généralement favorables. — Arrivée de colons alsaciens-lorrains; sociétés pour leur venir en aide. — Accueil fait partout en France aux émigrants. — Temps favorable aux récoltes. — Expédition du général de Gallifet. — La province de Constantine entièrement pacifiée. — Installation de nombreux émigrants. — Affaire des grands chefs arabes. — Vote par le conseil supérieur de l'Algérie d'un projet portant création d'un quatrième département. — Travail de M. Darrécaguay, relatif à une partie de la province d'Oran. — Concile provincial à Alger. — Préparatifs en vue d'une expédition dans le Maroc; des satisfactions sont accordées à la France. — Une réunion à Paris de la société de protection des-Alsaciens-Lorrains. — Inauguration d'un service de transport par mer entre le nord de la France et l'Algérie. — Conclusion.

Les renseignements suivants donnaient en résumé, au commencement de 1873, la situation politique des trois provinces de l'Algérie.

ALGER.

Il n'y avait pas à signaler de modifications dans le Tell; les labours se poursuivaient autant que le permettaient les intermittences de pluie et de beau temps; par suite des mesures prises pour fournir des grains de semences aux agriculteurs nécessiteux, on pouvait espérer que les cultures atteindraient cette année une étendue à peu près normale.

L'état des choses s'améliorait sensiblement dans le sud. La marche des colonnes de Constantine sur Tuggurt faisait disparaître les inquiétudes entretenues jusqu'alors par l'appréhension de nouvelles tentatives des débris des bandes réfugiées dans l'extrême sud.

Les opérations qui avaient eu lieu dans la province d'Oran garantissaient également aux populations sahariennes de cette province la sécurité du côté du sud-ouest.

L'une des colonnes mobiles de Laghouat se portait avec des goums vers Brezina, d'où elle couvrirait complètement la division d'Alger du côté du sud-est, et pourrait, s'il était nécessaire, prêter une utile coopération aux troupes d'Oran.

ORAN.

La situation continuait à être satisfaisante dans la région tellienne, où les populations s'occupaient activement de leurs labours.

Les grains contenus dans les silos de réserve suffisaient pour les prêts à faire aux cultivateurs qui manquaient de semence, et qui, sans cette précieuse ressource, auraient été obligés de restreindre leurs cultures.

Le calme régnait sur la frontière marocaine.

Les derniers avis ne faisaient point pressentir la fin de la lutte engagée par la tribu des Guelfalia morocains avec la garnison espagnole de Mellila, et la présence du fils de l'empereur à Zelouen n'avait pu encore mettre fin à la lutte.

Dans le sud et dans le sud-ouest, l'émotion causée par les coups de main de Kaddour-ben-Hamza commençait à se calmer, en présence des dispositions ayant pour but de parer à de nouvelles hostilités.

CONSTANTINE.

La pacification était entière dans le nord, et l'œuvre de la réorganisation se complétait et se consolidait chaque jour.

Dans le sud, le général de Lacroix, après avoir parcouru, à petites journées, le pays compris entre Bousaâda et Biskra, et réglé sur place toutes les questions qui avaient été soulevées dans cette région si profondément bouleversée par l'insurrection, venait de prendre la route de Tuggurt.

Dans l'est, le colonel Slagny avait réduit à la soumission les gens de Négrin, dernier refuge des insurgés dans le cercle de Tebessa; ils avaient accepté toutes les conditions qui leur avaient été imposées.

Le 2 janvier, après une marche longue et rapide, le commandant Rose, à la tête d'éclaireurs, entra dans Ouargis, qu'il enleva de nuit et par surprise. Parmi les prisonniers, se trouvait le khalife du chérif Bou-Choucha : le bruit qui avait couru de la mort de ce dernier n'était pas confirmé. La présence de nos troupes, en forçant ses derniers partisans a se retirer précipitamment, suffit pour rétablir le prestige de notre autorité, méconnue dans ces contrées depuis plus d'un an.

Un nouveau combat, suivi d'une razzia, fut livré, le 11, non loin du camp d'Ouargla. A la suite de cet engagement, les dissidents se dispersèrent. Le chérif, avec quelques Chambaa, prit la route d'Insalah ; il fut tué le lendemain, à Hassi-Karda Aich, par un serviteur des Oulad-Mokran, qui se partagèrent ses dépouilles. Le chef Si-Soubir se retira vers l'ouest, accompagné de quelques cavaliers des Inkradma. Les Oulad-Mokran et Naarben-Chola, dont le neveu avait péri dans le combat, se dirigèrent vers la Tunisie. Le commandant Rose, avec 150 éclaireurs, et le commandant d'Orléans, à la tête de deux escadrons, les poursuivirent le 14, toute la journée; ils ne purent que les contraindre à abandonner leurs troupeaux, ainsi que les hommes, les femmes et les enfants incapables de fuir. Les tribus du

Chambaa et d'Inkradma erraient, mourant de faim et de soif : on pensait qu'elles allaient se rendre à Ouargla pour faire leur soumission.

Jusqu'au mois de juillet, il ne fut mentionné aucun fait d'une grande importance. A cette époque, le Tell et la région saharienne jouissaient d'une tranquillité parfaite. L'épidémie variolique, qui s'était déclarée il y avait quelque temps, était entrée dans sa période décroissante en Kabylie; elle avait conservé dans les districts de l'intérieur une certaine intensité. Mais on ne négligeait rien pour la combattre efficacement.

Dans la province d'Oran, les indigènes continuaient à s'occuper activement des travaux de la moisson. La récolte de l'orge était terminée. L'apparition de cette denrée sur les marchés avait amené immédiatement une baisse de prix marquée. Le commerce des laines n'était plus alimenté que par les envois, naturellement tardifs, des populations de l'extrême sud.

L'agitateur Si-Caddour-Hamza était actuellement campé près de Gourara, dans le Maroc, n'ayant plus avec lui qu'un petit nombre de cavaliers.

Pour ce qui était de la troisième province, le général de Lacroix, qui avait pris personnellement le commandement d'une colonne chargée de ramener à l'obéissance les régions sahariennes et de consolider la situation sur les frontières de la région de Tunis, était rentré à Constantine. Le calme régnait partout. La récolte allait être rentrée dans le Tell. Les tribus avaient trouvé dans les nomades d'utiles auxiliaires pour la moisson, et ces nomades les avaient aidés à détruire les sauterelles, qui se montraient encore sur quelques points du Sétif. Les impôts de 1872 étaient en recouvrement dans toutes les subdivisions. On signalait encore des cas de variole dans l'Aurès et dans les montagnes d'El-Millia; mais on était à peu près certain d'empêcher la propagation de l'épidémie.

Les nouvelles publiées le 1er août par le *Journal officiel*, sur la situation politique de la colonie, étaient encore généralement favorables.

La tranquillité était complète dans la province d'Alger. Dans les environs de Djelfa et de Miliana, l'épidémie variolique conservait la même intensité, mais elle était tombée dans sa période décroissante, et l'on espérait qu'elle disparaîtrait prochainement. De violents orages avaient éclaté du côté de Boghar, et des récoltes coupées avaient été entraînées par les eaux. Les pluies abondantes qui étaient tombées au sud de cette localité, avaient fait, au contraire, le plus grand bien à la région, qui souffrait d'une sécheresse prolongée. Les nomades avaient terminé leur mouvement vers le nord et campaient maintenant sur les hauts plateaux.

Une entrevue qui avait eu lieu à El-Aricha, dans la province d'Oran, entre nos caïds et les délégués des tribus sahariennes du Maroc, commençait à porter ses fruits. Deux fractions des Hamgaus, qui avaient fait défection en 1855 et s'étaient retirées depuis ce temps à l'ouest de la frontière, avaient envoyé des offres de soumission. On avait obtenu, en outre, la promesse que les animaux récemment enlevés dans nos oasis seraient restitués à leurs propriétaires. Avant peu, toutes les tribus de la division d'Oran auraient intégralement versé au trésor le montant de l'impôt du zekkat, qui s'élevait, pour cette année, à 1,200,000 francs, centimes additionnels compris. Le rendement de cet impôt devait dépasser de 350,000 francs environ celui de 1871. La bonne qualité de la récolte assurait également un excédant de recettes sur l'achour, qui rentrerait assurément sans difficulté.

Dans le ressort de Constantine, l'administration de la justice avait repris partout son cours régulier. Aucun incident n'était venu troubler les relations amicales que nos populations entretenaient depuis quelque temps avec celles de la régence de Tunis. Des médecins parcouraient les tribus pour vacciner les enfants des indigènes, ils étaient partout bien accueillis.

A la fin du mois d'octobre, on signalait de Constantine l'entrée en Afrique de nombreux émigrants alsaciens et lorrains, et chaque jour on annonçait de Marseille le départ de nouveaux convois; chacun faisait ce qu'il pouvait, dans la colonie, pour subvenir à leurs premiers besoins. A Constantine, une commission, sous la direction d'un ingénieur des ponts et chaussés et d'un avocat, se consacrait à cette tâche avec un louable dévouement. A Philippeville, c'était un Alsacien, M. le docteur Kayser, qui présidait la société de secours pour les nouveaux colons. Des dons arrivaient de différents côtés; des particuliers, des sociétés, des corps de troupes envoyaient les fonds qu'ils avaient versés pour la libération du territoire. Le 125e de ligne venait d'adresser 2,600 francs; le 3e régiment de tirailleurs indigènes avait fait un premier envoi de 500 francs.

Un comité s'était formé à Paris pour seconder d'une façon plus spéciale ce mouvement d'émigration en Algérie. A sa tête étaient mesdames Worms et Franchetti, qui recevaient les dons en argent; les dons en nature étaient adressés à mesdames Weil et André.

C'est que, tout en pourvoyant tant bien que mal aux premiers besoins de ces malheureux, on ne pouvait ne pas songer à leurs besoins définitifs. Il ne devait pas suffire de leur avoir fourni, dans le premier moment, le vivre et le couvert, il s'agissait de leur assurer l'avenir. Or, il fallait 10 à 15 hectares pour faire vivre une famille, et ce n'étaient pas les terres qui manquaient; mais, pour en organiser la culture, un mois au moins était indispensable. Il fallait des attelages, des bœufs pour le labour, des charrues, des grains, des semences, etc.

La loi de 1871, qui concédait aux Alsaciens émigrants des territoires en Algérie, stipulait que chaque famille devait apporter un capital de 5,000 francs. Une famille d'agriculteurs qui possédait 5,000 francs de capital, avait de quoi s'établir quelque part en France, et ne s'exposait pas volontiers aux incertitudes qui avaient pesé jusque-là sur la colonie algérienne. Les premiers arrivants, l'année précédente, se composaient surtout de gens qui, vivant mal en Alsace, dénués de ressources, se sentaient moins attachés au sol natal et plus disposés à tenter les chances lointaines. Et cependant la fertilité du pays est telle que, malgré cette absence de ressources, et malgré certaines difficultés provenant des choses et des hommes, ils commençaient à se tirer d'affaire, au grand avantage de la colonie. Il fallait même croire que cet embryon trop informe encore d'une Alsace algérienne exerçait une réelle attraction sur les Alsaciens que l'option venait de renvoyer de leurs foyers, et que, comme tous les exilés, ils se tournaient avec plaisir vers le point où ils espéraient trouver un souvenir vivant du pays natal.

....*Parvam Trojam simulataque magnis Pergama.*

C'est pourquoi ils arrivaient nombreux, et ceux-là, les derniers arrivants, ils avaient bons bras, bon courage. Ceux qui avaient attendu jusqu'au dernier moment, tant ils avaient de peine à s'arracher aux champs paternels, étaient aussi ceux qui allaient s'implanter plus énergiquement dans ce sol nouveau. Laborieux en Alsace, ils resteraient laborieux en Algérie. Tous n'étaient pas sans ressources, beaucoup apportaient un pécule; en tout cas, ils savaient presque tous cultiver, et ne demandaient qu'à cultiver. Le gouvernement comptait leur venir en aide : c'était au patriotisme français de faire le reste.

Ce n'était pas sans éprouver un vif chagrin que ces infortunés s'arrachaient aux embrassements des leurs. Un voyageur qui passait à Mulhouse dans les premiers jours d'octobre, fut témoin d'une de ces scènes douloureuses que provoquait dans cette ville, comme dans le reste de l'Alsace et de la Lorraine, l'échéance du dernier délai laissé aux populations pour opter entre la nationalité allemande et la nationalité française. Par un pluie battante, des centaines de pauvres gens encombraient les gares et prenaient presque d'assaut les wagons qui devaient les emporter loin de leur terre natale, devenue pour eux une terre étrangère. Beaucoup étaient en deuil, plusieurs pleuraient. Il y avait là des mères et des jeunes filles qui conduisaient leurs fils ou leurs frères à la frontière, pour revenir ensuite seules dans leur village, qu'elles ne pouvaient quitter elles-mêmes.

Presque tous parlaient l'allemand. « Vous allez oublier maintenant le peu que vous savez de français, » demanda le voyageur à l'une de ces femmes. — « Oh! non, répondit-elle; c'est maintenant surtout que nous allons l'apprendre. »

Au moment où l'on entrait dans la gare de Belfort, le ciel s'éclaircit tout-à-coup. « On voit bien que nous sommes en France, voilà le soleil qui brille! » fit une pauvre femme qui essuyait de temps en temps une grosse larme, et dont l'extérieur vulgaire ne permettait guère une pensée si poétique et si délicate.

Mais c'était surtout dans les classes un peu plus élevées que le sentiment national se manifestait. Le voyageur vit dans les gares de Bâle, de Saint-Louis, de Mulhouse, des dames vêtues de noir et ayant à leur chapeau la cocarde tricolore. Il s'approcha de l'une d'elles et voulut savoir si beaucoup d'Alsaciennes portaient ainsi les couleurs françaises. « Toutes, répondit-elle, dans un jour comme aujourd'hui. »

Partout, du reste, les émigrants étaient bien accueillis. La ville de Nancy en reçut un très grand nombre, et les habitants firent l'impossible pour les secourir. A Besançon, les adjoints, MM. H. Bejanui et David, adressèrent à la population un chaleureux appel, auquel tout le monde s'empressa de répondre de son mieux. Voici en quels termes était conçue la proclamation qui fut affichée :

« A nos concitoyens,

» Quinze cents Alsaciens et Lorrains arrivent dans notre ville pour échapper au joug prussien et s'enrôler sous le drapeau français. Ils ont dû quitter brusquement leur terre natale, leurs maisons et leurs familles. Ils viennent à nous sans ressources, et ont confiance dans l'accueil de leurs frères plus heureux. Nous vous supplions de ne pas tromper leur espoir. Votre municipalité a déjà fait tout ce qui était en son pouvoir pour donner aux émigrants les premiers

soins ; mais, dans cette circonstance extraordinaire, nous
sommes résolus à faire un pressant appel à la générosité et
au patriotisme des habitants de Besançon.

» Dès à présent, un bureau est ouvert à la mairie pour
recevoir les souscriptions et les offrandes en faveur des
Alsaciens et Lorrains, qu'il faut loger et nourrir pendant
quelques jours. Nous sommes assurés que la population
entière fera à nos malheureux compatriotes un accueil qui
répondra dignement à leur éclatant amour pour la France, et
nous sommes convaincus que notre demande, à peine for-
mulée, aura déjà été devancée par vos cœurs. »

De son côté, la presse parisienne était unanime à réclamer du gouvernement qu'il affectât aux émigrés une somme égale au produit ferme de la souscription des femmes
de France, c'est-à-dire environ sept millions de francs, et le
sentiment public ratifiait d'avance une mesure qui était dans
la nature des choses autant que dans la pensée intime des
souscripteurs. On ne doutait pas que l'Assemblée ne satisfît
bientôt par une loi au vœu exprimé à Paris et dans les départements. Ceux des émigrants qui allaient s'établir en
Afrique devaient naturellement bénéficier les premiers de
cette loi.

L'année 1873 s'était ouverte pour notre colonie sous de
bons auspices : l'insurrection était à peu près vaincue partout, et, à mesure que l'ordre se rétablissait, les affaires
reprenaient leur cours.

Au commencement de février, pendant que la neige couvrait les montagnes voisines d'Alger, la pluie se mit à tomber avec abondance. Ce changement atmosphérique, impa-
tiemment attendu, était très favorable aux cultures et aux
bestiaux. On s'attendait à ce que les maladies qui sévis-
saient sur les moutons et les chèvres disparaîtraient sans
retard.

Autour d'Oran, une amélioration notable s'était produite
dans la situation agricole. L'eau qui était tombée là aussi
en abondance, avait fait beaucoup de bien aux récoltes sur
pied et permis de reprendre les travaux interrompus. Le

petit bétail trouvait maintenant des ressources dans les pâturages, et commençait à ne plus se ressentir de ses privations. Les meilleures relations existaient entre les tribus sahariennes et les populations marocaines de leur voisinage.

Le général de Galiffet venait de terminer une expédition heureuse qu'il avait poussée jusqu'à El-Goléah. Parti de Biskra le 15 décembre, avec 500 fantassins, 230 cavaliers et 3,000 chameaux, il avait atteint cette ville le 1er février, et, après y être resté jusqu'au 7, il était revenu à Ouargla, dernier poste français dans le désert.

Le général Galiffet avait fait prendre 80,000 litres d'eau à El-Goléah; puis, faisant monter les fantassins sur les chameaux, il avait regagné Ouargla, en traversant cent lieues de désert en sept jours, malgré trois tempêtes de sable. Les indigènes avaient été confondus de la rapidité de ce retour. Pas un homme n'avait péri dans cette expédition de deux mois, qui avait été entièrement pacifique et avait eu pour résultat d'ouvrir une route vers le Touât, sur Tombouctou et le Soudan.

Dans le même temps, toutes les fractions encore insoumises des Chambâa et des Mekhad'mass avaient demandé l'aman, accepté les conditions imposées, et versé leurs impôts arriérés, ainsi qu'une partie de leurs contributions de guerre. L'œuvre de la pacification était donc terminée depuis le sud jusqu'à la mer, et le calme le plus complet régnait dans toute l'étendue de la province de Constantine. La suite des labours n'avait pas cessé d'être favorisée par le temps. L'état sanitaire ne laissait rien à désirer; les troupeaux étaient dans de bonnes conditions. Les cas d'épizootie signalés sur deux ou trois points n'avaient aucune gravité.

Au 1er mars, le nombre des Alsaciens-Lorrains débarqués en Algérie s'élevait à 3,261. L'installation des émigrants, qui, au début, avait rencontré des difficultés sérieuses, se faisait alors dans d'heureuses conditions. Le gouvernement disposait, dans les trois provinces, de 200,000 hectares prêts à être distribués aux colons qui voudraient s'y établir;

c'étaient en partie des terres domaniales (azels, autrefois loués, et dont l'Etat avait repris possession), en partie des terres séquestrées à la suite de la dernière insurrection, ou bien acquises par voie d'échange ou d'achat. Toutes les familles arrivées depuis 1871 avaient été mises en possession de leurs terres. Celles qui possédaient un petit capital avaient reçu des concessions en toute propriété; les autres, celles qui étaient sans resources, et elles formaient la majorité, avaient reçu les terres au titre 2, c'est-à-dire avec condition de résidence : ce n'était qu'au bout de neuf ans que la toute propriété devait leur appartenir. Mais aucune autre condition que celle de la résidence ne leur avait été imposée. La contenance des lots était en moyenne de 25 ou 30, au maximum de 50 hectares. L'Etat ne donnait de terres qu'aux familles; les célibataires n'en recevaient que par exception.

Les villages où les Alsaciens-Lorrains avaient été placés étaient disséminés sur toute l'étendue de la colonie: il avait fallu, dans les premiers moments, prendre les terres qui devenaient disponibles un peu partout. Mais on devait procéder à la création des nouveaux centres, d'après un plan rationnel, et surtout éviter les régions dépourvues de routes. En somme, malgré les difficultés qu'on avait eu à vaincre, malgré les conditions déplorables dans lesquelles la plupart des émigrés s'étaient dirigés sur l'Afrique, leur installation était achevée, grâce à la bonne volonté de l'administration et au zèle admirable déployé par les sociétés d'assistance et de protection. Le sol est fertile, le climat n'a rien qui puisse effrayer les colons; l'avenir paraissait être assuré à tous ceux qui iraient en Algérie avec la résolution de travailler. C'est ce qui ressortait du rapport très circonstancié de M. Guynemer, qui venait de visiter presque tous les établissements alsaciens-lorrains en Afrique, comme délégué de la société présidée par M. le comte d'Haussonville.

Le seul *desideratum* signalé par ce rapport concernait les habitations. Les familles, à leur arrivée dans les villages, étaient d'abord logées sous des tentes, abri insuffisant

pour les femmes et les enfants; plus tard, le gouvernement
fit construire des gourbis en pierre, mais dans beaucoup de
villages ces gourbis étaient trop petits et mal couverts.
Aussi est-ce à la construction de maisons définitives que
M. Guynemer crut devoir affecter la plus grande partie des
subventions allouées par la société, et c'est sur cette question qu'il appela la sollicitude du gouverneur général, qui
s'empressa d'ouvrir à cet effet un crédit de 100,000 fr. au
préfet d'Alger. Il fut décidé ensuite que les constructions
projetées seraient exécutées sous la direction du génie militaire, et, dans ces conditions, une maison qui reviendrait
à 2,000 ou 2,500 fr. si elle était bâtie par un entrepreneur
civil, n'en coûterait que 1,500. De plus, on n'aurait plus à
craindre l'abandon des travaux ou les retards qui se pro-
duisent si souvent par suite du manque d'ouvriers ou de la
négligence des entrepreneurs. Toutes ces maisons pourraient être terminées dans un bref délai. Des dispositions
semblables furent prises pour les provinces d'Oran et de
Constantine. Les émigrants devaient donc trouver leur installation toute préparée, surtout s'ils se conformaient à
l'avis du sous-comité d'Alger, qui leur conseillait de retar-
der leur départ jusqu'à la fin de septembre, afin de leur
épargner l'épreuve des grandes chaleurs. Au reste, le mouvement d'émigration tend à s'accroître, et l'avenir de la colonie inspire une confiance entière à tous ceux qui l'ont vue
de près. On ne se fait pas en général une idée assez juste
des ressources que peut offrir l'Algérie à des colons résolus
et intelligents. « En voyant, dit M. Guynemer, tant de villes et de villages de construction européenne, tant de fermes
dont les propriétaires, arrivés sans fortune, ont trouvé l'ai-
sance et quelquefois la richesse, j'ai compris combien
l'Algérie était peu connue en France. »

Le 10 mars, commencèrent, devant la cour d'assises de
Constantine, les débats de l'affaire dite des grands chefs
arabes, la plus importante, par sa nature et ses conséquences, qui, jusqu'alors, eût été soumise au jugement d'un jury
ordinaire.

Le local affecté aux audiences de la cour d'assises n'étant pas assez spacieux pour contenir tous les accusés et les témoins, au nombre de 500 à 600, et, d'un autre côté, reconnaissant l'impossibilité d'admetre que la cause fût soumise à un seul jury de jugement, ou même au jury d'une seule saison, à cause de la longueur des débats, le président ordonna que les crimes disjoints et que les accusés seraient successivement déférés au jury par groupes distincts. Cette disjonction devait rendre plus facile la publication de l'acte d'accusation, qui, imprimé, formait une très grosse brochure.

Deux cent treize indigènes, tous chefs ou gens plus ou moins influents, étaient impliqués dans cette affaire; soixante-huit avaient pris la fuite; les cent quarante-cinq autres étaient détenus dans la prison de Constantine. Ils devaient former dix groupes distincts.

D'après l'acte d'accusation, l'insurrection qui avait désolé l'Agérie en 1871 avait un caractère spécial; c'était, à proprement parler, la révolte des chefs les mieux traités par la France, se proposant d'anéantir la colonisation dans le présent et dans l'avenir, et de rendre impossible l'établissement d'une administration régulière civile. Ils avaient profité des difficultés dans lesquelles la France se débattait pour contraindre les populations placées sous leurs ordres à se soulever, et l'on avait vu pour la première fois les Arabes et les Kabyles réunis dans une rébellion commune.

La petite ville de Bordj-bou-Areridj, sur la route d'Alger à Constantine, à 72 kilomètres de Sétif, fut le théâtre des premières hostilités des indigènes.

Si-Mohamed-ben-el-Hadj-Amet-el-Mokhrani ét ait depuis plusieurs années kaïd de cette contrée. Pour augmenter son prestige, et sans doute dans l'espoir d'en faire un serviteur plus dévoué à la France, on avait nommé cet indigène bach-agha de la Medjana. Autour de lui se groupaient treize ou quatorze kaïdas remis successivement aux mains des Ouled-Mokhrani, ses parents.

L'influence du bach-agha était grande; honoré de l'amitié

de plusieurs généraux, hôte habituel des Tuileries et admis aux fêtes de Compiègne, exerçant son commandement sur des tribus considérables, il s'était presque complètement affranchi de l'autorité du bureau arabe dé Bordj-bou-Areridj.

Insensiblement, à raison de la haute position qui lui était faite et de ses protestations de dévouement à la France, les chefs militaires n'exerçaient plus qu'un contrôle superficiel sur ses actes. On ne pouvait s'arrêter à la pensée que cet homme, qui nous devait tout, nous trahirait un jour.

Cette position était réellement unique en Algérie. Le bach-agha se regardait comme un des principaux représentants du régime militaire, et il considérait sa personnalité comme l'affirmation même de ce régime. Lors d'un vote du Corps législatif, le 2 mars 1870, M. le maréchal de Mac-Mahon ayant donné sa démission de gouverneur général, Mokhrani offrit immédiatement la sienne. Cet exemple fut suivi aussitôt par un autre grand personnage indigène, ami intime du bach-agha de la Medjana, Ben-Ali-Chérif, bach-agha de Chellata.

Quelques jours après, éclata la guerre avec la Prusse; tous deux consentirent alors à conserver leur commandement. Ils firent valoir comme un service rendu à la France le retrait de leur démission, et Mokhrani profita de cette occasion pour demander, en l'absence des troupes françaises, d'armer lui-même ses cavaliers et d'administrer son bach-aghalik d'une manière plus indépendante.

Le commandement du cercle de Bordj-bou-Areridj fut, à cette époque, remis à M. Ollivier, capitaine des spahis, ancien chef du bureau arabe de cette localité. Des relations d'amitié s'étaient depuis longtemps établies entre le bach-agha et lui; Mokhrani s'en servit pour abuser le plus long temps possible de l'autorité sur les siens et hâter ses préparatifs de révolte.

Sur ces entrefaites, un décret du 3 septembre 1870 institua un commissariat civil à Bordj-bou-Areridj. Cette création indisposa vivement le bach-agha. Il comprit qu'elle impliquerait, dàns un avenir plus ou moins éloigné, le développement de la civilisation et l'effacement de son rôle politique.

La proclamation de la République augmenta son inquiétude. En toutes circonstances, Mokhrani exploitait la situation; il disait à qui voulait l'entendre qu'il ne se soumettrait jamais à un gouvernement civil. Le décret du 21 décembre, qui englobait dans le gouvernement civil une grande partie de son commandement, le trouva dans ces dispositions d'esprit. Un décret était accompagné d'une proclamation signée par M. Crémieux. Elle était destinée à éclairer les indigènes et à leur démontrer les avantages du nouveau régime. Le bach-agha répondit, quand la communication lui en fut faite : « Si ma position dans le pays doit dépendre d'un juif, j'y renonce; j'accepterais tout d'un homme portant le sabre, dût-il m'en frapper. » Telle était la situation politique de la Medjana au moment où commencèrent les événements de 1871.

Jusqu'alors la Kabylie était restée dans une tranquillité apparente, mais elle était minée déjà par les agissements de Mokhrani, dont l'intermédiaire naturel était Ben-Chérif, son ami, le bach-agha de Chellata.

Mohamed-Saïd-ben-Ali-Chérif, descendant d'un marabout vénéré, avait eu tout d'abord une influence prépondérante. On se rendait en foule à Zaoola, pour lui apporter la dîme et des aumônes. Mais, depuis quelque temps, il avait perdu une partie de son prestige religieux, et les fidèles désertaient la mosquée de Chellata pour porter leurs offrandes à Seddouck, village voisin de Chellata, dans lequel vivait un homme de naissance obscure, Mahomed-Amzian-ben-Ali-Bel-Haddad (fils du forgeron), mais dont le titre de chef des Kouans de Sidi-Abderrahman avait fait un personnage considérable.

Les Kouans forment une confrérie religieuse; le chef suprême de l'ordre porte le titre de cheik.

Les deux fils du cheik Bel-Haddad, M'Hamed et Aziz, jouissaient d'une grande autorité : le premier, marabout fanatique, avait trempé déjà dans une insurrection précédente; l'autre, plus jeune, dévoré d'ambition, était tout prêt à subir de fâcheuses influences, pourvu qu'on lui montrât comme objectif une satisfaction de vanité.

L'amoindrissement du prestige religieux de Ben-Ali-Chérif, dont profitait Bel-Haddad, avait fait naître entre ces deux personnages une très grande rivalité. Ben-Ali-Chérif était le chef politique, Bel-Haddad le chef religieux. Leur rivalité devint telle qu'à l'instigation de Mokhrani, Ben-Ali-Chérif demanda des armes et des munitions pour se défendre au besoin contre le cheik Haddad.

Mokhrani, sur les conseils du colonel Bonvalet, qui commandait la subdivision de Sétif, se rendit chez le cheïk Haddad et l'amena à consentir à une réconciliation entre son fils et Ben-Ali-Chérif, en présence de Mokhrani et de plusieurs chefs. Cette réconciliation devait servir les projets ultérieurs de Mokhrani. Chemin faisant, il s'était arrêté dans plusieurs localités, et, réunissant les notables, il les avait excités à la révolte en leur disant : « Les civils se sont concertés » pour renverser les militaires. Ils ont travaillé à la ruine » de l'Empereur. Ils préfèrent les juifs aux musulmans. Ils » n'ont de haine que contre les Arabes et les militaires, afin » d'avoir seuls l'administration du pays. Ils frapperont les » Arabes d'impôts considérables ; ils ne respecteront ni leurs » mœurs ni leur religion ; ils prendront leurs terres. Le ré- » gime militaire peut seul nous sauver; il faut donc soutenir » le régime militaire. »

Les préparatifs de la révolte se faisaient ouvertement. Les grains, les objets précieux étaient partout transportés dans les montagnes; les campements se groupaient; les Ouled-Mokran et leur bach-agha étaient toujours à cheval, envoyant des émissaires dans toutes les directions et annonçant partout que Mokhrani s'était entendu avec tous les caïds et les notabilités indigènes de l'est et de l'ouest, et que tous avaient répondu « qu'ils seraient unis à lui comme la bague au doigt. »

Le 14 février, le colonel eut une entrevue avec Mokhrani,

qui lui renouvela ses griefs contre le gouvernement civil, et protesta amèrement contre la naturalisation des Juifs.

Dans les premiers jours de mars, il envoya sa démission, qu'il fit suivre, le 14, d'une audacieuse déclaration de guerre. Les hostilités commencèrent aussitôt par le meurtre, l'incendie et le pillage.

Tels étaient les faits qui amenaient les accusés devant la cour d'assises. Ce rapide exposé, extrait des pièces de la procédure, montre quel était le véritable caractère de l'insurrection.

Beaucoup furent condamnés à l'emprisonnement, aux travaux forcés, à la déportation ou même à mort; les autres furent acquittés, grâce à la parole éloquente des défenseurs, parmi lesquels on remarquait MM. Jules Favre et Laurier, du barreau de Paris. Le procès se prolongea jusqu'au mois de mai.

A la fin de mars, le conseil supérieur de l'Algérie discuta et vota un projet portant création d'un quatrième département, dit de Kabylie : il se prononça en faveur de ce projet par 16 voix sur 22. Un pareil vote impliquait la création d'un conseil général élu; le conseil faisait de cette institution la condition absolue de son approbation.

Les émigrants étaient toujours l'objet de vives sympathies. Dans le courant d'avril, M. Dolfus informa le gouvernement qu'il se chargeait de l'installation dans notre colonie de quatre cents familles alsaciennes ou lorraines. Douze cents hectares d'excellentes terres leur furent réservées par l'autorité dans le périmètre de Tizi-Ouzou.

Un travail parut alors, qui semblait d'autant plus intéressant qu'il donnait, sinon sur toute l'Algérie, du moins sur une partie de la province d'Oran, des détails qu'on aimait à connaître au moment où l'on s'occupait partout avec zèle de ce qui avait trait à l'émigration. Ce travail, dû à M. Derrécagay, officier d'état-major, concernait la région sud de cette province, qui avait été récemment parcourue et étudiée. Nous en détachons les passages suivants, relatifs au climat, à la température, aux vents et aux orages.

La région des hauts plateaux, la plaine du Chott-ech-Chergui, la contrée montagneuse du Ksâl et du Djebel Amour, ou Tell saharien, ont un climat qu'on peut qualifier d'excessif, d'une chaleur extrême l'été, d'un froid rigoureux l'hiver. On a vu à Géryville, dans la même année, le thermomètre descendre à — 7° et monter à + 45° à l'ombre; en somme, 52° de différence extrême dans une période de six à sept mois.

D'autre part, le pays situé au sud du Djebel Amour et du Djebel-el-Guebli, le Sahara proprement dit, El-Guebla des Arabes, possède un climat chaud; très ardent l'été et conservant l'hiver une chaleur bienfaisante, il n'a de véritables fraîcheurs que pendant les nuits et les matinées de cette saison.

Le climat excessif des hauts plateaux et du Tell saharien semble dû à deux causes distinctes : l'altitude de ces régions et leur latitude; les vents et la nature des terrains agiraient alors comme des causes secondaires susceptibles d'augmenter l'effet des premières.

Entre le Djebel-el-Guebli et Frenda, le point le plus bas du sol est encore 875 mètres au-dessus du niveau de la mer. Les points les plus hauts atteignent près de 2,000 mètres; aussi la neige et les frimas y règnent l'hiver; le thermomètre marque quelquefois pendant un ou deux mois une température inférieure à 0°, et même pendant les belles journées le soleil n'a plus assez de force pour réchauffer l'atmosphère, tandis que les courants d'air ou des vents d'une grande violence ne cessent de la rafraîchir. Aussi l'indigène dit que les hivers de la côte sont des printemps pour lui.

L'été, au contraire, la température s'élève jusqu'à 45° et 50° à l'ombre. Cet excès de chaleur surprend peu, du reste, quand on songe que, par suite du brusque abaissement de la côte d'Oran, vers le sud, les contrées dont il s'agit sont placées entre le 35° et le 33° degré de latitude méridionale.

Entre les deux saisons extrêmes, la transition n'est jamais subite ; elle est amenée par des séries d'orages qui se renouvellent presque chaque jour au printemps, et surtout en automne.

C'est dans ces saisons d'orages que la même journée offre parfois des différences de température considérables. A Aïn-Fededrighn, le 9 octobre 1864, le thermomètre marquait —2° à quatre heures du matin, et + 40° à deux heures de l'après-midi. Au mois de septembre, quand un orage éclate et vient subitement refroidir l'atmosphère, ces brusques variations peuvent s'observer dans le court espace d'une heure ou deux.

A ces deux causes d'un pareil climat, l'altitude et la latitude ont encore pour effet de raréfier l'air et de lui donner à la fois de la sécheresse et de la vivacité.

Dans le Sahara proprement dit, au sud du Djebel Amour, et du Djebel Guebli, l'altitude diminue. Le sol est formé de masses sablonneuses qui s'échauffent rapidement, et les montagnes qui limitent ces contrées vers le nord les abritent des vents froids. Il en résulte un climat d'une douceur particulière l'hiver, et d'une grande chaleur l'été. Les pluies sont rares, excepté les pluies d'orage à la fin de l'automne. Pendant l'hiver, l'air est vif. Dans cette saison, le séjour de ces contrées est sain et les indigènes lui attribuent une influence des plus bienfaisantes ; ils prétendent que le climat de l'Ouad Zergoûn a la propriété non-seulement de régénérer les tempéraments affaiblis, mais encore de guérir les maux les plus rebelles. En revanche, depuis le 15 mai jusqu'à la mi-septembre, il règne dans cette partie du pays des chaleurs intolérables, accompagnées d'ouragans furieux et de vents du sud d'une violence inouïe.

Pendant presque tout le mois de juin 1864, sous une tente double fréquemment arrosée, et dans un courant d'air, le thermomètre marquait constamment entre 42° et 50° ; il atteignit un jour 52°, et ne redescendait presque jamais au-dessous de 34°.

Deux phénomènes météorologiques se reproduisent dans cette contrée avec des effets assez particuliers pour constituer un des caractères de son climat : ce sont les vents et les orages.

Sur les hauts plateaux et sur les montagnes du Djebel Amour et du Ksâl, au printemps et pendant la saison chaude, il règne des vents d'une grande puissance.

Dans le Sahara proprement dit, il existe aussi de temps à autre un vent très fort, dont la direction, en automne et en hiver, est constamment nord-ouest-sud-est et sud-nord en été.

Des vents analogues soufflent dans la direction des Zârchez et aux alentours de Djalfa. Ces courants aériens ont une durée, des directions et une puissance qui surprennent; ils exercent sur le climat, sur la nature du sol, en un mot sur les conditions d'existence des hommes et des animaux, une influence spéciale.

Ils sévissent sur d'immenses steppes où nul obstacle ne peut diminuer leur impétuosité. On s'explique ainsi la force surprenante et les tourbillons de sables qu'ils transportent à de grandes distances. La façon dont ils sont produits montre qu'ils doivent prendre naissance sur les plateaux d'où partent les têtes de vallée, et souffler le plus souvent dans la direction de leur cours.

Il est inutile d'ajouter que, dans un pays très chaud, des vents semblables amènent nécessairement de brusques changements de température et contribuent à donner au Tel saharien un climat excessif, qui est un de ses caractères.

Pendant une période de six semaines environ, à la fin du printemps et au commencement de l'automne, il se forme presque chaque jour, au-dessus des hauts plateaux et du Tell saharien, des agglomérations de nuages orageux présentant une direction et un aspect constants. Le même fait se remarque dans la région des Zârchez.

Ces nuages se groupent en éventail autour d'un point central où les masses de vapeurs paraissent plus condensées; et, lorsqu'un de ces éventails se forme d'un côté, il est rare qu'un autre n'apparaisse pas du côté diamétralement opposé.

Les deux points qui servent de centre à ces masses nuageuses semblent presque toujours placés sur une direction parallèle à la région montagneuse du Tell saharien. (Est 16° nord-ouest, 16° sud.)

En résumé, malgré les changements brusques de température qui caractérisent le Tell saharien et les vastes plaines avoisinantes, on doit considérer cette contrée comme très saine. Les parties basses, marécageuses, couvertes d'eaux chargées de sels et surtout de sulfates, sont, en tout pays, des endroits dangereux à habiter. Mais ici, partout ailleurs qu'en ces points isolés, l'air est sec et pur; l'homme peut y vivre sans y être exposé à de graves maladies, pourvu que des vêtements chauds le mettent à l'abri des variations atmosphériques.

Nous croyons ces contrées particulièrement favorables à l'amélioration des races domestiques, surtout des races ovine et chevaline. Elles donnent en effet aux tissus et aux muscles cette sécheresse et cette fermeté qui sont le cachet des races de pur sang. Et déjà, pendant la période de paix qui a précédé l'insurrection de 1864, les moutons et les chevaux des hauts plateaux avaient acquis dans les provinces d'Oran et d'Alger une célébrité bien établie sur tous les marchés.

Le nombre de ces animaux est très diminué aujourd'hui; mais on pouvait encore, dans les courses de 1865, reconnaître les produits de deux races distinctes et fort remarquables qui avaient été conservées avec soin par les chefs des Harât et par l'agha du Djebel Amour. Une période de paix et des soins entendus suffiraient sans doute pour leur rendre leur ancienne importance.

Dans les premiers jour du mois de mai, s'ouvrit solennellement à Alger le concile provincial, qui devait être tenu sous la présidence de M. de Lavigerie. Ce concile, composé des évêques d'Algérie et des délégués de leurs chapitres, avait pour but l'organisation des diocèses. Les événements des dernières années avaient retardé ce travail, qui aurait dû être fait après la création des diocèses, en 1868. Tout le clergé avait été convoqué à cette cérémonie, qui eut lieu à Notre-Dame d'Afrique.

Le journal qui signalait l'ouverture du concile contenait aussi une nouvelle militaire importante. Une colonne expéditionnaire se disposait à se mettre en marche pour les frontières du Maroc, afin d'appuyer, par une démonstration armée, des réclamations adressées à plusieurs reprises par le gouvernement français à l'empereur du Maroc, au sujet de déprédations commises sur le territoire de la province d'Oran par la tribu marocaine des Beni-Snassen. Vingt mille hommes environ d'infanterie, de cavalerie et d'artillerie, devaient prendre part à cette campagne. Les préparatifs avaient été faits si secrètement qu'aucun journal de la colonie n'en avait eu connaissance. Mais tout-à-coup l'on apprit que l'expédition n'aurait pas lieu. A la prière du gouvernement français, le cabinet anglais venait de négocier les indemnités demandées par la France à l'empereur du Maroc. Aux termes de cet arrangement, l'empereur s'obligeait à payer à la France le montant des dégâts commis sur notre territoire par les Beni-Snassen, et s'engageait en outre à lui rembourser les frais nécessités par la mise en mouvement de la colonne d'expédition.

Le gouverneur général, informé par le télégraphe, arrêta court les préparatifs que l'on faisait partout avec activité. Les convoyeurs et leurs chameaux, réquisitionnés en grande hâte, furent renvoyés dans leurs tribus, et les approvisionnements rassemblés firent retour dans les magasins.

Le 8 mai, une réunion de la société de protection des Alsaciens-Lorrains eut lieu à Paris. Il restait à cette époque en caisse une somme de 150,000 fr., et M. le comte d'Haussonville en indiqua à peu près l'emploi : une partie devait être consacrée à soutenir l'œuvre de l'Algérie, dont se préoccupait particulièrement la société. M. d'Haussonville avait l'intention d'aller lui-même en Afrique, pour choisir l'emplacement de deux nouveaux villages destinés aux colons.

Le 15, un service de transport fut inauguré à Rouen, qui devait avoir un grand intérêt pour notre colonie. Jusque-là, les marchandises du nord de la France pour l'Algérie et les produits de l'Algérie pour nos départements du nord empruntaient les voies ferrées jusque ou depuis Cette et Marseille, et cela avec des frais énormes. Un armateur, M. William Banks, dont la maison principale est à Paris, voulut remédier à cet inconvénient, et il n'hésita pas à affecter quatre de ses steamers à la ligne nouvelle qu'il avait résolu de créer entre Dunkerque, le Hâvre, Rouen, Oran, Alger, Philippeville et Bône. Les sympathies ne firent pas défaut à cette utile entreprise.

La France a accompli depuis 1830, en Algérie, autant de progrès que les Anglais dans l'Inde en un siècle. Bien que notre drapeau flotte depuis plus de quarante ans sur les remparts d'Alger, il n'y en a guère que vingt que l'œuvre civilisatrice est sérieusement commencée. C'est, en effet, ainsi que le fait remarquer M. Louis Chauveau, de la soumission d'Abd-el-Kader, c'est-à-dire de 1848, qu'il faut dater le premier essai, le premier effort dans ce sens. Alors fut fermée l'ère de la lutte, et l'émigration européenne se dirigea vers l'Afrique. Depuis lors des travaux ont été entrepris, qui, poussés avec une grande vigueur, ont pourvu la côte de ports, l'intérieur de routes, facilité ainsi la création d'un bon nombre de centres maritimes, commerciaux, agricoles, aujourd'hui florissants. Dans les derniers temps surtout, on a vu cette anse inhospitalière d'Alger devenir un grand bassin de quatre-vingt-douze hectares, beaucoup plus spacieux que le port de Marseille et la Joliette réunis, un grand bassin entouré de docks, de caves, de magasins, muni d'une gigantesque forme de radoub, qui n'a d'égale que celle de Plymouth, et dont le large quai permet à une centaine de navires de charger et de décharger leurs cargaisons. Ce vieux nid de pirates, contre lequel s'était brisée la puissance de Charles-Quint, s'est ainsi changé en cette

majestueuse façade qui ouvre à l'Europe le continent africain et qui apprend au voyageur que là une grande nation
est assise. Les chefs arabes, en général, non-seulement se
sont soumis à nos lois, mais ils ont sollicité l'honneur de
veiller à leur exécution.

Ce résultat doit être attribué à l'influence des principes
que la France représente dans le monde, et qui accompagne
partout ses drapeaux. Grâce à cette influence, le Maure,
l'Arabe et le Kabyle n'ont pas aujourd'hui moins de respect
pour nos institutions que pour nos armes qui les ont vaincus. Ils comprennent que notre domination a été pour eux
un bienfait, et il n'est pas douteux que l'œuvre commencée
ne s'achève au profit de la civilisation et dans l'intérêt de
la mère-patrie.

Puissent les admirables exemples de charité donnés par
monseigneur Lavigerie principalement, et tout le clergé
africain, nous attacher à jamais, par l'estime et la reconnaissance, ces fiers disciples du Coran!

APPENDICE.

Nous croyons devoir donner ici, d'après madame la comtesse Drohojowska, un résumé succinct de l'histoire de l'Algérie depuis les temps les plus reculés jusqu'à l'époque de la domination française. Ce sera, croyons-nous, un complément utile de ce livre, et qui aura son intérêt pour nos jeunes lecteurs.

CHAPITRE Ier.

Peuples primitifs. — Carthage. — Les mercenaires. — Annibal. — Fondation du royaume de Numidie. — Sa grandeur et sa prospérité. — Guerre contre Jugurtha.

Les Lybiens et les Gétules, réunion hétérogène des hommes de races diverses, mais tous barbares et à demi sauvages, sont les plus anciennes populations du nord de l'Afrique dont il soit fait mention. On prétend qu'à la suite d'Hercule, des Mèdes, des Perses et des Arméniens vinrent s'y fixer, et, s'alliant aux Lybiens, donnèrent naissance à la grande race des Maures. Quant aux Gétules, se confinant dans les vallées de l'Atlas, ils se formèrent en tribus : ce sont les mêmes que les Berbères ou Barbares, à qui l'on a emprunté le nom d'Etats barbaresques. Enfin, selon quelques historiens, les peuples de Chanaan, fuyant devant Josué, quand il entra dans la Terre promise, seraient venus encore se joindre aux Lybiens, aux Mèdes et aux Perses.

Deux races distinctes sont résultées de ces éléments divers : les nomades et les sédentaires. On les appelait dans l'antiquité les Numides et les Berbères ; nous les nommons les Arabes et les Kabyles.

Les siècles ont passé sans apporter de modifications aux
mœurs, aux habitudes, à la manière de vivre des habitants
de l'Algérie. Les Kabyles, comme autrefois les Gétules et
les Berbères, sont agricoles et industrieux, vivent en tribus,
recherchent le calme de la solitude et s'éloignent rarement
du sol natal. Les Arabes, comme leurs aïeux les Numides,
sont d'intrépides cavaliers; pasteurs et nomades, ils habi-
tent sous des tentes, qu'ils enlèvent à leur gré pour les
dresser plus loin. Ailleurs, les populations primitives ont
disparu, parce que les vaincus se sont mêlés aux vainqueurs; ici les vaincus se sont isolés, et ont conservé intac-
tes leurs traditions et leurs mœurs.

Tout le monde connaît ce qui a rapport à la fondation de
Carthage, à sa prospérité et aux guerres qu'elle soutint contre Rome. Cette ville n'était point sur le territoire actuel
de l'Algérie, mais à l'endroit où se trouve actuellement
Tunis. Résolue à asseoir sa domination en Afrique, elle
soumit à ses lois tout le littoral, depuis la petite Syrte ou
le golfe de Gabès, jusqu'aux colonnes d'Hercule, et reçut
des colonies dont le nombre, d'après certains auteurs, s'é-
levait à plus de trois cents. Elle ne chercha point à pénétrer
dans les terres.

Carthage existait depuis environ un siècle quand des Do-
riens vinrent s'établir dans la partie du littoral désignée de
nos jours sous le nom de Barka, dans la régence de Tripoli.
Ils bâtirent Cyrène, et bientôt leur commerce prit un développement tel qu'ils excitèrent la jalousie des Carthaginois.
Ces derniers, n'osant attaquer directement Cyrène, allèrent
combattre les colonies grecques sur leur point central d'occident, c'est-à-dire en Sicile.

La politique de Carthage, tournée entièrement vers le
commerce, l'empêchait de dépeupler ses villes et ses colonies pour les besoins de la guerre. L'opulente république
acheta au-dehors des soldats; ces soldats, qui appartenaient
à tous les peuples connus, furent désignés sous le nom de
mercenaires. Tous se battirent avec courage, tant que le
succès couronna leurs efforts; mais quand vinrent les

défaites, ils se révoltèrent contre leurs chefs et menacèrent Carthage d'un sérieux danger. Aux mercenaires révoltés se joignirent les habitants des villes maritimes et ceux des colonies agricoles, sur qui pesaient de lourds impôts : les populations de l'Atlas accoururent pour prendre leur part du pillage.

Réconciliés en présence du péril de leur patrie, les généraux Hannon et Amilcar firent subir aux rebelles, dans deux grandes batailles, une défaite terrible, et l'Afrique rentra sous le joug de Carthage. Mais la guerre des mercenaires se renouvela en Sardaigne, et les Romains, intervenant par les armes, s'emparèrent de l'île et forcèrent les Carthaginois à acheter la paix à prix d'argent. (228 av. J.-C.)

Privée de la Sardaigne et aussi de la Sicile, Carthage dut songer à devenir, de puissance maritime, une puissance continentale. Amilcar, père d'Annibal, accomplit cette importante révolution. Débarquant en Espagne à la tête d'une armée, il conquit rapidement une partie de la Péninsule, et quand il eut glorieusement péri sur le champ de bataille, son gendre Asdrubal, continuant son œuvre, fonda Carthagène et s'avança jusqu'à l'Ebre, limite des possessions romaines. Il remit, en mourant, son autorité entre les mains du fils d'Amilcar, âgé alors de 22 ans.

Annibal ne tarda pas à brûler Sagonte, alliée de Rome; puis, franchissant l'Ebre, il s'achemina vers l'Italie, où il devait se distinguer par ses exploits. Contraint, bien des années après, de retourner à Carthage, qui menaçait Scipion, il fut vaincu à Zama, et se retira chez le roi de Bythinie, à la cour duquel il s'empoisonna, pour éviter de tomber au pouvoir des Romains.

Syphax et Massinissa étaient les chefs de deux tribus situées, l'une près de Carthage, l'autre dans la province d'Oran. Syphax ayant abandonné le parti de Rome, Massinissa, revenant d'Espagne, l'embrassa avec ardeur, et reçut, en présence de l'armée romaine, le titre de roi, avec la couronne d'or, emblème de la puissance. Quand la guerre fut terminée, Scipion retourna à Rome, laissant son allié maî-

tre, non-seulement de tout les Etats héréditaires de sa famille, mais encore de tout ce que Syphax avait possédé en
Numidie. Ce prince réunit tout le territoire entre Cyrène et
la Mauritanie, et en forma un seul empire dont il fut le premier souverain, et qu'il nomma royaume de Numidie.

A l'âge de 90 ans, il marcha contre Carthage pour s'en
emparer; mais Rome, attaquant alors elle-même la côte phé-
nicienne, ne lui laissa pas le temps de réaliser son projet :
il mourut pendant la troisième guerre punique. Son règne
avait été glorieux, civilisateur surtout; les soixante années
de son administration éclairée et énergique avaient apporté
un changement immense dans les campagnes et dans les
villes. La plus remarquable de ces villes était Cyrtha, qui
s'enrichit et s'embellit encore sous Micipsa, fils de Massinissa.

Sous Micipsa, la grandeur numidique atteignit son apogée, mais disparut avec lui. Cette décadence s'explique par
les efforts des Romains pour établir dans l'Afrique septentrionale une domination absolue, et aussi par la faute que
commit Micipsa, de partager, en mourant, ses Etats entre
ses trois fils et son neveu Jugurtha. Ce dernier, poussé par
le désir de régner seul, fit assassiner Hiemsal, l'aîné de ses
cousins, vainquit l'autre, qui périt aussi par son ordre dans
les supplices, et fut ainsi maître de tout le royaume. Mais
son ambition causa sa ruine et la chute de sa patrie.

Adherbal, chassé de ses Etats, s'était réfugié à Rome et
avait demandé au sénat asile et protection. Jugurtha répandit l'or, gagna les commissaires chargés de procéder à
un nouveau partage, puis, assiégeant son parent dans Cyrtha, il le contraignit à se rendre, et, malgré sa promesse
de lui accorder la vie, donna l'ordre de le mettre à mort.

Ce crime souleva l'indignation parmi les Romains. Une
armée partit pour la Numidie, mais les chefs se laissèrent
corrompre et signèrent un traité. Le peuple exigea alors
que Jugurtha vînt à Rome : il s'y rendit, et une fois encore
réussit à acheter la paix. Mais un nouveau crime, le meurtre de Massiva, petit-fils de Massinissa, assassiné dans la

ville même, décida les Romains à rompre toutes relations avec lui, et la guerre fut définitivement résolue.

Cette guerre dura sept années, bien que l'Italie eût envoyé en Afrique six grandes armées et de nombreux renforts. Jugurtha fatiguait les généraux sans leur laisser remporter de sérieux avantages, et les efforts les plus patients échouaient contre son génie. Métellus releva enfin la fortune romaine, et, après lui, Marius eut l'honneur de saisir le héros numide, qui, du reste, lui fut livré par Bocchus, roi de Mauritanie, son beau-père et son allié. Jugurtha fut amené à Rome, et mourut de faim dans un cachot, à l'âge de 54 ans. (106 avant J.-C.)

CHAPITRE II.

Domination romaine. — Rétablissement du royaume de Numidie. — Carthage reconstruite. — Révolte du Maure Tacfarinas. — Réorganisation en Afrique. — Le christianisme en Afrique. — Guerre du Maure Firmus et insurrection de Gildon. — Saint Augustin.

Ce fut seulement à la fin de la guerre de Numidie que commença réellement la domination romaine en Afrique, et ce pays, déjà si florissant sous les Carthaginois, le devint beaucoup plus encore, grâce à la connaissance qu'avaient les Romains des hommes et des nations, et à l'habileté avec laquelle ils mettaient à profit ce que la politique des gouvernements précédents avait eu de bon.

Rome ne s'était pas emparée de tout le territoire. Elle avait laissé une partie du centre à Hiempsal II, petit-fils de Massinissa, et l'en avait reconnu roi; mais elle avait mis ce prince et son royaume hors d'état de lui nuire, du moins quant au présent.

Les Romains tiraient une grande quantité de blé de cette contrée, et le sol était d'autant plus productif qu'un certain nombre de Numides et de Gétules, abandonnant alors la vie errante, s'étaient décidés à s'adonner à la culture. Il en fut ainsi tant que l'empire conserva sa puissance; mais quand il s'affaiblit, les indigènes songèrent à reconquérir leur indépendance, et l'on eut à réprimer bien des insurrections.

Les guerres civiles eurent toutes un retentissement sur le sol d'Afrique. Marius, Sylla, Pompée, César parurent tout-à-coup sur cette vaste scène. Les habitants des colonies romaines et les indigènes eux-mêmes prirent une part active à la lutte. Le roi Juba joua surtout un grand rôle dans la guerre entre Scipion, Caton d'Utique et César. Là, comme partout, ce fut César qui triompha : Caton se donna la mort, Scipion périt près d'Hippone, Juba suivit l'exemple de Caton, et César réunit ses Etats à la province romaine. Ils comprenaient une vaste étendue, car Juba avait ajouté au petit royaume de Numidie laissé à Hiempsal toute la Mauritanie orientale, c'est-à-dire le territoire actuel d'Alger et d'Oran.

Jules César donna à l'Afrique une organisation qui ne fut que momentanée. Elle subit des modifications à la mort des deux princes de Mauritanie, Bocchus et Bogad, qui léguèrent leurs Etats aux Romains. Auguste en forma ensuite un royaume en faveur de l'héritier des rois de Numidie, Juba II, qui, bien décidé à conserver toujours la paix avec Rome, reporta son activité sur les arts et les sciences. Il fonda Cœsarea, aujourd'hui Cherchell, et fit faire à l'Afrique des progrès véritablement étonnants : la civilisation pénétra dans les contrées éloignées, dont les habitants obéirent avec docilité à l'impulsion reçue d'un chef de leur race. Juba eut pour successeur son fils Ptolémée, qui ne lui ressembla guère, et devint, par sa mollesse, un objet de mépris pour les peuples guerriers soumis à ses lois.

Ce fut aussi Auguste qui, entrant dans les vues de César, envoya en Afrique 3,000 familles pauvres, dans le but de rebâtir Carthage. Les habitants du pays se joignirent à elles, et, quand la ville fut terminée, l'empereur lui accorda de grands priviléges. Utique alors dut se résigner à perdre la primauté qui lui appartenait depuis les guerres puniques : elle la restitua à Carthage, où les proconsuls transportèrent leur résidence, et qui prit place après Rome et Alexandrie;

devenue bientôt la troisième ville de l'empire, elle déploya avec éclat le génie commercial qui avait fait l'orgueil et la force de sa devancière, et y ajouta tout le luxe des arts. La nouvelle cité joua un rôle important dans les guerres civiles de la période de décadence de l'empire. Elle aussi nomma des empereurs et fut dévastée par leurs rivaux; enfin elle se ressentit des phases diverses de la fortune de la métropole.

Le roi Ptolémée mécontentait les tribus par son défaut d'énergie. Un homme profita de sa mollesse pour lever l'étendard de la rébellion : c'était le Maure Tacfarinas. Il s'allia à un autre chef maure, Mazippa, et tous deux, bien que leurs soldats fussent en majeure partie des sujets révoltés de Ptolémée, au lieu d'attaquer ce prince, marchèrent contre les Romains. Ceux-ci furent victorieux. Tacfarinas regagna avec peine le désert, et on le crut mort; mais, trois ans après, il reparut et battit à son tour les vainqueurs. La lutte se prolongea pendant plusieurs années; elle se termina par le combat d'Ouzéa, où Tacfarinas, cerné de toute part, succomba après une vigoureuse résistance. L'Afrique passa les dix-sept années qui suivirent dans une paix la plus profonde.

Ptolémée fut mandé à Rome par Caligula. L'éclat de sa parure ayant attiré tous les regards, l'empereur, dans sa jalousie, le fit assassiner, et réunit ses Etats à l'empire. A cette nouvelle, la Mauritanie entière se souleva, et ce ne fut que sous le règne de Claude que les Romains triomphèrent de l'insurrection. Elle fut alors divisée en deux provinces, l'une qui est maintenant le Maroc, l'autre qui comprenait les provinces actuelles d'Alger, d'Oran et de Titteri. L'Afrique sembla désormais à l'abri de toute secousse. Les populations ne se soulevèrent plus de longtemps, mais l'absence de guerre civile ne leur donna pas le bonheur et le calme qu'elles désiraient. Un moment Macer, propréteur des provinces romaines, voulut les rendre à l'indépendance, mais il ne leur offrait en échange qu'un gouvernement aussi despotique que celui de Néron, qui régnait alors, et la

lutte contre les Romains fut vite terminée. Une assez longue période de tranquillité suivit la tentative de Macer.
Sous Adrien, l'élément juif se transplanta en Afrique. Après
les Juifs, des hordes de Francs cherchèrent à s'établir sur
les côtes de la Méditerranée ; après avoir désolé le littoral
pendant douze ans, elles disparurent pour jamais. Cependant, les tribus de la partie montagneuse de l'Algérie ac-
tuelle, lasses de leur rôle inactif, se détachèrent de l'empire.
Maximien se porta immédiatement sur le théâtre de la révolte ; il défit sans peine Jolianus, que Carthage venait
d'élire empereur, mais il ne parvint à soumettre les tribus
insurgées qu'après de sérieux efforts. Pour prévenir le retour de troubles semblables, il créa encore une nouvelle
organisation, qui, bien que plus en harmonie avec les besoins du pays, ne fut pas néanmoins un sûr garant de
paix pour l'avenir (299). Les Numides et les Maures, par-
tagés par leurs montagnes, conservèrent jusqu'à la fin de
la domination romaine une attitude menaçante : les villes
du littoral étaient seules devenues romaines de mœurs et
d'intérêts.

Moins que tout autre pays, l'Afrique semblait propre à
recevoir un dogme aussi pur que celui du christianisme.
Cependant l'Evangile rencontra de nombreux prosélytes
parmi ceux qui jusqu'alors n'avaient connu que les raffine-
ments de la vie matérielle. Déjà, vers le deuxième siècle,
le célèbre Tertullien invitait les chrétiens au martyre et les
enflammait de son ardente charité. A sa voix, le sol se
couvrit d'églises et d'évêchés, et au temps de Cyprien, vers
le milieu du troisième siècle, on comptait en Afrique plus
de deux cents évêques. L'empereur Dèce, irrité des progrès
de la religion chrétienne dans cette partie de ses Etats, crut
pouvoir les arrêter par la persécution. Il se trompait : la
hache du bourreau, en abattant les têtes, ne fit qu'accroître
le nombre des croyants.

Saint Cyprien, qu'on peut regarder comme le vrai fondateur de l'Eglise d'Afrique, soutenait son troupeau par son
courage et ses consolations. Arrêté un jour qu'il allait porter

ses exhortations aux chrétiens réfugiés dans les mines de Numidie, il fut conduit devant le proconsul et condamné à mort. Son supplice donna une nouvelle énergie à ses ouailles, et la persécution fut endurée par tous avec plus de fermeté encore qu'auparavant.

Mais si la foi portait de tels fruits, par malheur l'esprit enthousiaste des habitants accueillit avec empressement toutes les doctrines en dehors de l'orthodoxie, et nulle part les hérésies ne furent plus nombreuses. Les principales furent celle des Donatistes, née sur les lieux mêmes, et celle des Manichéens, venue de l'Orient. Pendant que ces scissions religieuses amenaient parmi les populations des troubles regrettables, l'empire adoptait le christianisme, et ce fut en vain que Julien l'Apostat essaya de s'opposer à son développement.

Sous Valentinien et Valens, s'opéra la division de l'empire d'Orient et de l'empire d'Occident, division qui hâta la ruine de la puissance romaine. L'Afrique fit partie de l'Occident et obéit à Valentinien. Cette période fut terrible pour elle par les guerres qu'elle vit éclater, et dont la plus importante fut celle du Maure Firmus.

Vers la fin du règne de Valentinien, la province était gouvernée par un homme avide, dont les crimes eurent sur elle une très fâcheuse influence. Cet homme était le comte Romanus. Les villes de Sabratta, d'Occa et de Leptis possédaient des richesses qui tentaient les Gétules; Romanus engagea les tribus à les piller, leur promettant l'impunité moyennant une part dans les trésors. Les Gétules s'emparèrent des trois cités, qui furent le théâtre de sanglantes horreurs, et Romanus, loin de défendre les habitants, trompa l'empereur, qui, considérant leurs plaintes comme des calomnies, en condamna plusieurs à mort.

Cette cruauté révolta tous les peuples de l'Afrique. La Mauritanie et la Numidie se levèrent en masse, et placèrent à leur tête Firmus, l'un des chefs les plus renommés du pays situé entre les terres romaines et les tribus nomades, et qui possédait des talents militaires. Des succès couronnèrent ses premiers efforts : il prit Cœsarea, qu'il pilla et réduisit en cendres. Les peuples du littoral, jusque-là indécis, vinrent alors se ranger sous ses drapeaux, et il se croyait sur le point de poser sur son front le diadème des rois, lorsque le nouveau général de Valentinien, Théodose, père de l'empereur de ce nom, releva tout-à-coup la fortune de l'empire. Il venait de pacifier la Grande-Bretagne quand il reçut l'ordre de passer en Afrique. Rassemblant à la hâte une armée, il débarqua à Igilgilis (Algérie).

Comme tous les chefs numides ou maures ses devanciers, Firmus essaya d'amuser son ennemi par des paroles de paix; mais Théodose ne continua pas moins ses préparatifs, et les événements lui donnèrent raison. Attaqué au moment où l'on ne le croyait pas sur ses gardes, il défit les rebelles, et, quelque temps après, Firmus fut contraint d'aller chercher un asile dans les montagnes. Les Maures alors se dispersèrent. Mais Théodose savait que la tranquillité ne serait définitivement assurée que quand il aurait Firmus en son pouvoir. Igmasen, roi des Isafliens, qui habitaient la limite du grand désert, le pays des Palmiers, avait reçu ce dernier et lui avait promis son secours. Battu plusieurs fois par les Romains et effrayé pour son avenir s'il poursuivait la lutte, il se détermina à sacrifier son hôte. Le chef maure s'étrangla au moment d'être livré à Théodose.

Le libérateur de l'Afrique devait assurément s'attendre à être récompensé; il fut condamné à avoir la tête tranchée, sous prétexte que son autorité sur l'armée et son crédit faisaient de lui un sujet redoutable, et l'infâme Romanus, grâce à ses intrigues et à l'or qu'il versa à pleines mains, fut mis hors de cause, au mépris de toute justice.

La famille de Firmus, puissante parmi les Maures, était à ménager. Les Romains le comprirent, et donnèrent à Gildon, son frère, le commandement de l'Afrique. Le nouveau gouverneur fit peser sur elle un joug horrible, et, sous le règne du faible Honorius, il leva l'étendard de la révolte, en empêchant le départ des blés pour Rome et en offrant l'hommage de ses provinces à l'empereur de Byzance.

Stilicon, ministre d'Honorius, rassembla une armée et mit à la tête Mazicel, frère du rebelle, et son ennemi le plus acharné depuis qu'il avait fait massacrer ses enfants. Gildon, vaincu dans la première rencontre, fut réduit à fuir et à s'embarquer. Ramené par la tempête au milieu de ses ennemis, comme Firmus il se déroba au supplice par une mort volontaire. Ce fut là le dernier épisode remarquable de la domination romaine : trente ans plus tard, les Vandales remplaçaient les Romains en Afrique.

Il n'est personne qui ignore le nom de saint Augustin, qui fit la joie et l'ornement du christianisme naissant. Il ne sera pas sans intérêt de retracer ici brièvement son existence.

Tagaste, ville considérable alors, et qui n'est plus maintenant qu'un village de la province de Constantine, venait de renoncer à l'erreur de Donat pour rentrer dans le catholicisme. La pieuse Monique professait donc le vrai dogme et elle le pratiquait avec ferveur; mais son époux était encore païen, et Augustin, son fils bien-aimé, avait adopté le manichéisme.

Jeune encore, Augustin était allé étudier à Madaure, ville peu éloignée de Tagaste, et ensuite à Carthage. Son intelligence avait vite saisi toutes les sciences, et cependant son cœur n'était pas satisfait; il lui fallait une grande croyance pour le remplir. Ce fut alors qu'il embrassa le manichéisme. Mais bientôt la subtile métaphysique de cette secte rebuta son esprit, et il se lança dans le tourbillon des plaisirs, demandant le bonheur au monde et à ses joies. Il revint à Tagaste, où il enseigna la rhétorique; ensuite il retourna à Carthage, et enfin, fatigué de tout, il quitta l'Afrique, se rendit à Rome, et de là à Milan.

C'était dans cette dernière ville que Dieu devait exaucer les prières de sa mère. Un jour Augustin entendit la parole éloquente de saint Ambroise, et dès ce moment il fut chrétien. Il se retira dans la solitude, et là, après de longues méditations et une lutte violente contre ses passions, il trouva dans la foi une nourriture qui combla le vide de son esprit et de son cœur. La joie de Monique fut extrême;

maintenant elle ne demandait plus rien au ciel. Dieu ne tarda pas à l'appeler à lui : elle mourut au moment où toute sa famille, réunie à Ostie, se disposait à s'embarquer pour l'Afrique.

Doué d'une âme aussi tendre que forte, Augustin éprouva une douleur profonde. Il resta en Italie et y combattit énergiquement les erreurs des manichéens. Son vaste génie planait sur la chrétienté entière; sa parole traversait les mers et allait partout où la foi était affaiblie.

La révolte du comte Héraclius et les persécutions d'Honorius contre les sectes dissidentes, en portant le trouble en Afrique, mirent particulièrement en lumière les vertus et les talents de l'immortel évêque d'Hippone. Quand la ville confiée à ses soins fut assiégée par les Vandales, malgré son âge avancé il ne cessa de ranimer le courage des habitants. Il expira dans le quatrième mois du siége, le cœur déchiré par les maux de son pays. (430.) On a dit avec raison qu'il fut le dernier grand homme de l'Afrique, le seul dont le nom soit resté dans la mémoire des hommes.

CHAPITRE III.

Les Vandales en Afrique. — Victoires des Vandales. — Bélisaire et les Vandales. — Gélimer à Constantinople. — Domination gréco-byzantine. — Iusurrection de Stoza. — Chute de la domination gréco-byzantine.

Les Vandales, partis des bords de la Baltique, étaient arrivés en Espagne après avoir traversé la Gaule, et s'étaient établis dans la Bétique ; ils étaient chrétiens; mais, appartenant à la secte d'Arius, ils détestaient les catholiques et les massacraient sans pitié.

L'impératrice Placidie, désirant arrêter leurs envahissements et leurs déprédations, donna l'ordre à Boniface, gouverneur de l'Afrique, de passer en Espagne et de traiter avec leur roi, Gonderic. Boniface obéit, signa le traité et revint bientôt dans sa province, emmenant avec lui la fille de Gonderic, qu'il avait épousée. Mais le chef franc Aétius, jaloux de son mariage, résolut le perdre dans l'esprit de l'impératrice, à qui il persuada qu'il se proposait, avec le concours des Vandales, de la renverser du trône. Placidie, irritée et convaincue des intentions du gouverneur, envoya une armée en Afrique; Boniface, malgré les prières de saint Augustin, prit le parti d'appeler les Vandales à son aide. Il promit à Gonderic, en récompense de ce secours, les trois Mauritanies, c'est-à-dire le territoire actuel du Maroc, de Fez, d'Alger, d'Oran, de Sétif et de Titteri. Il se réservait le reste de l'Afrique. Les Vandales, déjà refoulés par les Visigoths au sud de l'Espagne, et réduits à la province qui prit d'eux le nom d'Andalousie, acceptèrent avec joie cette convention, qui leur livrait un riche pays, depuis longtemps l'objet de leur convoitise. Gonderic mourut sur ces entrefaites, et eut pour successeur Genséric, un des plus grands génies qu'aient produit les peuples barbares.

En acceptant un pareil allié, Boniface se donnait d'avance un maître. Genséric partit de Calpé (Gibraltar), entraînant à sa suite 80,000 hommes avec leurs femmes et leurs enfants. Cette multitude, en arrivant en Mauritanie, se grossit encore de Maures, de Numides et surtout de Gètes. Puis elle saccagea la côte et s'avança lentement vers la Numidie, avec le projet, presque avoué, de s'emparer de Carthage. Boniface, pendant ce temps-là, s'était rencontré avec l'impératrice, à qui il avait ouvert les yeux sur sa prétendue trahison, et il fit son possible pour détourner l'orage amassé par lui sur l'Afrique. Mais ce fut inutilement : aucune promesse, aucune menace ne put décider Genséric à repasser en Espagne ; il lui fallait sa proie.

La plume se refuse à retracer les actes de violence et de dévastations que commirent les hordes conduites par Genséric. Boniface, obligé de combattre, fut défait : ce fut alors qu'il se retira à Hippone, et qu'eut lieu le siége pendant lequel mourut saint Augustin. La ville fut incendiée; l'église et la maison du pieux et savant évêque furent seules, par un hasard providentiel, préservées des flammes.

Boniface mourut durant une expédition entreprise en Italie contre Aétius. Débarrassé du seul homme capable de lui disputer la couronne, Genséric exigea du faible Valentinien de nouvelles provinces et le renvoi de plusieurs otages, au nombre desquels était son fils Hanneric. Il ordonna ensuite une persécution cruelle contre les chrétiens, et quand on le croyait exclusivement occupé à étouffer le catholicisme, il se présenta inopinément devant Carthage, qui se rendit sans résistance. Il infligea au clergé un traitement indigne : l'évêque, tous les prêtres furent placés, nus et sans vivres, sur un vaisseau désemparé, et livrés au hasard des flots. La Providence heureusement veilla sur eux, et ils purent aborder à Naples, où on les recueillit sains et saufs. L'Afrique était désormais Vandale.

L'ambition de Genséric était trop vaste pour que l'Afrique, toute riche et toute puissante qu'elle était, pût la satisfaire : aussi ses projets de conquête ne se bornèrent-ils pas à sa possession. Rome et Byzance le virent avec terreur soumettre la Sicile et une partie de la Calabre : 30,000 hommes quittèrent Constantinople pour aller le combattre en Afrique. Les ruses de Genséric les retinrent en Sicile, et, cédant à ses conseils, Attila entra soudain dans les Etats de Théodose. Ce prince s'empressa de rappeler des troupes, et reconnut par un traité la conquête africaine.

Les Vandales avaient une soif ardente de richesses, et ne songeaient qu'au pillage. Chaque jour, des navires sortaient du port de Carthage et couraient jeter la terreur sur la côte. Un matin, une armée nombreuse mit à la voile. Genséric la commandait, et, au lieu de répondre à son pilote, comme d'habitude : *Où Dieu voudra*, il prononça ce mot : *Italie!* Ce mot, tous les siens le répétèrent avec enthousiasme, et l'on se dirigea vers Rome. L'impératrice Eudoxie, du reste, les appelait, indignée de ce que le meurtrier de son mari l'avait forcée de l'épouser.

C'était la seconde fois que la reine du monde voyait les

9.

qarbares dans ses murs. Alaric, saisi d'une sorte de respect, n'avait pas osé la piller ; Genséric la dévasta complètement. Parmi les captives étaient l'impératrice et ses deux filles, Placidie et Eudoxie. Le chef des Vandales renvoya la jeune à Constantinople, mais il retint l'aînée, et la fit épouser à son fils Hanneric. Regardé comme le rival d'Attila, il sut mettre à profit le prestige que lui donnaient ses victoires, et devint l'arbitre de l'Occident. Il possédait alors tout le littoral de l'Afrique, de la grande Syrte au détroit de Gibraltar, la Corse, et une grande partie de la Sicile.

Cependant un homme capable de résister aux envahissements des barbares arriva au pouvoir ; c'était Majorien. Résolu à ressaisir l'Afrique, il équipa une flotte immense dans le port de Carthagène, puis quand, à l'aide d'un déguisement, il se fut renseigné par lui-même sur les ressources de son ennemi, de retour à Carthagène il fit ses derniers préparatifs. La trahison vint en ce moment renverser son ouvrage. Des officiers goths, vendus à Genséric, donnèrent à ce prince le moyen de détruire la flotte ; une seule nuit suffit à anéantir l'œuvre de trois années. Obligé de recevoir des conditions quand il allait en dicter, Majorien retourna en Italie, pour y mourir victime de la perfidie et de l'aveuglement de ses soldats.

Genséric comprit le parti qu'il pouvait tirer de la position de Carthage. Se souvenant que les Phéniciens avaient établi leur puissance par la force maritime, il organisa un service de piraterie qui porta la dévastation jusque sur les côtes de l'Asie-Mineure. L'archipel était rempli de ses galères, qui interceptaient toute navigation et tout commerce.

L'empereur d'Orient, pour mettre un terme à tant d'audace, réunit une armée de 100,000 hommes. Genséric obtint un sursis, et, le dernier jour de la trêve, il lança contre la flotte gréco-romaine des brûlots qui l'incendièrent. Après ce succès, le chef vandale fit une démonstration contre l'Egypte et ravagea de nouveau le littoral de l'Espagne et de l'Italie.

L'empereur Zénon, convaincu que ses efforts ne pourraient rien contre son ennemi, consentit à un partage de la Méditerranée et reconnut sa souveraineté sur toutes les régions de l'Atlas; il ne lui demandait, en échange de ces concessions, que de tolérer le catholicisme. La mort surprit Genséric peu de mois après la signature de la convention : la puissance de son peuple, due à son génie, s'éteignit avec lui.

Genséric avait établi dans ses Etats une organisation féodale. Cette organisation, excellente tant qu'elle était dirigée par un homme habile et que les mœurs du peuple étaient rudes et guerrières, s'altéra bientôt au contact de la civilisation, dont les Vandales ne surent prendre que la mollesse et les vices.

A son lit de mort, le conquérant avait décidé que la couronne appartiendrait toujours au membre de la famille le plus âgé, au lieu de passer du père au fils. Hanneric, pour l'assurer à ses enfants, malgré cette disposition testamentaire, fit périr tous les princes de sa race qu'il put atteindre, ce qui n'empêcha pas Ganthaumond, l'un de ses parents éloignés, de lui succéder, au détriment de Hildéric, son fils, lequel, persécuté à son tour, dut se réfugier à Constantinople. Il revint plus tard en Afrique et monta sur le trône. Mais comme il agissait plutôt en lieutenant de Justinien qu'en monarque indépendant, le peuple vandale se souleva et proclama Gélimer, descendant de Genséric. Le nouveau roi marcha aussitôt sur Carthage et s'empara de Hildéric, qu'il renferma dans une prison, après avoir massacré ses partisans.

Justinien demanda la mise en liberté de Hildéric, et, sur le refus de Gélimer de lui donner satisfaction, il leva des troupes et les dirigea, avec Bélisaire, vers l'Afrique. Gélimer fut d'autant plus contrarié à cette nouvelle, que ses forces, en ce moment, étaient disséminées sur divers points de son royaume, pour réprimer des révoltes. L'élite de ses soldats guerroyait en Sardaigne, où le gouverneur, Godas, voulait se rendre indépendant. Ce fut alors que Bélisaire débarqua inopinément un peu au sud de Carthage.

Bélisaire se présenta aux populations comme ayant mission de les affranchir d'un joug odieux, et aucun acte de pillage n'étant commis par son armée, où régnait une discipline, sévère, les villes de Syllecte, de Lemplis et d'Adramète lui ouvrirent leurs portes ; il marcha de là sur Carthage. Gélimer apprit au fond de la Byzacène ses succès, et il se hâta d'accourir pour protéger sa capitale. Sachant qu'il ne pourrait soutenir un siége dans les murs de la ville, il se décida à livrer bataille, et disposa avec beaucoup d'habileté son armée, qu'il divisa en trois corps distincts. Mais, son frère Ammatas n'eut pas la patience d'attendre le signal, et, avant l'heure marquée, il s'avança sur l'avant-garde de l'ennemi. Cet empressement devint funeste aux Vandales, qui furent mis en déroute : Ammatas périt sur le champ de bataille. Le surlendemain, le lieutenant de Justinien fut reçu dans Carthage aux acclamations de tous (533.) Ce jour, qui faisait passer la ville africaine d'une domination à une autre, était pour elle un jour de fête. Bélisaire n'oublia pas, dans l'enivrement du triomphe, que la guerre n'était pas terminée : sa conviction était que Gélimer tenterait un suprême effort.

Le premier soin du vainqueur fut de fortifier Carthage. Cette tâche immense fut accomplie en moins de deux mois par l'armée, aidée de la population, qui ne comptait pas moins de 200,000 âmes. Une pareille activité découragea les Vandales, en même temps qu'elle remplit d'admiration les Maures : les chefs indigènes sollicitèrent l'amitié de Bélisaire.

Cependant un des frères de Gélimer, Tzazon, informé de ce qui se passait, était rentré en Afrique avec ses troupes, et quand la presque totalité du peuple vandale se trouva réunie sur les frontières de la Byzacène, les deux chefs se portèrent ensemble sur Carthage. Bélisaire s'avança à leur rencontre et les défit. Tzazon périt dans la mêlée, Gélimer prit la fuite, et son camp fut pillé : les Gréco-Romains y trouvèrent des richesses considérables. Le résultat de cette bataille fut de détruire pour toujours, après une durée de 105 ans, la domination vandale. Trois mois et deux combats avaient suffi à Bélisaire pour atteindre ce but.

Gélimer vivait encore; il s'était retiré près des sources de la Seybouse, chez une tribu maure des montagnes de Pappua (Djebel-Edough,) et le roi des Vandales, accoutumé à la pompe des Orientaux, menait là une existence des plus misérables. Ces Maures, en effet, habitaient des huttes qui les défendaient à peine de l'intempérie des saisons, et couchaient sur la terre nue; un manteau déchiré et sale — leur unique vêtement — les couvrait, en hiver comme en été; ils n'avaient pour nourriture que de la galette d'orge ou d'avoine cuite sous la cendre. La montagne était tellement escarpée qu'on ne pouvait la gravir. Après avoir vainement cherché à l'emporter d'assaut, Phara, lieutenant de Bélisaire, se contenta de la cerner : la misère des Maures et du roi se changea alors en une famine affreuse.

Pendant que ce siége continuait, le territoire se soumettait de toutes parts. Septem (Ceuta,) Césarée, Tripoli recevaient, comme Carthage, une garnison romaine. La Corse, la Sardaigne, les îles Baléares étaient détachées par la flotte de l'empire africain, et réunies à celui de Constantinople. Les Byzantins accoururent prendre leur part de la conquête, et s'établirent en grand nombre en Afrique. Une loi de déportation fut promulguée, et l'élément vandale, ainsi complètement absorbé, ne laissa plus qu'un souvenir de crainte et d'horreur.

Gélimer sur son roc était si bien surveillé par Phara, que rien ne pouvait parvenir jusqu'à lui. Son énergie, toujours forte quand il s'agissait de lui personnellement, faiblissait parfois lorsqu'il considérait la détresse des siens et la fidélité de ceux qui, l'ayant accueilli, lui étranger et malheureux, supportaient des souffrances horribles plutôt que de violer les lois de l'hospitalité. Il vit un jour un enfant, son neveu, qui disputait à un jeune Maure quelques débris de galette d'orge : ce spectacle l'émut tellement que, le soir même, il capitula, et Phara emmena avec lui le descendant de Genséric. Il fut reçu à Carthage par Bélisaire, qui lui promit son appui près de l'empereur son maître. Immédiatement après cette capture, le vainqueur des Vandales s'embarqua pour Constantinople, où des envieux cherchaient à le perdre dans l'esprit de Justinien. L'empereur, méprisant la colonie, rendit un public hommage à sa valeur et à ses talents, et le peuple, renouvelant un antique usage, lui décerna les honneurs du triomphe. Gélimer dut marcher à la tête des prisonniers; mais ce fut la dernière humiliation du roi détrôné. A partir de ce moment, il vécut paisiblement en Galatie, entouré de sa famille et comblé des dons de l'empereur. Il mourut sans laisser d'enfants.

Les Gréco-Romains allaient avoir affaire à des ennemis bien autrement formidables que l'armée de Gélimer : c'étaient les Maures, les Gétules et les Numides, qui, profitant de la période de décadence des Vandales, avaient quitté leurs montagnes et étaient venus occuper la plaine. Les chefs, séduits d'abord par la renommée et les exploits de Bélisaire, avaient ensuite redouté sa puissance et envié sa gloire. De là à la guerre, il n'y avait pas loin : elle éclata sous Salomon, son successeur.

Ce Salomon était un homme prudent et vertueux, qui, sous le nom d'exarque, — titre que portèrent tous les gouverneurs de l'Afrique pendant la domination byzantine, — remplissait dignement les hautes fonctions que lui avait léguées Bélisaire, et dans lesquelles il fut confirmé par Justinien. A peine Bélisaire eut-il quité l'Afrique, que les Maures, réunis aux Gétules, s'assemblèrent dans la plaine de Manomée (régence de Tunis) et attendirent les Byzantins dans une excellente position. Salomon les attaqua hardiment et en fit un tel massacre, que les auteurs contemporains évaluent à 10,000 le nombre de ceux qui restèrent sur le champ de bataille.

Les indigènes ne se découragèrent pas. Ils allèrent s'établir sur une montagne qu'ils croyaient inaccessible à leurs adversaires, mais les Gréco-Byzantins, gravissant le flanc du roc qui surplombait leur camp, en firent de nouveau un carnage affreux. Cette affaire ruina la puissance des Maures orientaux, et la guerre cessa dans la Byzacène, faute de combattants.

Quant aux Maures occidentaux, ils n'étaient pas vaincus. Pendant que Salomon triomphait dans la Byzacène, le chef des peuples guerriers du mont Ouraze (Aourés,) Jabdas, avait réuni autour de lui 30,000 hommes avides de pillage et organisé la résistance numidique. Mais il avait des ennemis parmi les Maures, et ceux-ci promirent à Salomon des renforts, lui assurant que beaucoup de leurs compatriotes n'attendaient que sa présence pour se déclarer contre les rebelles. Salomon se porta sur la Numidie; mais, après quelques jours de marche, voyant que ces promesses ne se réalisaient pas, il craignit une trahison et revint à Carthage.

Connaissant la nature et la position des lieux, il fit ses préparatifs pour une nouvelle expédition, et, cette fois, tout semblait annoncer qu'il réussirait, quand une conspiration, fomentée par le clergé arien, l'empêcha de partir. Les fanatiques avaient choisi la solennité de Pâques pour exécuter leur complot : on ne sait quel motif arrêta leurs bras, et ce ne fut que dix jours après, au milieu d'une fête donnée au Cirque, que se manifesta l'insurrection. Les troupes indigènes, qui étaient entrées en majeure partie dans la formation de l'armée, s'étaient ralliées aux conjurés : elles portèrent en quelques minutes la dévastation et la mort dans tous les quartiers de la ville. Salomon se réfugia en Sicile; sept personnes seulement purent s'embarquer avec lui. Les rebelles se donnèrent immédiatement pour chef un simple soldat, nommé Stoza : il fut élu par huit mille hommes réunis dans les champs de Bulle, près de Carthage (537).

Stoza attacha à sa cause les Vandales épars sur le territoire africain, et, en général, tous les ennemis de la domination byzantine; puis, prenant le commandement de cette armée, ramassis de vagabonds et de criminels, il marcha sur Carthage, où, eu égard à la fuite de Salomon, il pensait entrer sans combat. Le capitaine des gardes du gouverneur, Théodore, avait tout disposé pour la résistance, et la ville pouvait espérer d'échapper longtemps aux rebelles ; malheureusement, les habitants, effrayés des horreurs d'un assaut, résolurent de se rendre. La capitulation devait avoir lieu le lendemain, quand, pendant la nuit, un navire pénétra dans le port, monté par cent hommes d'élite, avec Bélisaire. Le nom seul de l'illustre général suffit pour remplir les assiégeants d'effroi, et, abandonnant leur camp, ils s'enfuirent en désordre. Bélisaire les poursuivit et les atteignit à Membrèze, à dix-sept lieues de Carthage, près de la rivière Bagrada. Là, il les attaqua avec vigueur, et les força de continuer à fuir : ils ne s'arrêtèrent plus que sur le sol de la Numidie. Le vainqueur se rembarqua sur-le-champ pour la Sicile, confiant le gouvernement de Carthage et de la province à Théodore, et à un capitaine nommé Marcel le commandement des forces en Numidie.

Marcel était un excellent soldat, mais il n'avait pas le génie nécessaire pour diriger et surtout maîtriser, dans une occurrence aussi difficile, une armée comme la sienne. Stoza, en homme adroit, profita de cette circonstance, et, au moment où une bataille allait se livrer à Gazophyle (près de Constantine), il fit un dernier appel aux soldats impériaux, flattant en même temps leur cupidité, leur orgueil et leur ambition : tous abandonnèrent leurs drapeaux et lui jurèrent obéissance. Marcel et ses fidèles furent arrachés par son ordre de l'église où ils s'étaient réfugiés, et subirent le dernier supplice.

Il fallait un chef courageux, mais surtout prudent et sage, pour réparer ce terrible échec. Justinien envoya en Afrique son neveu Germanus, qui, plus d'une fois, avait fait preuve de rares talents. Le nouveau gouverneur se conduisit à l'égard de chacun avec une générosité qui opéra une réaction complète : tous les transfuges de l'armée gréco-byzantine revinrent à Carthage. Stoza marcha sur la ville ; mais ses troupes, en entendant leurs anciens camarades crier : *Vive l'Empereur, mort à Stoza!* se débandèrent. Poursuivies par Germanus, elles furent entièrement défaites. Leur chef fut assez heureux pour échapper à la mort et à la captivité; il alla chercher un asile au fond de la Mauritanie, auprès d'un roi dont il épousa la fille.

La révolte était comprimée, mais elle avait jeté des germes funestes dans les esprits, et habitué l'armée à considérer la désertion comme un droit : depuis ce temps, l'élément de discorde fut constamment en activité. Majorien, un des gardes du palais, eut l'idée de prendre le rôle de Stoza; Germanus l'arrêta au début et le fit pendre. Vainqueur deux fois, le neveu de l'empereur prit un ascendant immense sur les soldats et sur les populations; son administration éclairée promettait à l'Afrique des jours heureux, lorsque les intrigues de Théodora, femme de Justinien, décidèrent son rappel.

Le successeur que l'empire donna à Germanus fut le même Salomon qui avait dû gagner la Sicile. Il avait accompagné Bélisaire quand celui-ci était revenu en Afrique, et mit en fuite Stoza et ses Maures, puis, après avoir pris part à la bataille de Membrèze, il avait fait voile vers Constantinople, pour rendre compte de sa conduite à l'empereur. Sa tâche était difficile; il la mena cependant à bonne fin, bien qu'il eût failli périr victime d'une ruse de guerre. Il vainquit les Numides dans une rencontre, et cette victoire lui valut de commander tous les défilés qui faisaient communiquer la plaine avec la montagne et le désert. Cette campagne assura de nouveau la tranquillité de la Numidie.

Mais le gouverneur annula son œuvre par son excessive tendresse pour ses neveux, Cyrus et Sergius. Les exactions commises par les deux frères dans les provinces à la tête desquelles l'empereur les avait placés, indigna les populations, et Sergius ayant fait massacrer, sous le vague motif de trahison, quarante Maures venus vers lui comme députés d'une tribu amie et alliée, le cri de guerre retentit d'une extrémité de l'Afrique à l'autre : tous les peuples de l'Atlas entrèrent dans la ligue. Salomon se résolut à traiter; mais les Africains ne voulaient l'entendre que si, au préalable, il punissait son neveu. Il préféra la guerre et ses chances. L'armée ne le soutint que faiblement, et il trouva une mort glorieuse dans les champs de Sébeste, non loin de Carthage.

Le gouvernement de l'Afrique fut remis alors aux mains de Sergius, de ce jeune homme sans talents et sans courage, cause première de l'insurrection, et, par suite, de la mort de Salomon. Il ne fit qu'ajouter à ses cruautés et à ses crimes. Un chef puissant parmi les indigènes, et ami des Gréco- Byzantins, Antalas, adressa à ce sujet des représentations à Justinien, mais ce prince n'en tint aucun compte. Stoza, sortant alors de sa retraite, vint s'associer à Antalas, qui, malgré lui, avait pris part à la guerre après le massacre des quarante Maures, et n'avait pas encore déposé les armes. L'Afrique devint une vaste arène, que les Maures et les Numides, quelquefois refoulés, le plus souvent vainqueurs, parcouraient sans cesse, désolant et saccageant tout.

L'empereur se décida à donner à Sergius pour collègue Aréobinde, aussi incapable que lui, et il leur adjoignit comme lieutenant Athanase et les deux Arsacides Jean et Artabane, tous trois officiers distingués. A peine arrivés, sur l'ordre d'Aréobinde, ils attaquèrent Antalas et Stoza; les Maures furent victorieux. Stoza, blessé mortellement, vit avant d'expirer le triomphe des siens. Il s'écria : « Je meurs content, puisque nos ennemis sont vaincus ! » Ce furent ses dernières paroles.

Après cette défaite, Justinien rappela Sergius et laissa tout le pouvoir à Aréobinde. Un nouveau chef parut alors parmi les insurgés, Gontharis, ancien officier de Salomon. Après avoir fait un pacte avec Antalas, il se rendit à Carthage, souleva les habitants contre leur gouverneur, et contraignit Aréobinde à se rendre : la nuit suivante, malgré son serment de lui conserver la vie, il donna l'ordre de l'égorger.

Maître de Carthage, Gontharis crut pouvoir refuser à Antalas la Byzancène, qu'il lui avait promise. Irrité de ce manque de foi, Antalas n'hésita pas à se joindre à l'armée grecque. Artabane entra dans cette ligue, mais secrètement, et, tout en feignant de rester attaché à Gontharis, il le fit poignarder dans une fête.

L'Afrique se trouva encore une fois sans gouverneur; Justinien lui envoya Jean Troglita, général déjà illustre. Une suite de victoires remportées sur les Maures rétablit pour un instant la puissance byzantine. Ce furent les derniers exploits des Grecs en Afrique. Pendant la fin du règne de Justinien et sous ses successeurs, l'oppression et l'affaiblissement allèrent toujours croissant.

Ce malheureux pays était une proie que se disputaient avec acharnement, d'un côté, ses possesseurs, qui sentaient qu'il était sur le point de leur échapper; de l'autre, les Maures, qui espéraient s'en rendre maîtres. Un troisième peuple se demandait pourquoi, comme autrefois les Vandales, il ne passerait pas en Afrique : c'étaient les Visigoths d'Espagne. Un nouveau prétendant surgit tout-à-coup, qui devait écraser tous les autres, et élever le croissant sur les côtes atlantiques, à la place de la croix (622).

CHAPITRE IV.

Domination arabe. — Troubles et divisions parmi les Arabes. — Les Edrissites et les Aghlabites. — Rivalité des califes de Cordoue et des califes fatimites. — Domination berbère : Almoravides. — Puissance des Almohades.

Jusque-là, les dominateurs en Afrique étaient toujours venus du nord. Les Arabes, arrivant dans le sens opposé, soumettent à leur tour ce pays à leurs lois. Appelés par Mahomet à une civilisation nouvelle et unitaire, ils s'étaient mis en mouvement à la mort du prophète, en 632, et avaient conquis la Syrie et la Perse. Après la soumission de la Syrie, Amrou, fils du calife Omar, entra en Egypte et la subjugua également.

Les Arabes portèrent ensuite leurs vues sur l'Afrique septentrionale. Ils partirent au nombre de 40,000, sous les ordres du vaillant Abd-Allah, et, traversant le désert, arrivèrent sous les murs de Tripoli. Le patrice Grégoire s'avança pour les arrêter, à la tête de 120,000 combattants; il fut tué dans la bataille, et les Grecs, obligés de céder, se virent refoulés hors de la province, dont les habitants durent embrasser l'islamisme ou payer un tribut. Mais l'armée d'Abd-Allah, décimée par les maladies, fut contrainte de renoncer à ses conquêtes, et retourna en Egypte.

Une seconde invasion n'eut pas plus de résultats; ce ne fut que la troisième fois que le chef Oukbah-Ben-Nafy, battant partout les Berbères ligués avec les Byzantins, s'empara de Bougie et de Tanger, et étendit la domination arabe jusqu'à l'Océan. Quelques points du littoral, toutefois, appartenaient encore à l'empire grec, Carthage notamment, et son territoire. Oukbah bâtit à 12 lieues de la mer la ville de Kaïrouan, dont il fit le centre de ses forces et de son administration, et prit le titre de ouali d'Afrique, que ses succeseeurs échangèrent plus tard contre celui d'émir.

Les Berbères, profitant de la sécurité de leurs vainqueurs, descendirent bientôt comme un torrent de leurs montagnes, et, avec les Bojzanlian, forcèrent les Arabes à évacuer Kaïrouan. Oukbah tomba dans la mêlée. Un moment la fortune abandonna l'étendard du prophète; mais Hassan le Gassanide, gouverneur de l'Egypte, accourant pour soutenir ses frères, prit d'assaut Carthage, et la détruisit de fond en comble. Le dernier effort de la résistance byzantine était brisé. L'influence européenne expira sous les ruines de la seconde Carthage (710).

Après Hassan, Moussa-Ben-Nozaïr fut nommé ouali de l'Afrique; il en acheva la conquête et en détermina définitivement le gouvernement. Tout le territoire forma un grand Etat appelé le Mahgreb.

Les Arabes, qui avaient recueilli avidement la tradition des succès d'Amilcar, d'Asdrubal et d'Annibal dans la Péninsule, saisirent avec ardeur la pensée d'une nouvelle conquête. Ils eurent bientôt un motif de l'envahir. Le comte Julien, ne pouvant venger seul un outrage fait à sa fille par

Roderik, un des rois d'Espagne, appela à son aide Tarik-Ben-Zaïd, le lieutenant du gouverneur Moussa. Tarik franchit le détroit, ravagea l'Andalousie, fit de nombreux prisonniers, et revint en Afrique avec l'intention de réunir des forces considérables pour tenter une expédition sérieuse. Six mois après, en effet, il débarqua au pied de la colonne d'Hercule d'Europe, à laquelle, en mémoire de cet événement, il donna son nom, Djebel-al-Tarik (Gibraltar), et bien que Roderik eût assemblée 100,000 soldats, il fut victorieux à Vérès, non loin de Cadix (711). Cette bataille décida du sort de l'Espagne. Les Visigoths se soumirent en majeure partie ; d'autres, fidèles à leurs vieux principes d'indépendance, se retirèrent dans les montagnes des Asturies, et là ils formèrent le noyau de l'armée qui en descendit, après bien des siècles d'attente, pour conquérir la Péninsule.

Moussa, jaloux de la gloire de son lieutenant, l'accusa de méfaits imaginaires et le jeta en prison. Un ordre du calife rendit la liberté à Tarik ; mais Valid Ier étant mort, Salomon, son successeur, disgrâcia le héros de l'armée d'Espagne. Cordoue, la première des villes soumises par lui, devint bientôt la rivale de Damas et de Bagdad. Les nouveaux conquérants formèrent un Etat indépendant du gouverneur de Kaïrouan. Après avoir assis leur pouvoir, ils passèrent les Pyrénées, s'établirent au sud des Gaules, puis allèrent tomber sous le glaive des chrétiens, dans les champs de Narbonne et de Poitiers, où l'épée de Charles Martel arrêta le flot envahisseur (732).

Les Arabes avaient facilement introduit leurs connaissances dans le Mahgreb. De plus, ils avaient recueilli les germes de civilisation laissés par les Gréco-Romains, et donné une impulsion nouvelle aux arts, auxquels ils faisaient faire de rapides progrès. Mais ils n'avaient pas obtenu le même succès sous le rapport religieux. Ne pouvant gagner à leur foi leurs nouveaux sujets, les Musulmans durent tolérer les autres cultes, malgré la volonté expresse du prophète ; seulement, ils frappèrent de mort civile, en les excluant de tout emploi, ceux qui n'adoptèrent pas le

Koran. Cette politique réussit mieux que les menaces et les persécutions. Les païens, des juifs, des chrétiens même se hâtèrent de prononcer la formule consacrée : *Il n'y a de Dieu qu'Allah, et Mahomet est son prophète.* Toute distance disparut aussitôt entre eux et leurs vainqueurs.

A peine ces conversions intéressées furent-elles accomplies, que des dissensions naquirent dans le sein de l'islamisme, et l'on vit se former diverses sectes. Des insurrections nouvelles se produisirent, fomentés par les tribus berbères, et il fallut qu'une armée, commandée par le gouverneur d'Egypte, vînt pacifier le pays.

Le jour arriva où, en l'absence d'un homme de génie capable de se poser comme centre d'unité, le pouvoir en Afrique se subdivisa à l'infini. Il n'y eut plus d'émir; l'autorité du kalife resta comme autorité religieuse, mais elle ne fut pas reconnue autorité temporelle : chaque cheik (petit chef) se rendit indépendant. De cet état de choses résulta une monarchie déplorable qui amena l'affaiblissement dans le Mahgreb, au moment même où la puissance arabe grandissait en Espagne sous le glorieux califat fondé par Abdérame. Deux familles, celles des Aghlabites et des Edrissites, profitèrent de la discorde qui régnait entre les cheiks pour ressaisir le pouvoir et ramener par l'unité un peu d'ordre en Afrique.

Edris-Ben-Edris, le chef des Edrissites, obligé de quitter l'Asie pour fuir les persécutions de Haroun-al-Raschid, s'établit à Tanger. Sa haute origine exerça une grande influence sur les Berbères; ils se rangèrent sans hésiter sous son commandement, et, à l'aide de cette armée volontaire, il s'empara de Tlemcen, puis d'une partie du Mahgreb. Le calife de Bagdad, effrayé de sa puissance, le fit empoisonner; mais son fils fut proclamé chef des vrais croyants, et ce jeune homme, comprenant la nécessité de se créer un soutien contre Haroun-al-Raschid, conclut un traité d'alliance avec le calife de Cordoue El-Haklem. Ses Etats comprenaient tout le pays entre Fez, ville bâtie par lui, et Tlemcen, c'est-à-dire à peu près la moitié de l'Afrique septentrionale.

Les Ben-Edris conservèrent leur souveraineté sur ces mêmes lieux pendant plus d'un siècle.

Pendant ce temps-là, l'ouest reconnaissait pour maître Ibrahim-Ben-Aghlab. A peine arrivé au pouvoir, il résolut de jouer en Afrique le même rôle qu'Abdérame en Espagne, et, érigeant Kaïrouan en califat, il contraignit tout le territoire de la région occidentale à subir ses lois. Une administration sage consolida son œuvre, et, quand il mourut, il laissa à ses enfants un empire assis sur des fondements solides. Ses successeurs songèrent à porter leurs armes au dehors, et conquirent la Sicile ; de là ils se répandirent sur les côtes de l'Italie, qu'ils ravagèrent.

Les Edrissites et les Aghlabites, alliés fidèles, jetaient un regard d'envie sur la Provence. Enhardis par la faiblesse des successeurs de Charlemagne, ils débarquèrent sur ses rivages, et, après s'être emparés de plusieurs villes, ainsi que du territoire qui en dépendait, ils concentrèrent leurs forces dans une citadelle fameuse, posée, comme un nid d'aigle, au sommet du Fraxinet. C'était une occupation dans les formes au sud de la France. Quelque temps après, ils assiégèrent Fréjus, et cette ville fut livrée à toutes les horreurs du pillage. Le duc de Provence, Hugues, essaya inutilement de reprendre aux Arabes leurs conquêtes et de les chasser de ses Etats : une tentative faite dans le même but, vingt-six ans plus tard, par Othon Ier, n'eut pas plus de résultat.

Victorieux au-dehors, les califes édrissites et aghlabites n'étaient pas moins heureux à l'intérieur. Sous leur direction, l'Afrique était entrée dans la voie du progrès ; mais, malgré cette prospérité apparente, ces deux familles touchaient à leur ruine. Les indigènes n'avaient jamais adopté franchement aucune domination. La tribu berbère des Béni-Méquineça donna le signal de la révolte, et bientôt tout le Mahgreb occidental fut mis à feu et à sang. Un marabout des environs de Tlemcen, se faisant passer pour un prophète, se mit à prêcher la guerre sainte, et, menacé des deux côtés, le calife de Fez fut forcé de traiter au moins avec un de ses ennemis. Le marabout acquit en toute souveraineté la principauté de Tlemcen. Mais il ne put venir à bout de l'autre, et les Beni-Méquineça s'affranchirent de toute dépendance.

A l'est, un marabout, connu sous le nom de Mahadi, s'était placé à la tête de l'insurrection. Il s'empara de Kaïrouan, après en avoir expulsé le dernier Aghlabite, et il se disposait à marcher sur Fez quand Abdérame III accourant d'Espagne, l'obligea à regagner Kaïrouan. Mais le calife de Cordoue déclara alors aux Edrissites qu'il avait travaillé pour son propre compte, et il les expulsa de leurs Etats (959). Les Edrissites et les Aghlabites, arrivés au pouvoir à peu près à la même époque, en tombèrent presque en même temps, remplacés les uns par les Sarrasins d'Espagne, les autres par Mahadi et ses successeurs, sous le nom de califes fatimites.

Mahadi n'aurait pu trouver dans les Edrissites affaiblis des rivaux capables de soutenir une lutte; mais entre lui et les califes de Cordoue, il y avait parité de force : aussi la guerre, après l'usurpation d'Abdérame, fut-elle reprise avec une nouvelle ardeur.

Mahadi, avec une flotte nombreuse, tenait la Méditerranée, de concert avec les Sarrasins de Sicile, capturant tous les navires qui sortaient des ports espagnols. Abdérame réunit des troupes, qui débarquèrent à Oran, sous les ordres d'Ahmed, l'un de ses meilleurs généraux. De cette ville, Ahmed se porta rapidement vers l'est, s'empara, en passant, des principales villes, et mit le siége devant Tunis, devenue la plus riche cité de toute l'Afrique. Les Zénètes, peuplades berbères, s'étaient joints à lui. Les Fatimites, defaits en plusieurs rencontres, ne tentèrent même pas de défendre Tunis, qui fut pillée : les richesses furent envoyées à Séville.

Mahadi, renfermé dans Kaïrouan, attendait une circonstance qui lui permît de prendre sa revanche. Abdérame ayant eu l'occasion de rappeler en Espagne une partie de ses troupes, il reprit l'offensive, et l'un de ses lieutenants s'empara de Sigilmesse. Ce succès entraîna la reddition de tout le Mahgreb. Les trois villes de Ceuta, de Tanger et de Tlemcen seules tinrent bon. Abdérame, à cette nouvelle, envoya une nouvelle armée en Afrique; les Fatimites perdirent les villes dont ils s'étaient rendus maîtres et signèrent la paix. L'Espagne garda l'ancien califat de Fez, et les Fatimites furent confirmés dans la possession de celui de Kaïrouan. Abdérame mourut peu de temps après la signature du traité.

Les Abassides étaient bien dégénérés de ce qu'ils étaient à l'époque d'Haroun-al-Raschid et d'Al-Mamoun. Les Fatimites en profitèrent pour conquérir, avec Mahadi, l'Egypte et la Syrie, à l'exeption de Bagdad, et ces deux contrées, réunies au Mahgreb occidental, fournirent un seul califat, qui eut pour siége le Caire. Les Abassides conservèrent assez longtemps Bagdad, entourés d'un certain prestige religieux, et considérés comme les oracles de l'islamisme.

El-Hakem avait succédé à son père Abdérame. A son avénement, il confia le gouvernement des provinces espagnoles du Mahgreb à Hassan, le seul descendant des Edrissites. Ce dernier, saisissant une occasion favorable, secoua le joug de l'Espagne; mais un général envoyé pour le combattre, El-Gralib, l'obligea, à la suite d'une rencontre, à se réfugier dans la forteresse des Aigles. Le manque d'eau le força à se rendre, et, comme jadis à Gélimer, on lui accorda la vie sauve et une existence honorable, à la condition qu'il se retirerait dans les Etats de son vainqueur. Mais, peu de temps après, il s'enfuit de Cordoue, se mit à la tête d'une nouvelle armée, et, fait prisonnier, fut mis à mort par l'ordre d'Almanzor, successeur d'El-Hakem.

Le nouvel émir laissé à Fez par le vainqueur de Hassan était le cheik d'une tribu zénète, nommé Zéiri. Sous son gouvernement, les tribus insoumises rentrèrent dans le devoir. Mais quand il se vit puissant et respecté, adoptant la voie qu'avait suivie Hassan, il se rendit indépendant. Almanzor envoya en Afrique Abd-el-Melek, son fils. Une bataille fut livrée sur le territoire de Tanger, et la victoire resta aux Andalous. Zéiri gagna le désert, où il mourut.

Aman, son fils, se soumit ; il fut nommé émir de Fez et se montra toujours fidèle au calife d'Espagne.

A la mort d'Almanzor, Abd-el-Melek quitta l'Afrique et alla le remplacer sur le trône de Cordoue. Pendant son règne, le calife jeta un dernier éclat. Après lui, sous Hakem, des guerres civiles déchirèrent le pays, et le Mahgreb s'affranchit de la domination espagnole. Ces guerres amenèrent, sous le règne du faible Hescham, l'extinction du califat d'Occident, qui avait été glorieux. La dynastie ommiade qui, après avoir rempli l'Orient de son nom, était venue l'illustrer aussi en Europe, prit fin avec la puissance qu'elle avait fondée.

Kaïrouan n'avait plus que des émirs. L'un d'eux, cheik berbère, pendant que le calife Kaïm était occupé à une guerre étrangère, se déclara souverain du Mahgreb. Kaïm, à la tête d'une armée de 50,000 hommes, suivis d'un million d'individus de tout âge et de tout séxe, attaqua Kaïrouan, qui fut prise et détruite de fond en comble, 347 ans après sa fondation. Cet événement n'eut aucun résultat heureux pour les Fatimites ; le Mahgreb ne rentra jamais parfaiment sous leur domination. De ce désordre, qui régnait à l'occident aussi bien qu'à l'orient de l'Afrique, devaient encore une fois sortir l'unité, l'ordre et la grandeur.

Il y avait par delà l'Atlas, dans les deserts de la vieille Gétulie, une peuplade, — celle des Lamptunes, — qui n'était musulmane que de nom. Un marabout de Suez, appelé Abd-Allah-Ben-Yasim, arriva au milieu de cette peuplade, et se mit à lui expliquer le Coran, en appuyant surtout sur le précepte de prosélytisme par les armes. Reconnu chef suprême, il envahit, à la tête de la tribu, le pays de ceux de ses voisins qui adoraient encore les idoles, et les força à adopter la foi de Mahomet. Au retour de cette expédition, il assura aux Lamptunes, au nom de Dieu, l'empire du Mahgreb, et, inspiré par le ciel, disait-il, il leur donna le surnom de Al-Morabith, c'est-à-dire homme de Dieu, surnom d'où l'on a fait dans l'histoire Almoravides.

Se hâtant ensuite de mettre à profit l'enthousiasme des

siens, Abd-Allah traversa l'Atlas, et s'empara de Selmessé, du territoire de Darah et d'une partie du Sahel, où son armée dressa ses tentes. Il mourut après ces exploits. Abou-Beker, son disciple et son lieutenant, prit en main la tâche qu'il avait commencée. Il allait construire une capitale dans les plaines d'Eylana, lorsque les Lamptunes restés de l'autre côté de l'Atlas l'appelèrent à leur secours contre des peuples du voisinage. Il partit, laissant le soin de continuer son entreprise à un jeune Berbère, Youssef-Ben-Taschefin.

A peine à la tête des Lamptunes, Youssef gagna leur respect et leur amour, et ils reconnurent comme définitif le pouvoir qui ne lui avait été confié que provisoirement. Les Berbères accoururent de tous les points se ranger autour de lui; il s'empara de Fez et de Méquinez, puis de Tlemcen et de toute cette province jusqu'à Béni-Mezegrena (Alger). Après cette expédition, il revint bâtir la ville projetée par Abou-Beker, qu'il appela Maroquech (Maroc). Dès ce moment, il fut maître de tout le Mahgreb occidental. Abou-Beker ne chercha nullement à le déposséder, et il poursuivit ses conquêtes : bientôt, depuis l'Océan jusqu'aux frontières de l'Egypte, tout obéit à ses lois.

Cependant l'anarchie était complète parmi les Arabes d'Espagne, et les Visigoths avaient déjà reconquis plusieurs royaumes. Les musulmans appelèrent Youssef à leur aide. Le vainqueur du Mahgreb traversa le détroit; mais après une victoire célèbre, gagnée sur Alphonse V, une circonstance l'obligea à retourner en Afrique, et Alphonse reprit l'avantage. Youssef revint bientôt, s'empara de Grenade et des autres capitales, et joignit à son titre de maître du Mahgreb celui de souverain d'Espagne. Mohammet-Ben-Abd, qui le premier l'avait appelé dans ses Etats, alla finir ses jours en Afrique, dans une triste captivité.

Youssef mourut à l'âge de cent ans, sans avoir jamais éprouvé de revers. Son fils Ali-Ben-Youssef lui succéda : il songeait à porter au loin les préceptes du Coran, lorsque des événements intérieurs l'empêchèrent de réaliser ses projets. D'une part, la Péninsule, soumise par la force des armes, et obéissant aux Almoravides par crainte et non par amour, se souleva; de l'autre, au sein même du Mahgreb, parmi les tribus berbères, venait de naître une nouvelle puissance, qui devait absorber celle qu'avait fondée Youssef.

Mohammet-Ben-Abd-Allah était le rénovateur religieux qui allait changer encore une fois l'aspect politique du Mahgreb. Etudiant de Cordoue, ensuite de Bagdad, il avait rapporté de cette dernière ville les préceptes des Schictes, tandis que les Almoravides appartenaient à la secte sonnite. Il prit habilement le prétexte de cette différence de croyance pour réclamer contre ce qu'il appelait l'hérésie et l'impiété des maîtres de l'Afrique, qu'il disait avoir mission de détruire. S'avançant comme le précurseur de l'iman régénérateur El-Mohdi, il prêcha d'abord à Tlemcen, puis à Fez, à Maroc, à Agmat. C'est à Agmat que se développa surtout son influence. Alors il fit un pas de plus, et se donna pour l'iman El-Mohdi lui-même. Réunissant tous ses partisans, il attaqua l'armée d'Ali-Ben-Youssef, et fut victorieux. Il alla ensuite s'emparer de la ville de Tinmal, heureusement située sur le plateau de l'Atlas, la fortifia avec soin, et y passa quelque temps.

Après un triomphe comme celui qu'ils venaient de remporter, les Berbères, que, du nom de leur chef (El-Mohdi), on appelait les Almohades, avaient hâte de reprendre le cours de leurs succès. Un jour, 30,000 cavaliers descendirent de la montagne et inondèrent le Mahgreb. Abou-Beker, second fils d'Ali-Ben-Youssef, voulut leur opposer une digue; elle fut renversée, et les débris de son armée furent poursuivis jusqu'aux portes du Maroc. Abd-Allah, gravement malade à Tinmal, rappela alors auprès de lui Abd-el-Moumen, qui commandait les cavaliers, et le proclama son successeur.

Peu après Abd-Allah, Ali-Ben-Youssef mourut. Taschefin-Ben-Ali, son fils, se hâta de quitter l'Espagne et de rentrer en Afrique; défait dans plusieurs rencontres par les troupes d'Abd-el-Moumen, maître d'une grande partie du territoire du Mahgreb occidental, il trouva un refuge momentané à

Oran. Comme il quittait cette ville pour aller s'embarquer sur un navire qui devait le transporter à Alméria, ville fidèle d'Espagne, se voyant reconnu par des soldats almohades, il se précipita du haut d'un rocher, et le lendemain on recueillit son cadavre sur le bord de la mer. Son fils fut reconnu pour chef de Maroc par les débris du parti almoravide : il tint bon quelque temps, mais, quel que fût son courage, la capitale d'Youssef fut prise d'assaut, et des peuplades du désert vinrent y remplacer la population égorgée.

En Espagne, la ville d'Alméria seule était restée attachée à la cause de Taschefin-Ben-Ali; elle se soumit à son tour aux Andalous pendant le siége du Maroc, et la puissance fondée par Youssef s'écroula ainsi sans retour dans la Péninsule et en Afrique.

Dans le Mahgreb, une domination berbère se substitua à une domination berbère. Il n'en fut pas de même en Espagne. Ce pays devint la proie d'une foule de cheiks ambitieux, et l'anarchie qui avait précédé la conquête de Youssef s'y introduisit de nouveau, à la suite de la ruine de sa famille.

L'est de l'Afrique n'avait pas encore reconnu la loi d'Abd-el-Moumen. Après la prise de Maroc, il se dirigea de ce côté. Toutes les villes leur ouvrirent leurs portes : Tunis seule essaya de résister; elle fut prise et livrée au pillage. Le Mahgreb lui appartenait tout entier. Il mourut subitement quand il allait passer en Espagne pour annexer cette belle contrée à son empire. Une peste éclata, qui empêcha Abou-Yacoub de profiter des préparatifs d'invasion faits par son père, et ce ne fut que quatre ans après qu'il put, à son tour, envahir l'Espagne. Au siége de Santarem, en Portugal, il reçut une blessure mortelle. Son fils, Yacoub-Ben-Youssef, était rentré aussitôt en Afrique, où des actes de rébellion venaient de se produire, principalement dans la province de Tlemcen, peuplée surtout de tribus arabes. Après avoir rétabli l'ordre, il fit transporter les rebelles sur les bords de l'Océan. Ceux qui refusèrent d'obéir se réfugièrent dans le désert. Cette pacification accomplie, il retourna en Espagne, vainquit les chrétiens, et, pour éterniser le souvenir de son triomphe, bâtit la fameuse mosquée que les Espagnols appelèrent plus tard la Giralda. Il mourut au Maroc, âgé seulement de 40 ans.

Son fils, Mohammet-Abou-Abd-Allah, s'abandonna à la mollesse, et il ne fallut rien moins, pour l'en arracher, que le péril que couraient en Espagne les possessions islamiques. Il réunit 400,000 hommes et alla livrer aux chrétiens la bataille de Tolosa, qu'il perdit : l'étendard almohade dut s'incliner devant la bannière du Christ. Mohammet alla cacher sa honte dans son palais du Maroc, où, pour prévenir les excès auxquels le portait son caractère aigri par les revers, on l'empoisonna. Abou-Yacoub, son fils, mourut à peine âgé de 20 ans. Avec lui s'éteignit, en 1504, la race des Almohades. L'anarchie régna dès lors sur tous les points du Mahgreb, et il serait impossible d'énumérer les dynasties qui se partagèrent le pouvoir.

CHAPITRE V.

Domination turque. — Invasion de l'odjeac d'Alger. — Accroissement de la puissance des Barberousse. — Expédition de Charles-Quint. — Mort de Barberousse. — Les janissaires. — Les rois de la mer. — Conspiration des Koulouglis.

Nous sommes au commencement du XVIᵉ siècle. Depuis dix ans, le royaume de Grenade était tombé sous les coups de Ferdinand-le-Catholique et d'Isabelle. Les Maures, expulsés de leurs possessions en Espagne, allèrent demander un asile à cette terre d'Afrique d'où leurs pères étaient partis huit siècles auparavant; l'Afrique refusant de les recevoir autrement que comme des réfugiés ou des prisonniers, ils se firent pirates et se mirent à infecter la Méditerranée.

La piraterie, du reste, n'était pas chose nouvelle sur cette mer, elle datait du temps des Romains. Plutarque en fait mention dans la vie de Jules César. Quoi qu'il en soit, avec les Maures d'Espagne, elle s'organisa de nouveau, et les Etats barbaresques se constituant corsaires, se livrèrent à une guerre d'escarmouches et de pillage qui les enrichit. L'Espagne, à qui les corsaires enlevaient les riches galions expédiés d'Amérique, se résolut à attaquer son ennemi sur son territoire même, et, s'emparant de plusieurs villes, établit le centre de sa domination à Bougie. Alger, quoique s'é ant soumis volontairement, continuait à armer et à croiser sur les côtes espagnoles : Pierre de Navarre mit une garnison dans un fort que les habitants avaient construit eux-mêmes sur les îles Béni-Mezegrenna, qui commandent le port.

Pendant ce temps-là, des hommes qui devaient bientôt devenir les auxiliaires des Arabes et enfin leurs maîtres, abordaient de leur côté en Afrique : c'étaient les frères Barberousse. Natifs de Lesbos, alors Mételin, ils appartenaient au peuple turc et étaient dressés dès l'enfance au rude métier de la mer. Abandonnant les parages qu'ils exploitaient, ils arrivèrent à Tunis en 1505, avec quatre petits navires, et furent bien accueillis par le bey, qui, cinq ans plus tard, leur donna les îles de Gelves, où ils établirent leur arsenal : ils possédaient alors douze navires. Peu de temps après, ils occupèrent la ville de Gigel, en Afrique, et, dans leur ambition, ils se disaient qu'il leur fallait mieux que cela.

A la mort de Ferdinand-le-Catholique, le trône d'Espagne fut occupé par un enfant, qui fut plus tard Charles-Quint. Les Algériens eurent l'idée de profiter de l'occasion pour s'affranchir du joug espagnol, et leur cheik, Selim-Ectemy, issu d'une famille très puissante dans la Mitidja, n'osant rien tenter par lui seul, demanda le secours de l'aîné des Barberousse, Aroudj, qui s'empressa d'accourir.

Reçu comme un libérateur à Alger, Aroudj fut logé au palais même du cheik, et ses Turcs chez les principaux habitants de la ville : quelques jours après, ses soldats étranglaient le cheik, et il se faisait proclamer souverain. Placés entre les Espagnols d'une part et les Turcs de l'autre, les

Algériens, dominés d'ailleurs par la grande réputation de Barberousse, acceptèrent le nouveau pouvoir que la force leur imposait : l'odjeac d'Alger était fondé. Aroudj avait été prisonnier des chevaliers de Rhodes, et il avait profité de la confiance qu'on lui avait témoignée pendant sa captivité pour étudier la constitution et le gouvernement de l'ordre. Il appliqua les règlements militaires des chevaliers de Saint-Jean de Jérusalem à l'organisation de l'odjeac, en les appropriant aux mœurs de ses sujets.

A la nouvelle de cette usurpation, l'Espagne s'émut; elle offrit un asile au fils d'Ectemy, et, équipant une flotte, elle envoya des troupes en Afrique. Ces troupes débarquèrent près d'Alger; mais elles marchèrent sans ordre sur la ville et furent mises en déroute. La nuit suivante, une tempête accueillit les fuyards, dispersa et brisa presque tous leurs vaisseaux; un quart seulement de l'armée revint en Espagne. Aroudj était dès lors chef d'un peuple et fondateur d'un Etat, chef des Turcs d'Afrique, fondateur de l'odjeac d'Alger.

Sous le coup d'un danger commun, les Arabes s'étaient alliés à Barberousse pour combattre les Espagnols; mais ils n'avaient pas oublié la mort d'Ectemy et songeaient à la venger. Comme d'autre part Aroudj voulait agrandir son territoire, la guerre ne pouvait tarder à éclater. Les Arabes de la Mitidja marchèrent sur Alger; Aroudj s'avançant au-devant d'eux, les défit près de Blidah, les poursuivit jusqu'à Tenez, s'empara de cette capitale et annexa le royaume au territoire de l'odjeac. Miliana et Médéah reconnurent son autorité. Quelque temps après cette expédition, il se rendit maître de Tlemcen; mais une circonstance amena bientôt sa ruine : forcé d'abandonner cette ville par les Arabes et les Espagnols ligués contre lui, il mourut vaillamment en opérant sa retraite. Il avait 45 ans.

Kaïr-Eddin, frère d'Aroudj, se fit nommer son successeur. Sachant combien il lui serait difficile de lutter seul contre les Arabes et les Espagnols, il dépêcha un de ses officiers à Constantinople pour offrir au Grand-Seigneur l'hommage de l'odjeac et de riches présents. Sélim, qui régnait alors, n'eut garde de refuser, et il lui envoya un secours de 2,000 hommes.

Encouragé par le succès remporté sur Aroudj, Charles-Quint voulut en finir avec les Turcs d'Afrique. Il équipa une flotte dont il donna le commandement au marquis de Moncade; mais une tempête dispersa les navires en vue d'Alger, et 36 furent engloutis avec 4,000 hommes. Les Turcs se considéraient comme des protégés du ciel, à qui rien n'était impossible. Barberousse, dont l'ambition n'était pas encore satisfaite, contraignit ensuite le sultan de Tlemcen à se reconnaître tributaire et vassal de l'odjeac. Une tentative de Moula-Mohammet, souverain de Tunis, pour arrêter les progrès de sa puissance, échoua devant son énergie et son habileté.

Deux ans après, Kaïr-Eddin abandonna Alger pour Gigel, sa ville chérie, le berceau de sa domination en Afrique, et sembla oublier le reste de ses États pour ne plus songer qu'à son ancien métier de pirate. Tout le littoral européen de la Méditerranée était dans l'épouvante; le deuil était partout sur les côtes. Trois ans s'écoulèrent ainsi. Les populations le croyaient mort quand, un jour, une de ses galères ayant été canonnée à son entrée dans le port d'Alger, il reparut subitement et se vengea cruellement de cet outrage. Il donna l'ordre aussi de démolir le fort bâti par Ferdinand-le-Catholique sur une des îles Beni-Mézegrenna, et qui commandait le port. L'heure était bien choisie, car, dans ce moment même, un renfort arrivait d'Espagne à la garnison. La flottille, arrêtée par une digue fermée à l'aide des matériaux du fort, n'eut plus qu'à regagner l'Espagne. (1535). Barberousse va maintenant entrer dans la hiérarchie turque et y occuper un rang élevé. Ce ne sera plus le chef de pirates, mais le représentant d'une grande puissance.

Nommé par le Grand-Seigneur capoudan-pacha, c'est-à-dire chef suprême de la marine turque, Kaïr-Eddin accomplit des exploits qui jetèrent la consternation en Europe : tous les peuples de la Méditerranée imploraient le secours

10.

de Charles-Quint. Ce prince se mit lui-même à la tête de 25,000 hommes, embarqués sur 40 navires, et se présenta devant Tunis, dont Barberousse s'était rendu maître. Le capoudan-pacha ne put l'empêcher d'entrer dans la ville et de rétablir le bey, expulsé par lui. Il se dirigea par terre vers Alger, où sa flotte l'avait devancé, et reprenant la mer, il se livra, pendant dix-huit mois, à de nouvelles déprédations. Forcé par le Grand-Seigneur à renoncer à la pirate il commença une longue campagne qui ne fut signalée que par des victoires.

Fier du succès de son expédition de Tunis, Charles-Quint résolut de la renouveler pour Alger. Il rassembla un des armements les plus formidables qui fussent jamais sortis des ports de la Méditerranée, et se dirigeant vers l'Afrique, il entra dans la rade le 21 octobre 1535. Le 23, le débarquement s'opéra un peu à l'est de la ville, près de l'embouchure de l'Harrach. Après une sommation inutile, adressée à Hassan-Aga, on marche sur Alger. Une tempête survint, qui jeta le désordre parmi les troupes et dans la flotte, et, après une lutte des plus meurtrières, il fallut que Charles-Quint levât le siége. Lorsqu'il remit le pied sur le sol européen, la moitié seulement de son armée était avec lui; l'autre moitié était ensevelie entre Alger et le cap Matifoux. La chrétienté, saisie de terreur à la nouvelle de ce désastre, n'osa plus rien tenter contre les Turcs.

Alger était encore dans l'enivrement du triomphe, lorsqu'une nouvelle inattendue vint y porter la joie à son comble. Le bruit se répandit que le roi de France, François Ier, avait signé un traité d'alliance offensive et défensive avec le Grand-Seigneur, et que la flotte turque et la flotte française allaient agir de concert contre Charles-Quint. Le fait était vrai. Barberousse arriva à Marseille, et l'on accourut de partout pour admirer sa magnificence. Le jeune comte d'Enghien avait été désigné pour commander les Français dans cette expédition.

Alger toutefois ne tira pas de cette alliance tous les profits qu'elle en attendait. Les deux flottes combinées mirent le siége devant Nice, dont elles s'emparèrent; mais elles échouèrent devant la citadelle. Elles se séparèrent après cet échec, et le capoudan-pacha gagna le port de Toulon. De Toulon il se rendit à Gênes, puis à l'île d'Elbe, où il obtint la liberté d'un jeune juif qu'il avait élevé, et qui était prisonnier dans cette île. Une longue croisière sur les côtes d'Italie accrut considérablement ses richesses, et quand ses galères ne purent plus recevoir d'esclaves chrétiens, il rentra à Constantinople, où son arrivée fut un véritable triomphe.

Ce fut la dernière expédition de Barberousse. Il ne quitta plus Constantinople. L'existence molle qu'il y mena détermina chez lui une maladie dont il mourut, à 80 ans, après quelques jours seulement de souffrance. Son tombeau fut pendant longtemps visité par les marins turcs.

Peu après le siége de Nice, un Turc, nommé Dragut, homme de tête et d'exécution, bon soldat et hardi marin, qui avait été pris par les Espagnols, fut relâché sur l'ordre de Charles-Quint sans aucune rançon. L'empereur espérait peut-être, en accomplissant cet acte de générosité, se concilier l'esprit des Algériens et les décider à attaquer la France. Il n'en fut rien. Les Algériens furent heureux de retrouver un chef habile, et ils armèrent comme auparavant contre l'Espagne.

Vers ce temps, une révolution éclata à Tunis; Hassan chercha alors à s'emparer de la ville et de la régence, mais il n'y réussit pas, et Tunis continua à être gouvernée par des princes arabes, sous le haut patronage de l'Espagne. A sa mort, ce fut un fils de Kaïr-Eddin, nommé aussi Hassan, que le gouvernement de Constantinople appela à lui succéder. Le nouveau bey poursuivit les préparatifs de guerre commencés par son prédécesseur pour attaquer Tlemcen, où régnait l'anarchie; puis il se mit en route, et, après une victoire remportée sur les chrétiens, il entra dans la ville, où il rétablit Muley-Hamet, qui se déclara vassal de la Sublime-Porte.

Toutes les populations, en Afrique, étaient hostiles aux Turcs. Hassan comprit que, dans un tel état de choses, le

seul moyen de conjurer le danger était d'affaiblir ses ennemis en les opposant les uns aux autres. Cette politique lui
réussit, et bientôt il vit le chef d'une tribu berbère puissante, qui tenait à dominer une tribu voisine, lui demander
son concours pour une expédition qu'il projetait. Il s'agissait
d'attaquer le roi de Fez et de s'emparer définitivement
de Tlemcen. Après une courte et glorieuse campagne,
Muley-Hamet fut expulsé, et ses Etats érigés en beylik. Le
premier bey fut un Turc nommé Safer. Au retour de cette
expédition, Hassan soutint si bien son allié, qu'il devint
presque le maître de toute la tribu qu'il voulait soumettre.

Hassan n'était pas seulement un habile politique et un
brave guerrier ; il aimait aussi les arts et leur accordait une
protection éclairée. Alger se transforma sous son administration. Un jour il apprit qu'une machination s'ourdissait contre
lui à Constantinople. Confiant aussitôt le gouvernement
d'Alger à Safer, mandé de Tlemcen, il courut à Stamboul
pour éloigner le danger. Son successeur était déjà nommé,
et il dut se résigner à voir l'Etat formé par son père gou-
verné par un étranger. Telle était la justice distributive des
musulmans.

Le successeur de Hassan était Salah-Reys, un des plus
braves compagnons de Kaïr-Eddin. Il ne changea rien à la
politique de ses prédécesseurs et adopta la maxime : diviser
pour régner ; seulement il y ajouta un élément de force, et
fut sans pitié pour les traîtres et les rebelles.

Une occasion de montrer la vigueur de son caractère se
présenta bientôt. Le cheik de Tricarte ayant refusé de
payer un tribut qu'il avait promis, Salah-Reys marcha contre lui, prit sa ville et y mit une garnison, ainsi qu'à Huer-
guela. Mais peu de temps après, Abd-el-Asis, qui l'avait
aidé dans cette expédition, effrayé de l'accroissement de sa
puissance, se révolta, et il fut contraint de lui faire la guerre : les résultats ne furent pas ce qu'il espérait. Il se dédom-
magea de son peu de succès en s'emparant de la personne
du roi de Fez, qui, dépossédé de ses Etats, cinglait vers le
Portugal, où il allait implorer l'assistance des chrétiens. Il

le rétablit sur son trône, et le vieux prince reconnut la suzeraineté de la Sublime-Porte, Salah-Reys rentra à Alger, après avoir donné au sultan un nouveau royaume.

Pendant son absence, Abd-el-Asis avait obtenu des avantages; il était, par suite, nécessaire de distraire les esprits et de donner une occupation à leur activité. Salah-Reys résolut l'expédition de Bougie : il s'agissait d'attaquer les chrétiens; tous les Turcs voulurent y prendre part. Le siége de la place fut poussé avec vigueur, et la garnison se vit forcée de capituler. Salah-Reys, encouragé par le succès, se disposait à aller attaquer Oran, lorsqu'il mourut de la peste, à l'âge de 70 ans. Son gouvernement avait été habile et glorieux; il emporta dans la tombe les regrets de ses soldats, qui avaient toujours vaincu sous ses ordres.

Alger était, par la mort de Salah, sans gouverneur; les janissaires nommèrent provisoirement un renégat corse, Hassan-Kaïd, qui se mit à la tête des forces préparées contre Oran, et alla assiéger cette place. Lorsque Tekeli, gourverneur nommé par Soliman, arriva, il refusa d'abandonner le pouvoir, et fut soutenu par les janissaires. Mais les marins réussirent à lui faciliter l'entrée dans la ville, et Hassan-Kaïd subit un supplice affreux. Les janissaires irrités formèrent un complot contre le pacha, qui périt percé d'un coup de lance. Son meurtrier, Joussuf, se fit nommer à sa place.

Cette révolte des janissaires n'était que le prélude de ce qui devait se passer pendant toute la domination turque.

Soliman désigna pour le pachalik d'Alger le même fils de Kaïr-Eddin, Hassan-Pacha, auquel, quelques années auparavant, on avait retiré cette dignité. Quand Hassan arriva, Joussuf était mort, et les janissaires lui avaient donné pour successeur un de leurs chefs, Jaga. Cependant l'envoyé du divan fut reçu sans résistance, et il s'efforça de gagner l'affection des Arabes, surtout du cheik de Kouko, dont il épousa la fille. Il courut au secours de Tlemcen attaquée, de là à Mostaganem, où il rencontra les Espagnols, et, après avoir pris cette ville, il s'avança contre Abd-el-

Asis, qui menaçait sans cesse la domination turque. Le cheik fut tué dans un combat, et les Berbères se soumirent. Tous ces succès n'empêchaient pas les janissaires de songer à la révolte : ils déposèrent Hassan et le renvoyèrent, chargé de chaînes, à Constantinople.

Soliman ne savait pas ce que c'était que de céder. Une troisième fois, Hassan revint à Alger, et, faisant prêcher la guerre sainte, il se dirigea sur Oran avec des troupes nombreuses. Il attaqua d'abord Mers-el-Kébir; mais, à la nouvelle qu'une flotte espagnole approchait, ses soldats refusèrent de monter à l'assaut, et il se replia sur Mostaganem.

En 1565, Hassan reçut l'ordre de Soliman de sortir d'Alger avec une escadre portant l'élite de ses troupes, et de faire voile vers Malte. Toutes les forces de l'empire ottoman se trouvèrent réunies devant cette île. Le sultan avait résolu de s'emparer de ce rocher, devenu le dernier asile des chevaliers de Saint-Jean de Jérusalem, et que commandait alors un Français, Jean de la Valette. L'île fut assiégée, mais les chevaliers déployèrent un invincible courage, et les Turcs durent renoncer à leur entreprise.

Revenu à Alger, Hassan-Pacha songea à diminuer le pouvoir des janissaires; il fut déposé, on nomma à sa place Mohammet-Pacha, fils de Salah-Reys, qui, au bout de 18 mois, fut remplacé par un renégat turc, Ali. Ce dernier se rendit maître de Tunis, mais le fort de la Goulette resta aux Espagnols. Peu de temps après, rejoignant la flotte de Sélim III, successeur de Soliman dans l'archipel, il prit part à la bataille de Lépante, où les Turcs furent défaits par don Juan d'Autriche. Ali rallia les débris de la flotte ottomane et les ramena à Constantinople : Sélim l'éleva à la dignité de capoudan-pacha. Un gouverneur intérimaire administra l'Algérie. La piraterie alors atteignit son apogée : les pachas, qui prenaient le titre orgueilleux de *rois de la mer*, régnaient en réalité, non-seulement sur les parages algériens, mais encore sur toute la Méditerranée. Ils s'avançaient même jusque sur les côtes du Danemark et de l'Angleterre (1581).

L'alliance de la Turquie et de la France avait nécessairement amené de bonnes relations entre ce dernier Etat et l'odjeac, et si ces relations n'allaient pas jusqu'à nous garantir la libre navigation dans la Méditerranée, elles établissaient un échange commercial entre les deux pays. Des concessions importantes en Afrique nous furent successivement accordées.

Lorsque les navires à voiles furent substitués aux galères à rames, la piraterie reçut une impulsion nouvelle. Marseille, attaquée dans son commerce, arma de son côté contre les Algériens, qui rompirent avec la France. A dater de ce moment, il y eut guerre ouverte, et les efforts des sultans pour rétablir sérieusement la paix furent inutiles : elle existait comme acte politique, mais nullement dans le fait. Louis XIII voulut essayer de la force des armes; des vents contraires dissipèrent sa flotte.

Depuis le gouvernement d'Ali, bien des pachas s'étaient succédé à Alger. Le gouvernement du dernier, Hussein, fut signalé par la conjuration des Koulouglis. On appelait ainsi les hommes nés d'un père turc et d'une mère africaine. A l'époque où nous sommes, ils étaient en assez grand nombre parmi les janissaires; mais ceux-ci, jaloux d'eux, firent tant qu'on les bannit, d'après une ancienne loi, de la milice et de la ville, et quand ces jeunes gens crurent pouvoir venir voir leurs familles, plus de deux cents furent cousus dans des sacs de peau et jetés à la mer.

Cet acte de cruauté devait porter ses fruits. Les Koulouglis, retirés dans quelques villages du Sahel, se ménagèrent des intelligences dans la place, et quand ils se furent assurés que les Maures leur étaient favorables, cinquante d'entre eux entrèrent à Alger, marchèrent droit à la Kasbah et s'en emparèrent; mais les janissaires, revenus de leur surprise, fermèrent les portes pour empêcher qu'aucun secours du dehors n'arrivât aux Koulouglis, et bloquèrent la forteresse. Ces braves, résolus à ne pas mourir seuls, mirent le feu à la poudrière; la lourde masse de pierre s'affaissa sur elle-même, plus de cinq cents maisons furent détruites, et six mille personnes périrent.

Hassan joua dans cette affaire un rôle tout-à-fait négatif. Il fut remplacé, à sa mort, par Joussouf, qui lui-même eut pour successeur Hamet. Ibrahim-Pacha arriva ensuite au pachalik, et ce fut le dernier qui eut quelque puissance. Ahmet Ier laissa les janissaires créer un autre chef, qui, avec le titre d'aga, régna désormais en Algérie : les pachas ne furent guère plus dès lors que des surveillants.

CHAPITRE VI.

Création d'un deylik d'Alger.

Les navires français continuaient à être attaqués par les corsaires; Louis XIV équipa une flotte, qui battit les Algériens en plusieurs rencontres, et occupa momentanément Gigeri. Les Algériens redoublèrent de cruauté, dans leurs déprédations et dans le traitement des esclaves. Pendant ce temps, les agas mouraient d'une mort violente, et les janissaires finirent par remplacer leur titre par celui de dey, qui signifie patron.

Le premier dey fut Mohamet-Treik, qui résilia plus tard le pouvoir entre les mains de Baba-Hassan, son gendre. Celui-ci signa un traité avec l'Angleterre, et comme il menaçait de provoquer le consul de France, Duquesne, par l'ordre de Louis XIV, bombarda Alger. Une partie de la ville était déja détruite, lorsque la mauvaise saison contraignit la flotte de rentrer à Toulon. Le bombardement recommença au printemps de l'année suivante; les forts de la place y répondirent, sur l'injonction de Mezzomorte, qui avait fait assassiner Hussein, et, une seconde fois, il fallut, avant que la place fût prise, quitter Alger. Ces deux expéditions aboutirent à un traité avantageux : tous nos esclaves nous furent rendus, le commerce et la navigation de la Méditerranée nous furent assurés; enfin nous envoyâmes de nouveau un consul à Alger, et le dey eut un représentant à Paris.

Mais, au bout de quelques mois, les corsaires de l'odjeac coururent sus, comme précédemment, aux navires français, et une escadre sous les ordres du maréchal d'Estrées alla encore une fois bombarder Alger. Un second traité fut signé, après des négociations qui durèrent un an, et, grâce aux autres préoccupations des Algériens, il fut ponctuellement exécuté. Chaaban, successeur de Mezzomorte, avait le goût des conquêtes. Il envahit soudain le royaume du Maroc, remporta de beaux avantages, et imposa au roi Ismaël une paix humiliante et onéreuse. Ensuite, sans prendre le temps de se reposer des fatigues, de cette expédition, se portant sur un point opposé, il assiégea Tunis, qui dut se rendre après une résistance inutile.

Là, se terminèrent les succès de Chaaban. Rentré à Alger, il vit les janissaires refuser de le suivre dans une seconde expédition contre les Tunisiens, qui venaient d'expulser le gouverneur nommé par lui, et il périt dans une révolte de la milice. Comme les insurgés venaient d'accomplir leur sanglante exécution, ils aperçurent un vieillard qui, assis sur une natte, au seuil de sa porte, raccommodait tranquillement ses babouches : ils l'enlevèrent malgré lui et le proclamèrent leur chef. Ce vieillard, nommé Hadjt-Hamet, gouverna avec fermeté, et, le premier, depuis la création du titre de dey, il mourut dans l'exercice de ses fonctions.

Le chef qui lui succéda, Hassan-Chiaoux, fit comprendre au divan l'utilité de conserver de bonnes relations avec la France. Sous lui, les Algériens eurent encore l'occasion de déployer leur courage contre le bey de Tunis et le roi du Maroc, qui furent battus. Ils jouissaient en paix de leur triomphe quand la peste vint les décimer : on prétend qu'il périt 40,000 personnes dans la seule ville d'Alger.

A Chiaoux succéda Mustapha, et à Mustapha, Péclache-Cogea, qui conquit Oran. Les Espagnols la reprirent sous Philippe V, mais leur influence y était complètement annulée, et elle ne s'y releva jamais. Aussi, à la suite d'un tremblement de terre, l'abandonnèrent-ils définitivement au dey.

Péclache fut remplacé par Deli-Ibrahim, son meurtrier, lequel fut frappé à son tour par Ali, et ce dernier se montra le plus cruel de tous les deys. Il renvoya le pacha à Constantinople, et prit le titre de dey-pacha, que ses successeurs ont conservé jusqu'à 1830.

Charles III d'Espagne fit contre Alger une tentative inutile, mais qui amena, longtemps après, une paix douteuse. Ensuite l'Europe cessa un instant de disputer aux Turcs l'empire de la Méditerranée. Mekallec, chargé par le dey de soummettre Oran révolté, réussit dans son expédition; il reçut le litre de dey, et, s'abandonnant dès lors à la fougue de ses passions, il rendit le nom turc plus odieux que jamais parmi les indigènes, lesquels, du reste, repoussaient toujours de toute la puissance de leur volonté une domination que, malgré 300 ans d'existence et la similitude de religion, ils considéraient comme un joug étranger, et par conséquent dur à porter.

Durant la révolution, nos relations avec Alger restèrent les mêmes, et rien ne présageait une rupture, quand la campagne d'Egypte vint subitement changer les dispositions de l'odjeac à notre égard. Forcé de prendre parti pour les sultans, il nous déclara la guerre, notre établissement de la Calle fut incendié, et les pirates dévastèrent nos côtes. Un traité fut signé en 1800, et renouvelé l'année suivante. Bonaparte dut plus d'une fois rappeler à Moustapha-Pacha ses promesses, mais enfin les relations devinrent bonnes entre les deux Etats.

Par malheur, la France avait une rivale, qui était décidée à lui créer des embarras : c'était l'Angleterre, l'ennemie jurée de Napoléon. Grâce à ses efforts, le bey de Constantine rompit avec nous et commença les hostilités en admettant d'autres peuples à partager les priviléges de commerce qui nous avaient été exclusivement accordés. Le dey suivit cet exemple, et, l'année d'après, il nous substituait l'Angleterre dans toutes les concessions qui nous avaient été faites. Napoléon projeta alors une expédition, mais les guerres continentales qui survinrent l'empêchèrent de l'effectuer.

Au congrès de Vienne, les puissances songèrent à réprimer l'audace des Algériens et des autres peuples barbaresques : l'Angleterre refusa son adhésion à cette idée, et il fallut l'abandonner. Peu après, une escadre envoyée par les Etats-Unis attaqua Alger, et le dey fut contraint d'accepter les conditions du commodore américain. L'Angleterre alors se décida à entrer dans les vues des autres puissances, et lord Exmouth parut avec une flotte devant les côtes algériennes. Le dey était Omar. Lord Exmouth lui accorda un délai de trois mois pour se mettre en rapport avec son souverain; mais, ce délai expiré, comme les Anglais avaient été maltraités, massacrés même, à Bône, à Oran, à la Calle, et surtout à Alger, il dicta nettement ses conditions. Le divan refusant de s'y soumettre, il entra dans le port et bombarda la ville. Les officiers de la milice obligèrent Omar à accepter ces conditions, et un traité définitif fut signé par le divan et par le gouvernement britannique.

Le dey mourut étranglé. Son successeur, Ali-Kodja, se fit remarquer par ses cruautés et sa tyrannie; aussi le jour où la peste l'atteignit fut un jour de délivrance pour Alger. Après lui vint Hussein-Pacha, dont l'insolente conduite décida la France à prendre les armes en 1830. D'abord petit marchand fripier, ensuite et tour à tour directeur de l'entrepôt des blés, secrétaire de la régence, grand écuyer, administrateur des domaines de l'Etat, membre du divan et ministre, il fut enfin choisi pour dey par Ali-Kodja lui-même, avant sa mort, et élu par le divan, qui, chose rare à Alger, ratifia le choix d'Ali.

Cette élévation, du reste, était pleinement justifiée par le mérite de Hussein, qui joignait à beaucoup de fermeté l'amour de la justice et le désir de tirer son peuple de l'ornière de la routine, pour le lancer dans la voie du progrès, où étaient entrés, chez les Turcs d'Orient, le sultan Mahmoud et Méhémet-Ali. Mais s'il possédait ces qualités, il avait aussi de grands défauts : une violence de caractère que rien ne pouvait dompter, une foi aveugle dans le destin, un orgueil que la faiblesse des puissances européennes, dans leurs rapports avec lui, avait rendu excessif.

Depuis l'arrivée de Hussein au pouvoir, Alger commençait à ressaisir une partie de cette ancienne prépondérance que lui avait fait perdre l'expédition de lord Exmouth, et la hardiesse de ses corsaires, surtout à l'égard de la France, prenait tous les jours un caractère plus marqué. C'est ainsi que, successivement, un brick français fut pillé par les habitants de Bône, sans que le dey voulût accorder de réparations ; notre établissement de la Calle fut menacé ; la redevance que nous payions pour la pêche du corail fut portée de 60,000 fr. à 200,000 fr. ; le domicile de l'agent français à Bône fut violé, et enfin des navires sous pavillon français furent attaqués et capturés sans que la France obtînt de satisfactions.

Cette facilité du gouvernement français donna à Hussein une telle confiance dans sa force et son habileté, qu'il se crut en droit de tout oser. La violence de son caractère le précipita du trône, et, en tombant, il entraîna Alger dans sa ruine.

FIN.

TABLE.

CHAPITRE XIII. (1873.)

APPENDICE.

CHAPITRE Ier.

CHAPITRE II.

FIN DE LA TABLE.

Limoges. — Imp. EUGÈNE ARDANT et Cⁱᵉ.

www.ingramcontent.com/pod-product-compliance
Lightning Source LLC
Chambersburg PA
CBHW062214270326
41930CB00009B/1731